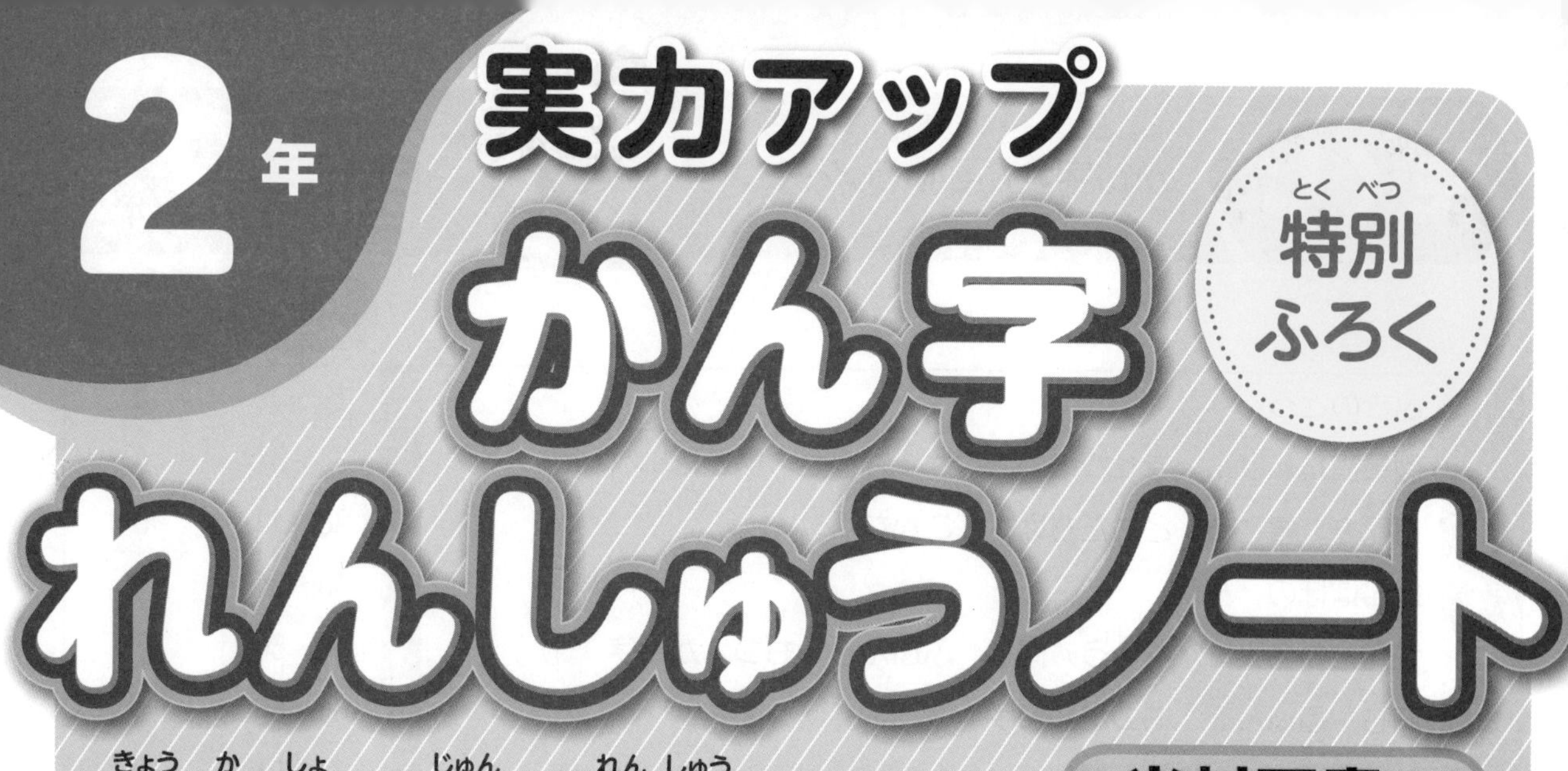

教科書の順に練習できる！

光村図書版
完全準拠

年	組	名前

「かん字れんしゅうノート」はとりはずして使用できます。

もくじ

かん字れんしゅうノート

光村図書版 国語 2年

この本のつかい方

- 教科書に 出て くる かん字を、たんげんごとに れんしゅうしましょう。
- 2年生で がくしゅうする かん字 160字を、すべて しゅつだいして います。
- すべての かん字を、正しく 書けるように なれば、ごうかくです。

ふきのとう

/11もん

だい1回

☆ □に かん字を かきましょう。〔 〕には、かん字と ひらがなを かきましょう。（☆は、あたらしい かん字を つかった べつの ことばです。）

1 おはなしを〔よむ〕。

2 きょうかしょを□□（おんどく）する。

3 □（ゆき）が のこって いる。

4 小さな□（こえ）が する。

5 「ごめんね。」と〔いう〕。

6 とおくへ〔いく〕。

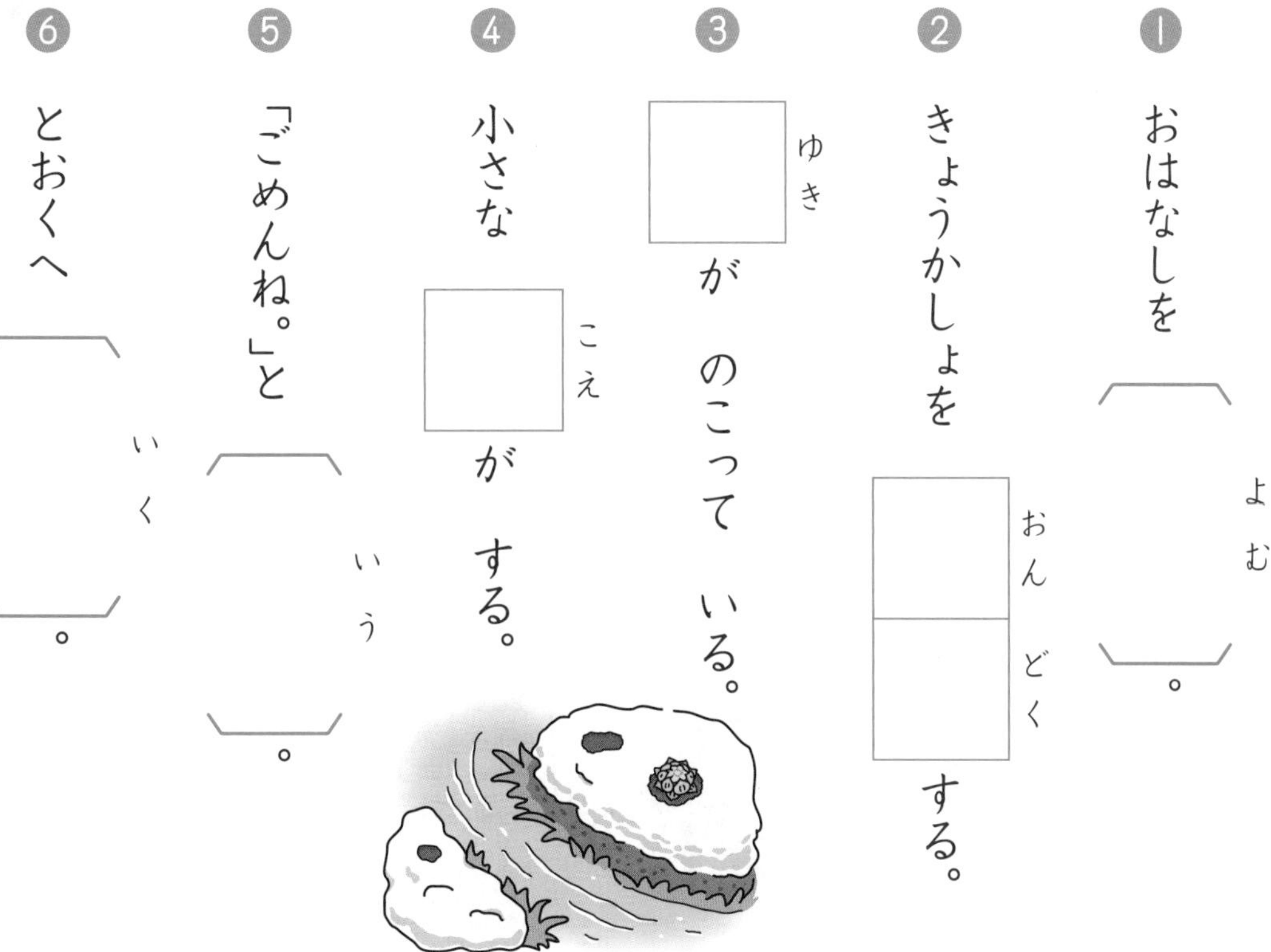

7 □（みなみ）を むく。

8☆ □（ゆき）だるまを つくる。

9☆ □□（おおごえ）で うたう。

10☆ えんそくの〔いき〕先。

11☆ えきの□□（みなみぐち）。

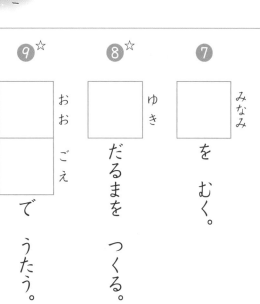

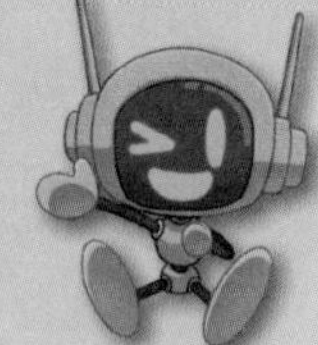

図書館（かん）たんけん きせつの ことば１ 春が いっぱい

/10もん　だい２回（かい）

☆ □に かん字を かきましょう。〔　〕には、かん字と ひらがなを かきましょう。
（☆は、あたらしい かん字を つかった べつの ことばです。）

図書館（かん）たんけん

① □□（としょ）館（かん）に 行く。

② こん□（ちゅう）の 本。

③ カードに〔　〕（かく）。

④ おりがみの おり□（かた）。

⑤ □□（えほん）が ある ばしょ。

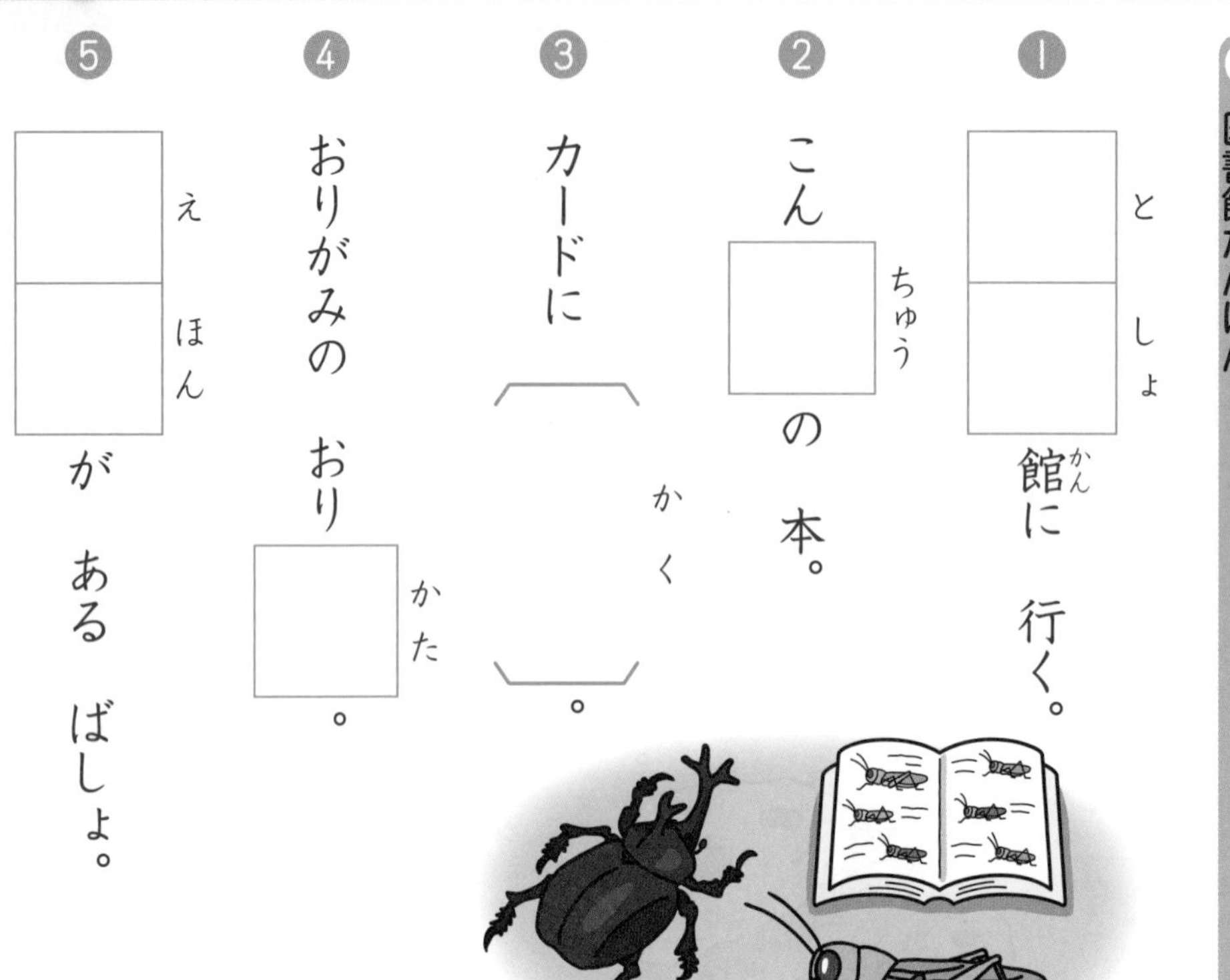

きせつの ことば １

⑥ 〔　〕（しりたい） ことが ある。

⑦☆ □□（どくしょ）を たのしむ。

⑧☆ ぬり□（え）を する。

⑨ □（はる）の かぜが ふく。

⑩ つくしが〔　〕（はえる）。

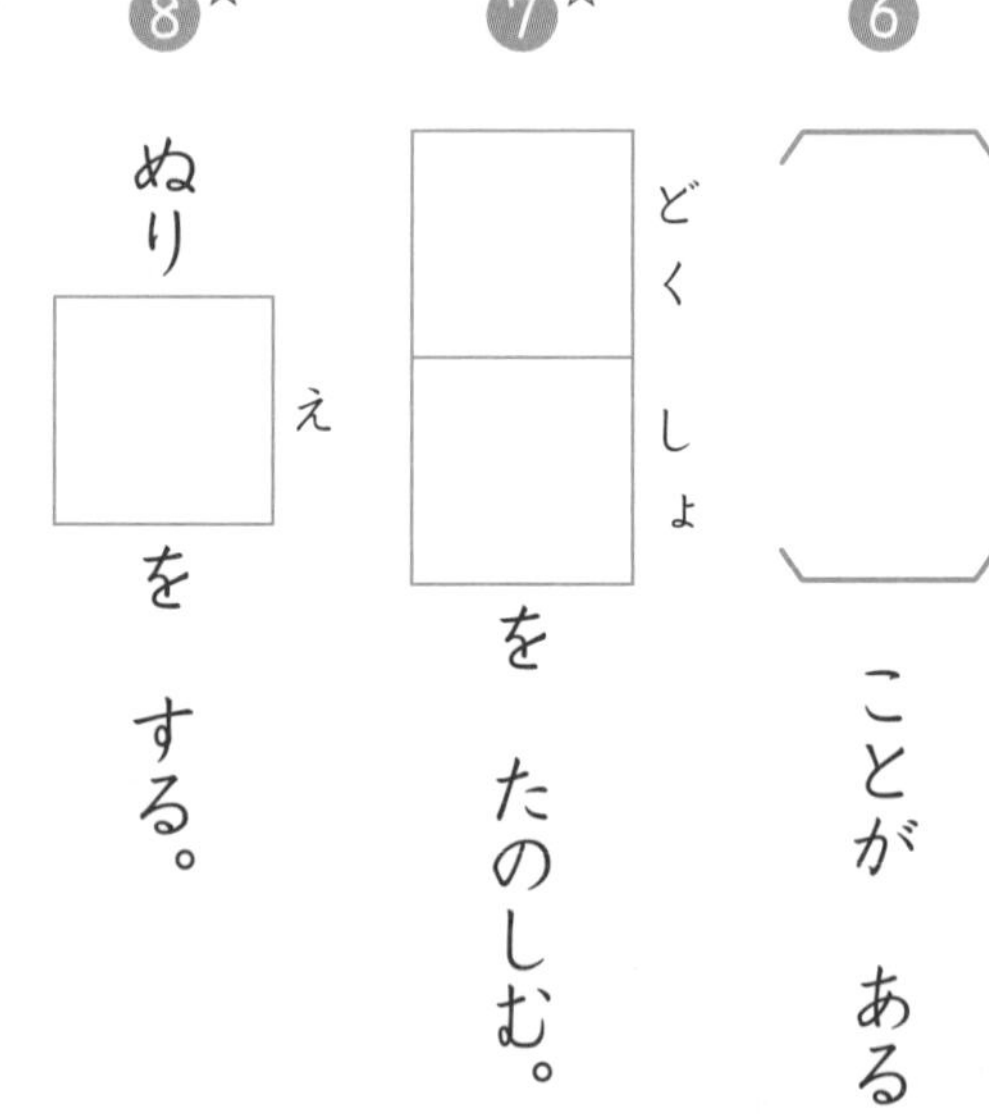

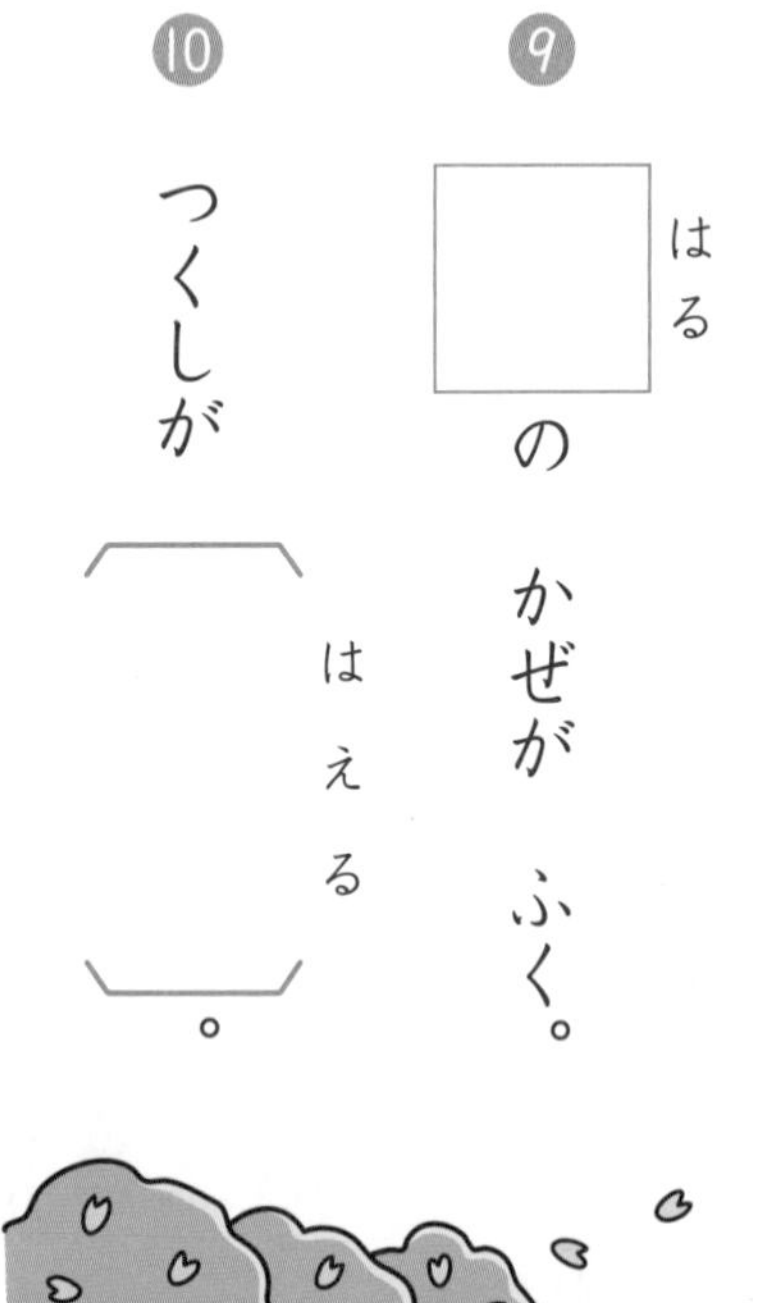

日記を　書こう
ともだちは　どこかな

だい3回　/10もん

★ □に　かん字を　書きましょう。〔　〕には、かん字と　ひらがなを　書きましょう。
（☆は、あたらしい　かん字を　つかった　べつの　ことばです。）

日記を　書こう

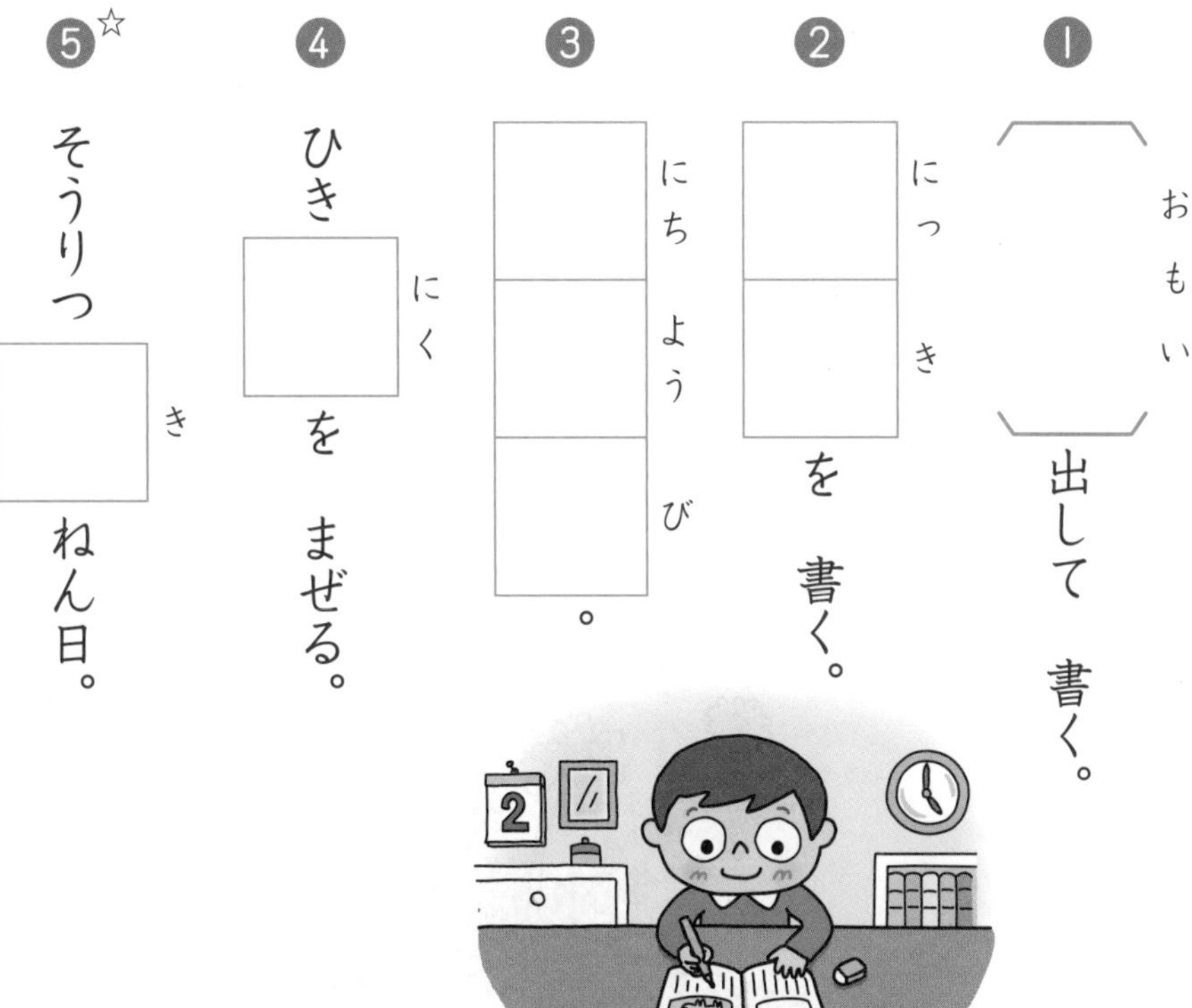

1 〔おもい〕出して　書く。

2 □□（にっき）を　書く。

3 □□□（にちようび）。

4 ひき□（にく）を　まぜる。

5☆ そうりつ□（き）ねん日。

ともだちは　どこかな

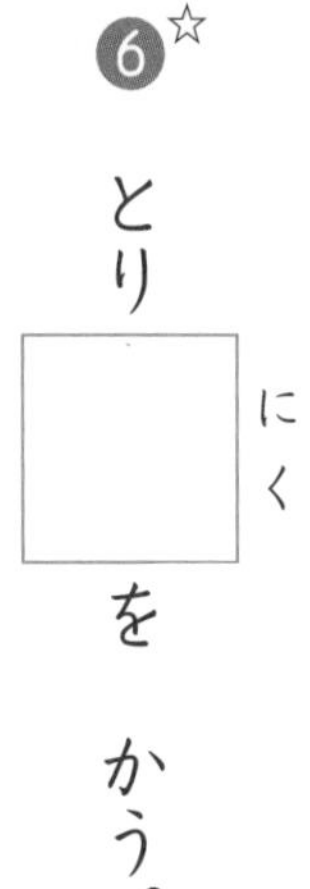

6☆ とり□（にく）を　かう。

7 絵を　見て　〔はなす〕。

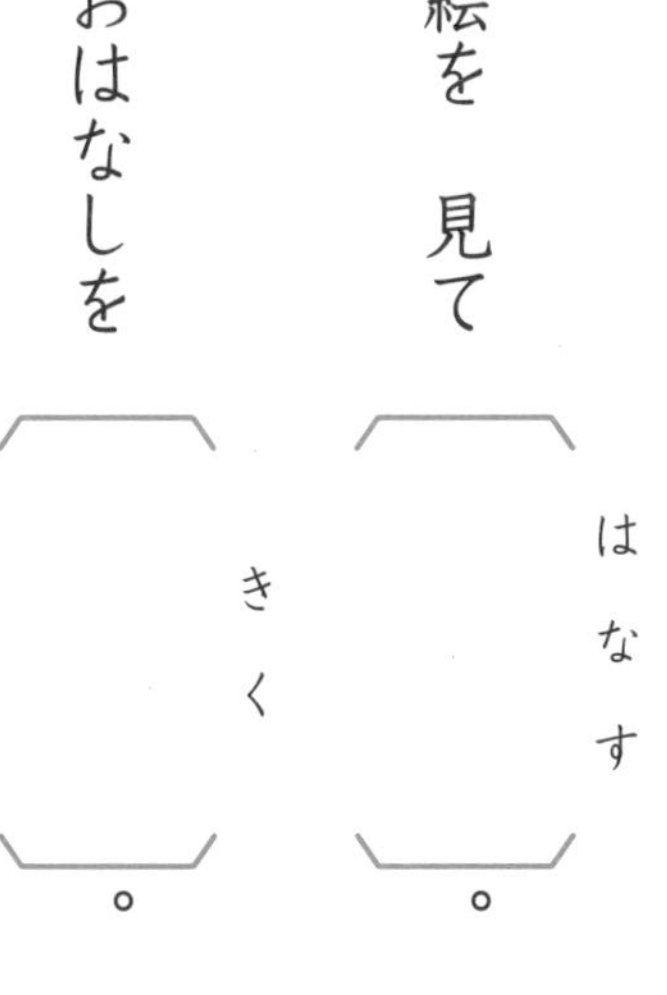

8 おはなしを　〔きく〕。

9 □□（おんせい）を　きく。

10☆ □（はなし）を　きいて　メモする。

たんぽぽの　ちえ

だい4回

/12もん

☆ □に かん字を 書きましょう。〔　〕には、かん字と ひらがなを 書きましょう。

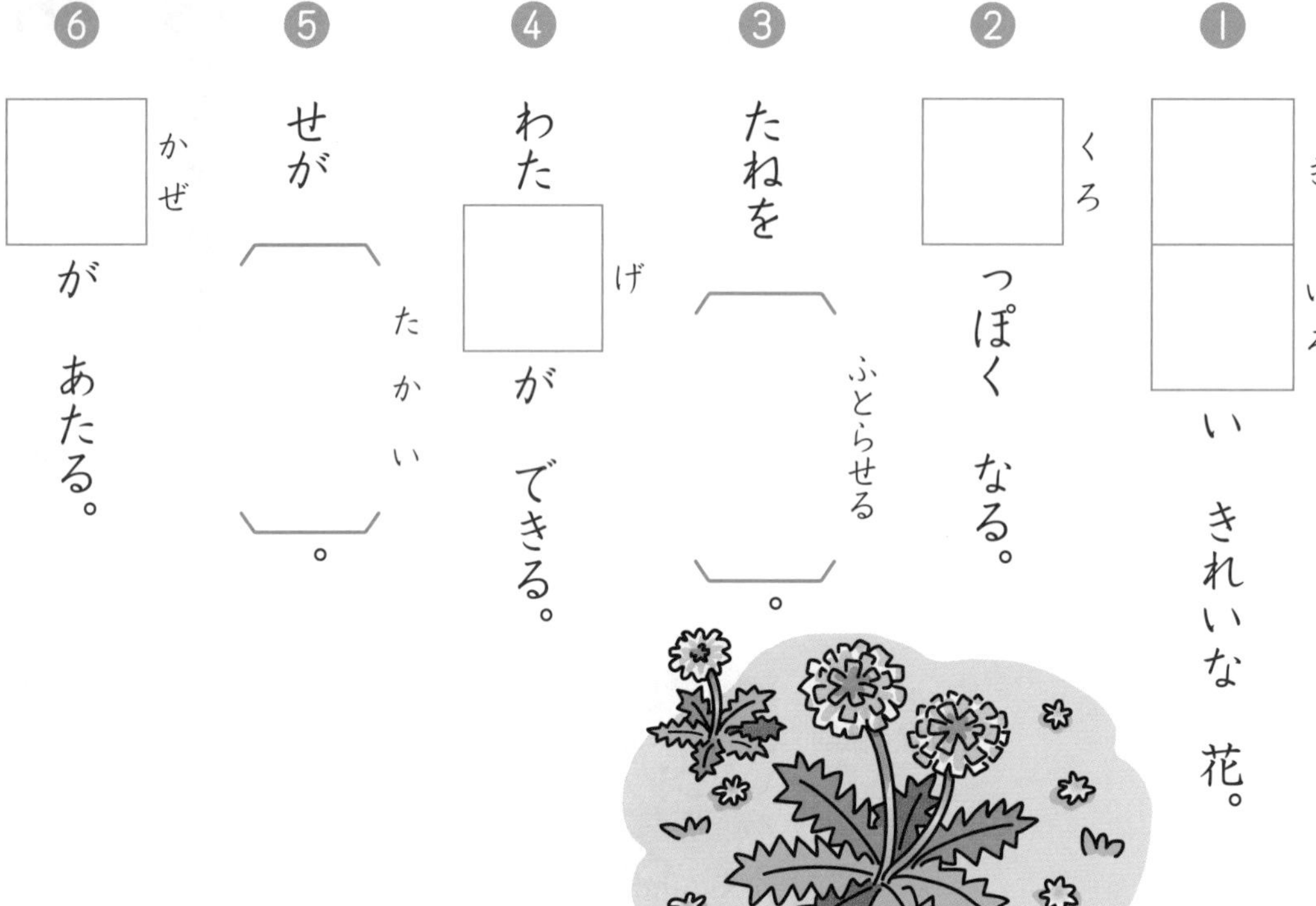

1 □□(きいろ)い きれいな 花。

2 □(くろ)っぽく なる。

3 たねを〔ふとらせる〕。

4 わた□(げ)が できる。

5 せが〔たかい〕。

6 □(かぜ)が あたる。

7 よく〔はれる〕。

8 しめり□(け)が ある。

9 雨の 日が〔おおい〕。

10 〔あたらしい〕なかまを ふやす。

11 〔かんがえて〕読む。

12 一□□(ぎょうめ)に 書いて ある。

かんさつ名人に なろう
同じ ぶぶんを もつ かん字 (1)

/10もん

だい5回(かい)

☆ □に かん字を 書きましょう。〔 〕には、かん字と ひらがなを 書きましょう。
（☆は、新しい かん字を つかった べつの ことばです。）

かんさつ名人に なろう

1. かんさつ□□(めいじん)に なる。
2. 花の□(かたち)を かんさつする。
3. □(からだ)を のばす。
4. 〔 〕(ながさ)を たしかめる。
5. 先の□(ほう)を 見る。

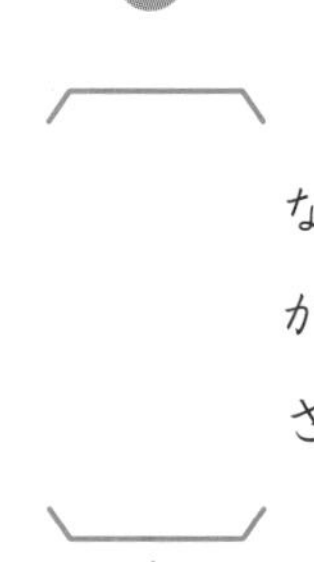

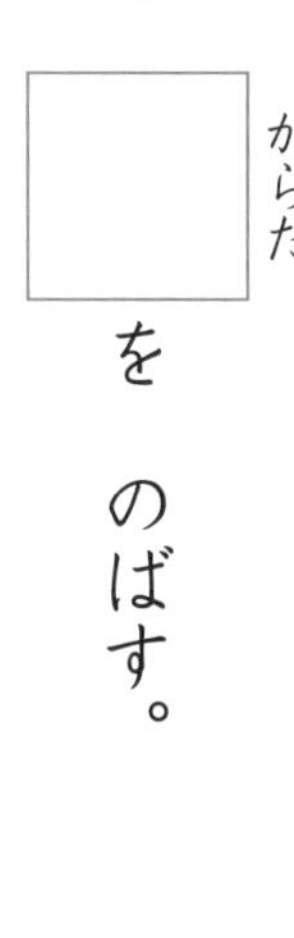

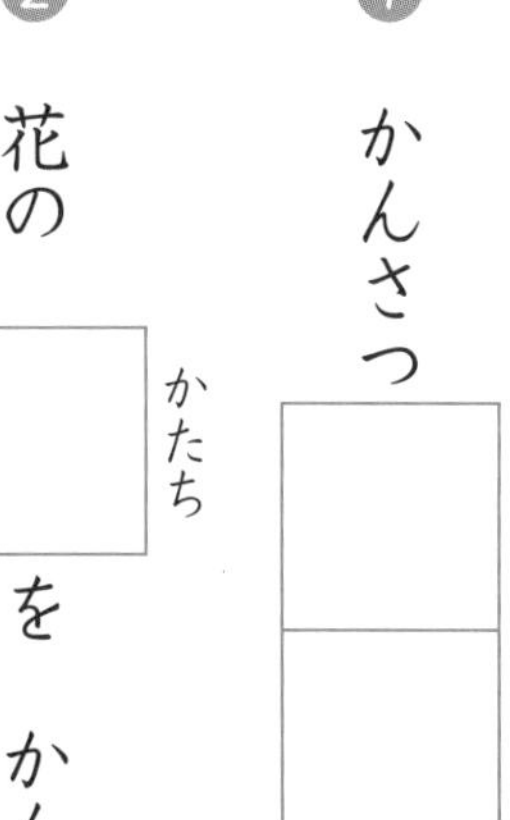

同じ ぶぶんを もつ かん字 (1)

6. かおを〔 〕(ちかづける)。
7. トマトと〔 〕(おなじ)におい。
8. □(いま)いる ばしょ。
9. □□(かいしゃ)で はたらく。
10. ☆ たんじょう日□(かい)を ひらく。

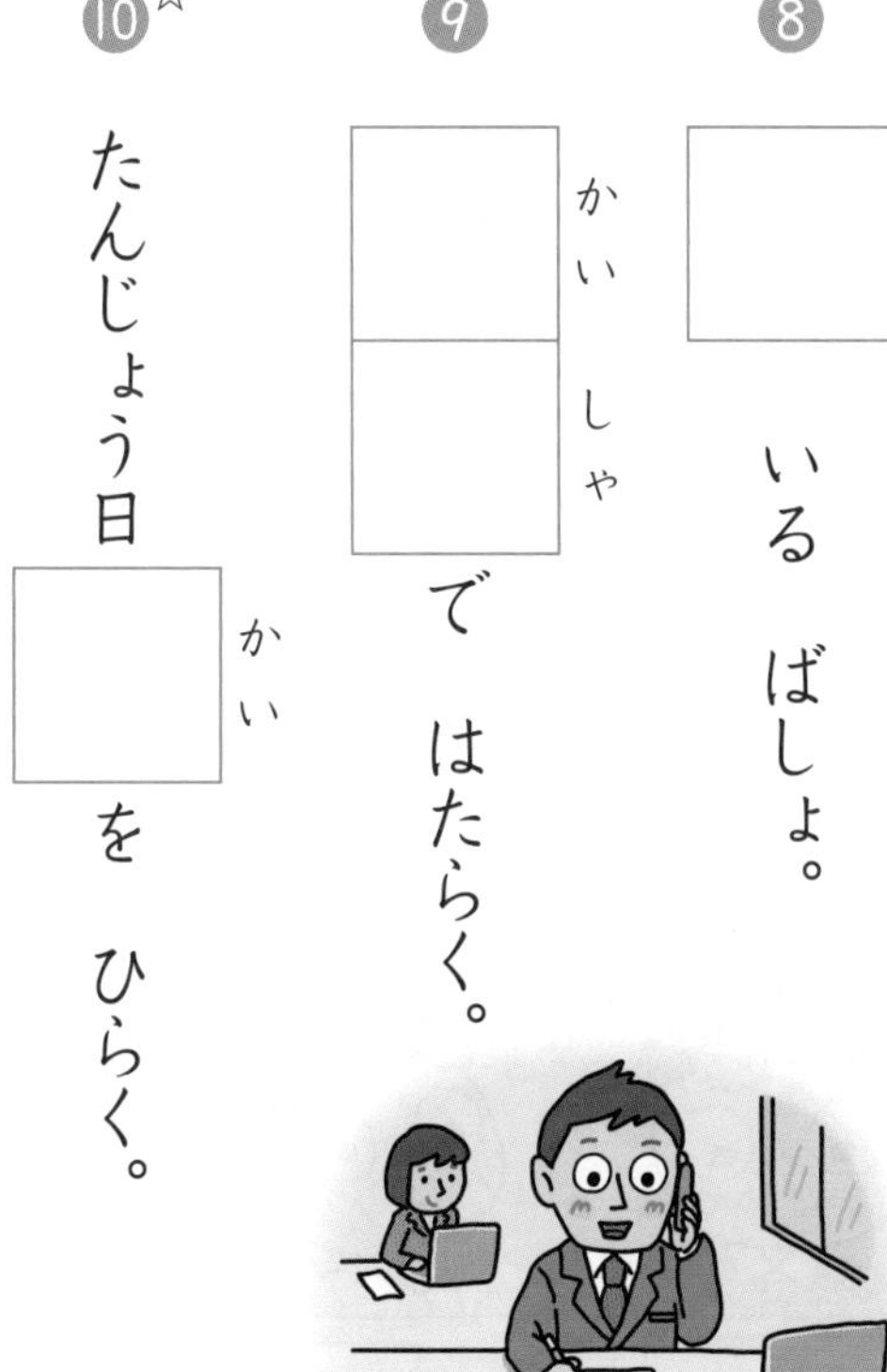

同じ ぶぶんを もつ かん字 (2)

/12もん だい6回

☆ □に かん字を 書きましょう。〔 〕には、かん字と ひらがなを 書きましょう。
（☆は、新しい かん字を つかった べつの ことばです。）

1 □□(こがたな)を つかう。

2 糸が〔　〕(きれる)。

3 □□(ちょうない)で かいものを する。

4 □(みせ)を ひらく。

5 □(あね)と 出かける。

6 □(いもうと)と あそぶ。

7 太い □(せん)を ひく。

8 □□(きしゃ)の まど。

9 □(うみ)が 見える。

10☆ さむらいの □(かたな)。

11☆ 文しょうの □(ない)よう。

12☆ 電(でん)□(せん)に 鳥(とり)が とまる。

スイミー
かん字の　ひろば①　1年生で　ならった　かん字

/13もん　だい7回

☆ □に　かん字を　書きましょう。〔　〕には、かん字と　ひらがなを　書きましょう。

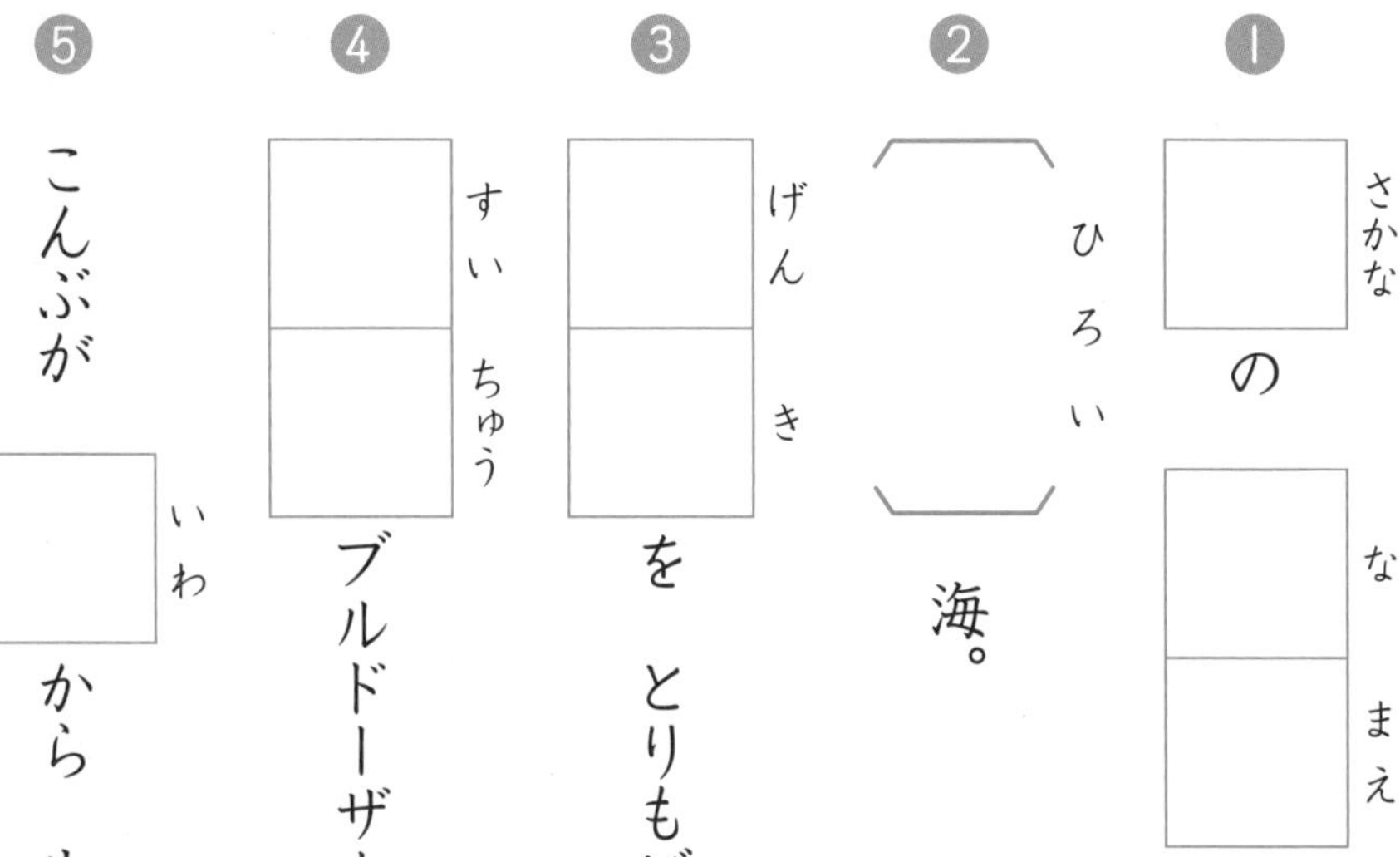

スイミー

① □（さかな）の □□（なまえ）。

② 〔ひろい〕海。

③ □□（げんき）を　とりもどす。

④ □□（すいちゅう）ブルドーザー。

⑤ こんぶが　□（いわ）から　生える。

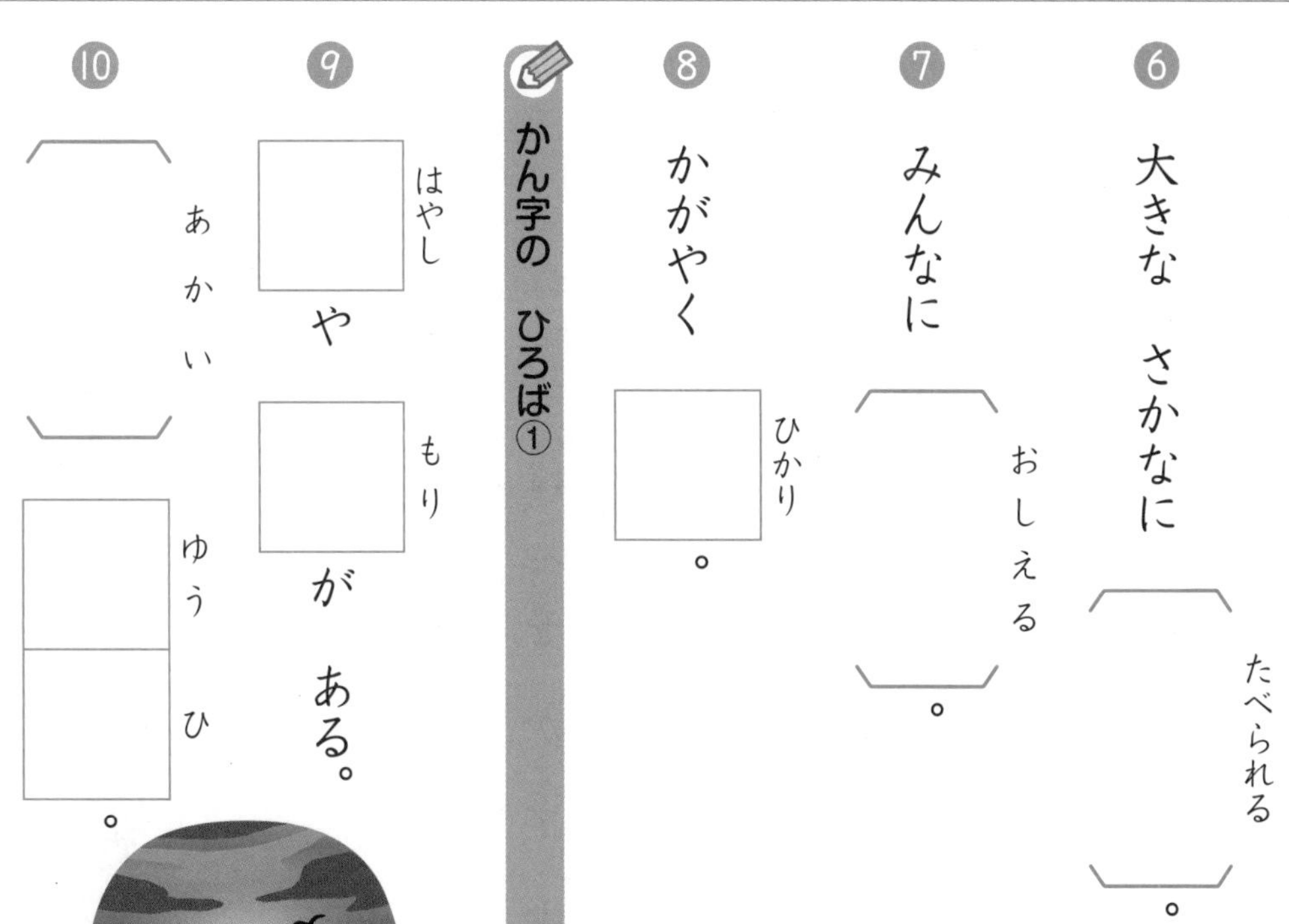

⑥ 大きな　さかなに　〔たべられる〕。

⑦ みんなに　〔おしえる〕。

⑧ かがやく　□（ひかり）。

かん字の　ひろば①

⑨ □（はやし）や　□（もり）が　ある。

⑩ 〔あかい〕□□（ゆうひ）。

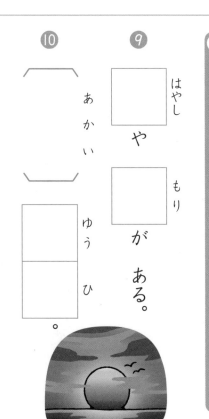

[じょうほう]メモを　とる　とき
こんな　もの、見つけたよ／[コラム]丸、点、かぎ
あったらいいな、こんなもの

だい8回

/12もん

☆ □に　かん字を　書きましょう。〔　〕には、かん字と　ひらがなを　書きましょう。

[じょうほう]メモを　とる　とき

① □(いえ)の　人に　知らせる。

② きれいな　□(いけ)。

こんな　もの、見つけたよ

③ 文しょうの　〔(くみ)〕立て。

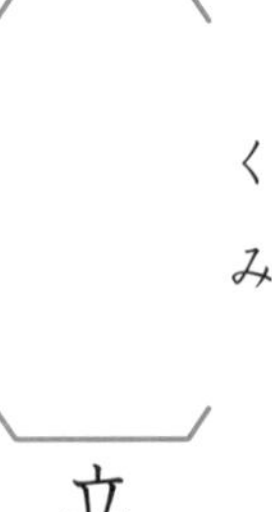

④ ぶらんこの　〔(うしろ)〕。

⑤ 花の　□(かず)。

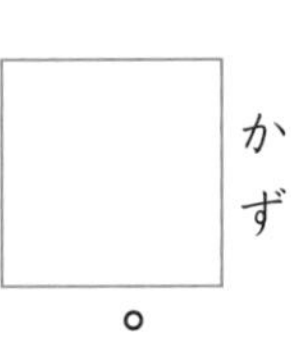

[コラム]丸、点、かぎ

⑥ 文に　□(まる)や　□(てん)を　つける。

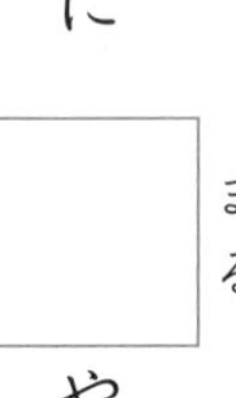
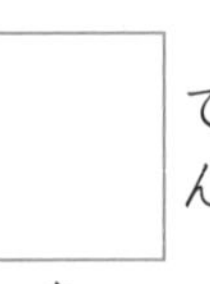

⑦ □□(かいわ)は、行を　かえて　書く。

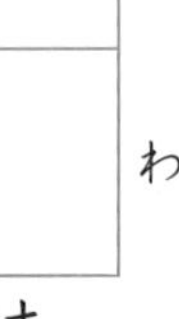

⑧ はきものを　〔(かう)〕。

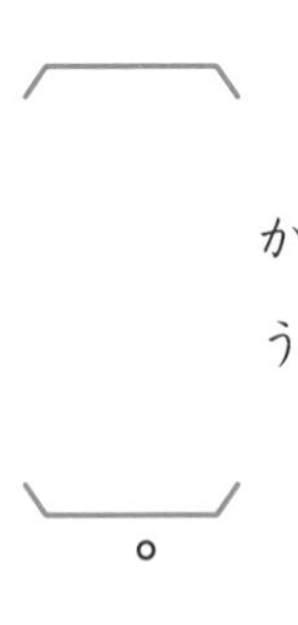

あったらいいな、こんなもの

⑨ 考えを　〔(ひき)〕出す。

⑩ まほうの　□(はね)で　□(くも)の上に行く。

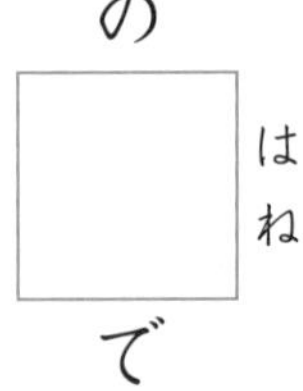

●べんきょうした　月　日

きせつのことば２　夏がいっぱい
お気に入りの本をしょうかいしよう
ミリーのすてきなぼうし

/11もん

だい９回

☆ □にかん字を書きましょう。〔　〕には、かん字とひらがなを書きましょう。

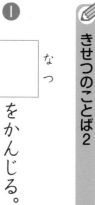

きせつのことば２

❶ □（なつ）をかんじる。

お気に入りの本をしょうかいしよう

❷ □□（てんちょう）さん。

❸ □□（こうえん）であそぶ。

ミリーのすてきなぼうし

❹ ぼうしやさんの前を〔　　（とおる）〕。

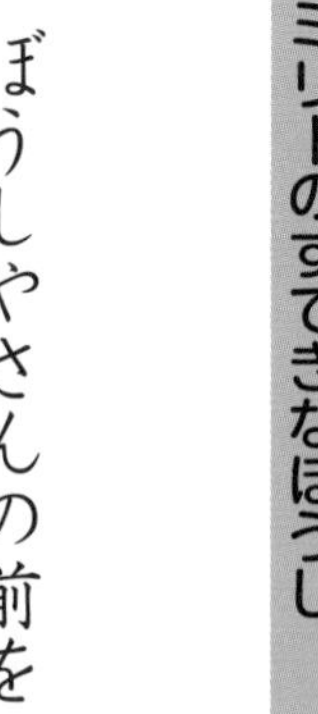

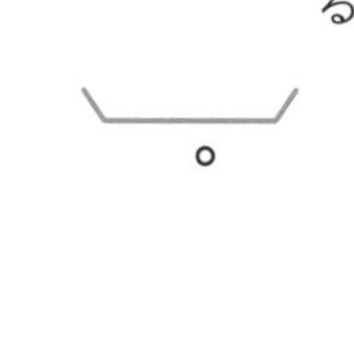

❺ □□（きゅうまん）円のぼうし。

❻ お金が〔　　（たりる）〕。

❼ □（から）っぽのはこ。

❽ ぼうしを□（あたま）にのせる。

❾ おばあさんがやって〔　　（くる）〕。

❿ □（とり）の□（うた）をきく。

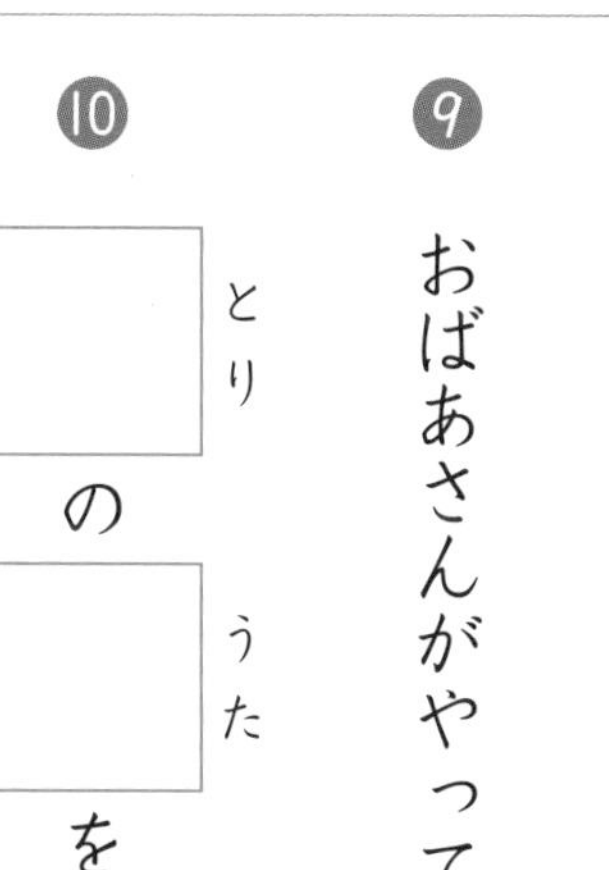

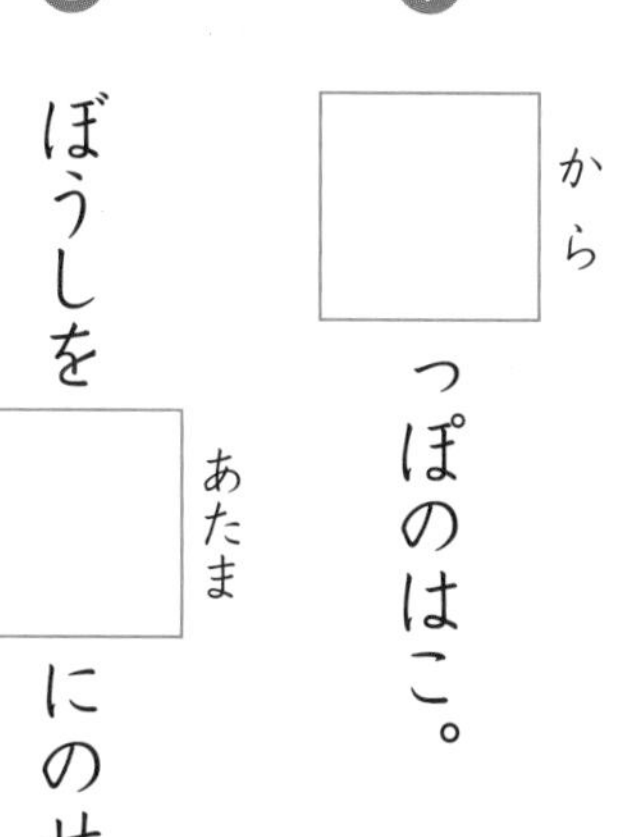

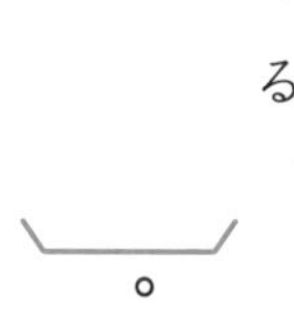

ことばでみちあんない
みの回りのものを読もう
書いたら、見直そう

/10もん　だい10回

☆ □にかん字を書きましょう。〔　〕には、かん字とひらがなを書きましょう。（☆は、新しいかん字をつかったべつのことばです。）

ことばでみちあんない

1. ともだちに〔あう〕。
2. あんないを聞いて〔わかる〕。
3. □□（にかい）まがる。
4. ☆ 三□（かい）てんジャンプ。

みの回りのものを読もう

5. みの〔まわり〕にあるもの。

書いたら、見直そう

6. 文しょうを見〔なおす〕。
7. □□（てがみ）を読む。
8. □□（えんそく）に行く。
9. □（とも）だちと話す。
10. ☆ □（かみ）しばいを見る。

かん字のひろば② 1年生でならったかん字 どうぶつ園のじゅうい (1)

だい11回

/13もん

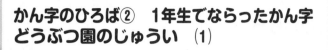

☆ □にかん字を書きましょう。

かん字のひろば②

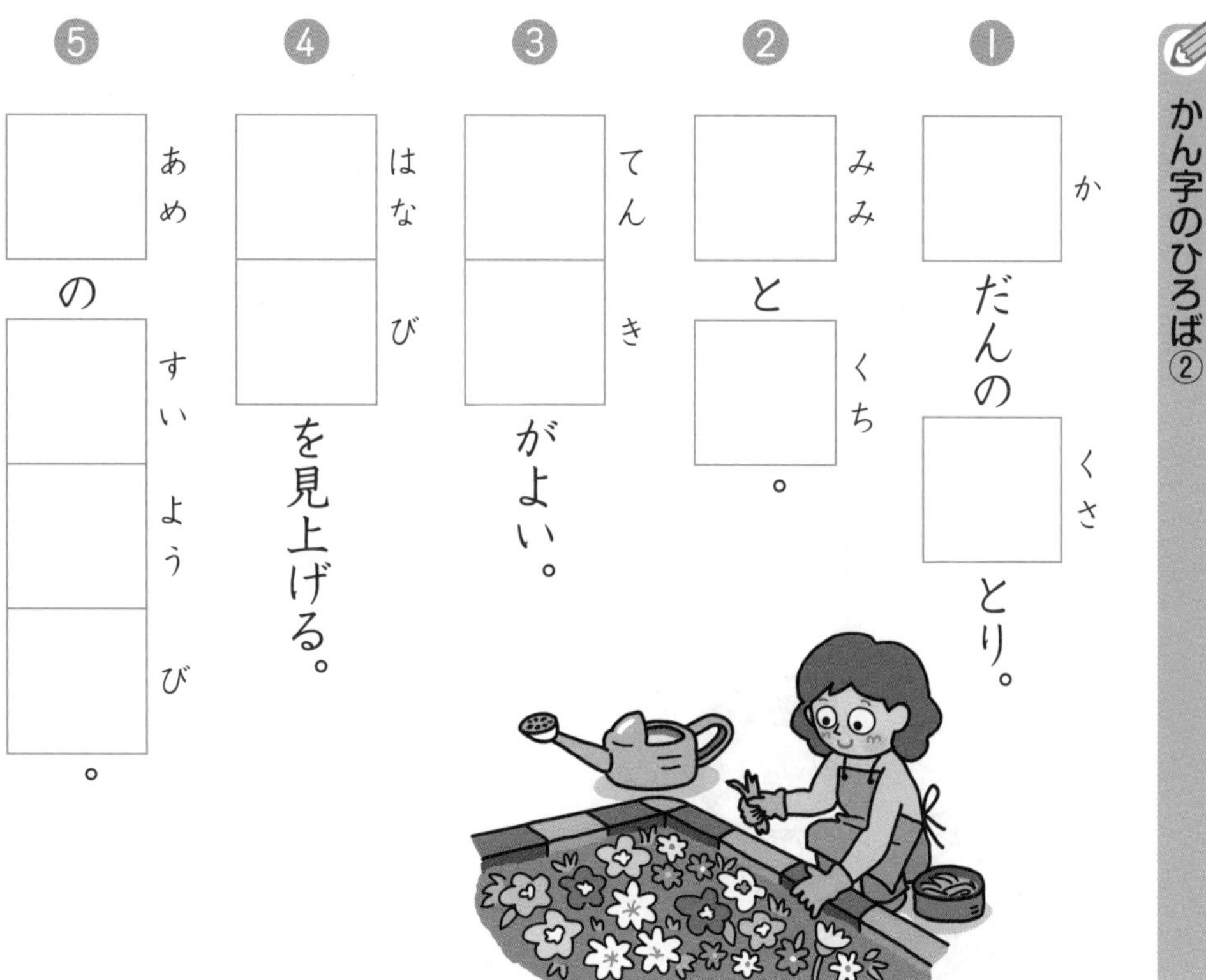

① □(か)だんの□(くさ)とり。

② □(みみ)と□(くち)。

③ □□(てんき)がよい。

④ □□(はなび)を見上げる。

⑤ □(あめ)の□□□(すいようび)。

どうぶつ園のじゅうい (1)

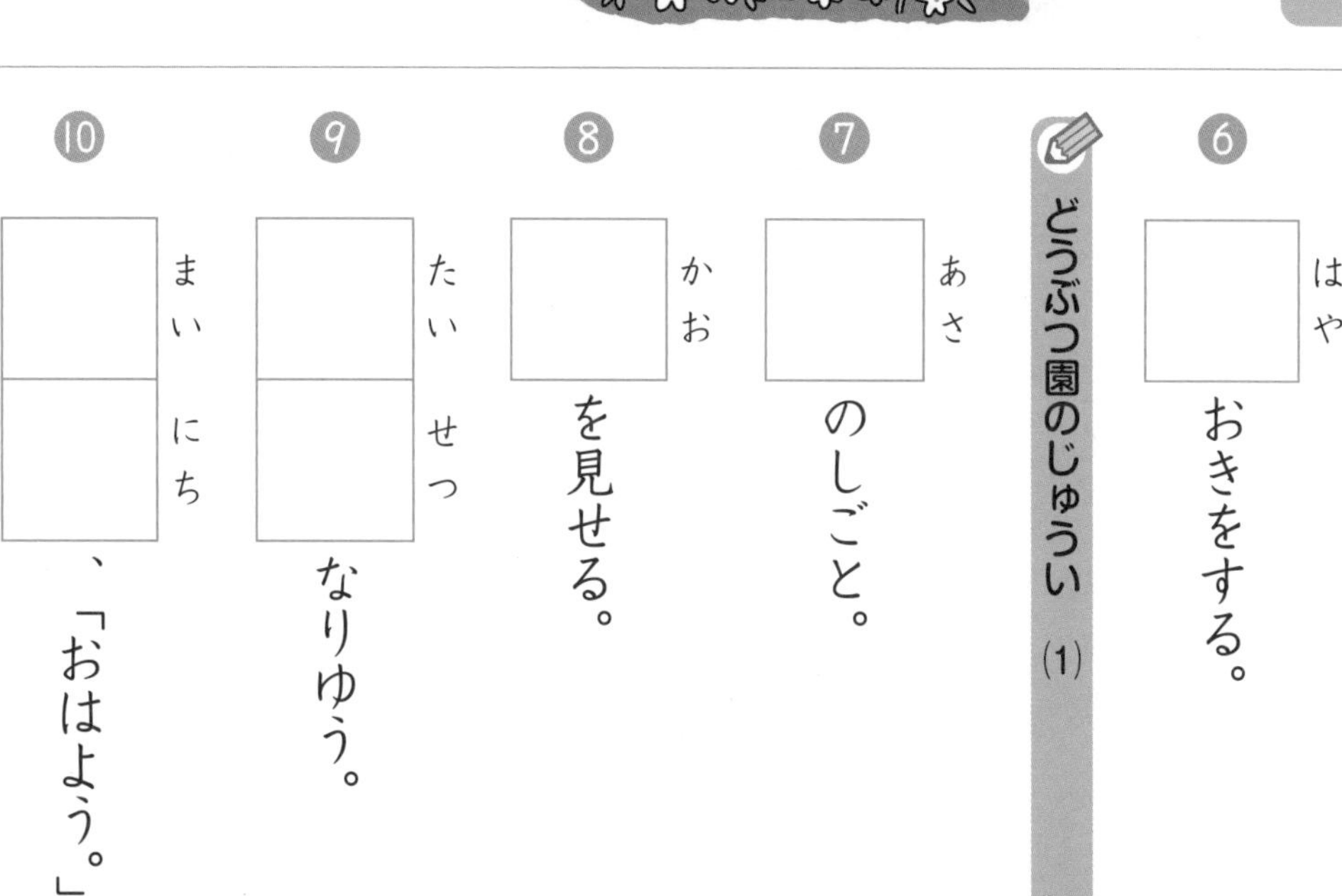

⑥ □(はや)おきをする。

⑦ □(あさ)のしごと。

⑧ □(かお)を見せる。

⑨ □□(たいせつ)なりゆう。

⑩ □□(まいにち)、「おはよう。」と言う。

どうぶつ園のじゅうい　(2)

/12もん　だい12回

☆ □にかん字を書きましょう。〔　〕には、かん字とひらがなを書きましょう。（☆は、新しいかん字をつかったべつのことばです。）

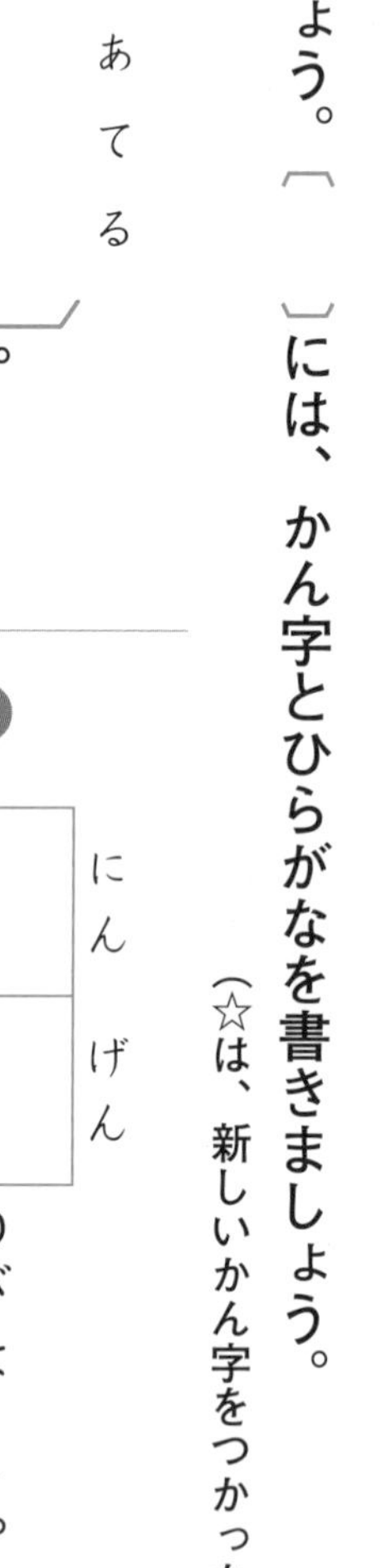

❶ きかいをおなかに〔あてる〕。

❷ しばらくの□(あいだ)。

❸ お□(ひる)前に、びょういんにもどる。

❹ □□(はんぶん)に切る。

❺ □□(さんにん)のしいくいん。

❻ □□(でんわ)をかける。

❼ □□(にんげん)のびょうき。

❽ どうぶつにさわった□(あと)。

❾ どうぶつ園の□(そと)。

❿☆ □(ひる)ねをする。

⓫☆ 五時(じ)□(はん)に家に帰(かえ)る。

⓬☆ □□(でんしゃ)で出かける。

ことばあそびをしよう なかまのことばとかん字 (1)

だい13回

/12もん

☆ □にかん字を書きましょう。〔 〕には、かん字とひらがなを書きましょう。（☆は、新しいかん字をつかったべつのことばです。）

ことばあそびをしよう

① 声に出して〔たのしむ〕。

② 〔かぞえ〕歌を歌う。

③ ふるいものに〔したしむ〕。

なかまのことばとかん字 (1)

④ □（おや）と子。

⑤ □（ちち）がせんたくをする。

⑥ □（はは）が買いものに行く。

⑦ □（あに）は四年生だ。

⑧ □（おとうと）と妹。

⑨ □□（ごぜん）中にそうじをする。

⑩☆ □□（ちちおや）と□□（ははおや）。

⑪☆ 昼の十二時（じ）を□□（しょうご）という。

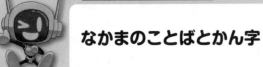

●べんきょうした日　月　日

なかまのことばとかん字 (2)

/12もん

だい14回

☆ □にかん字を書きましょう。（☆は、新しいかん字をつかったべつのことばです。）

1 □□(ごご)から晴れる。

2 昼と□(よる)。

3 すきな□□(きょうか)。

4 □□(こくご)のテスト。

5 □□(さんすう)の時間(じかん)。

6 二時間(じかん)目は、□□(せいかつ)だ。

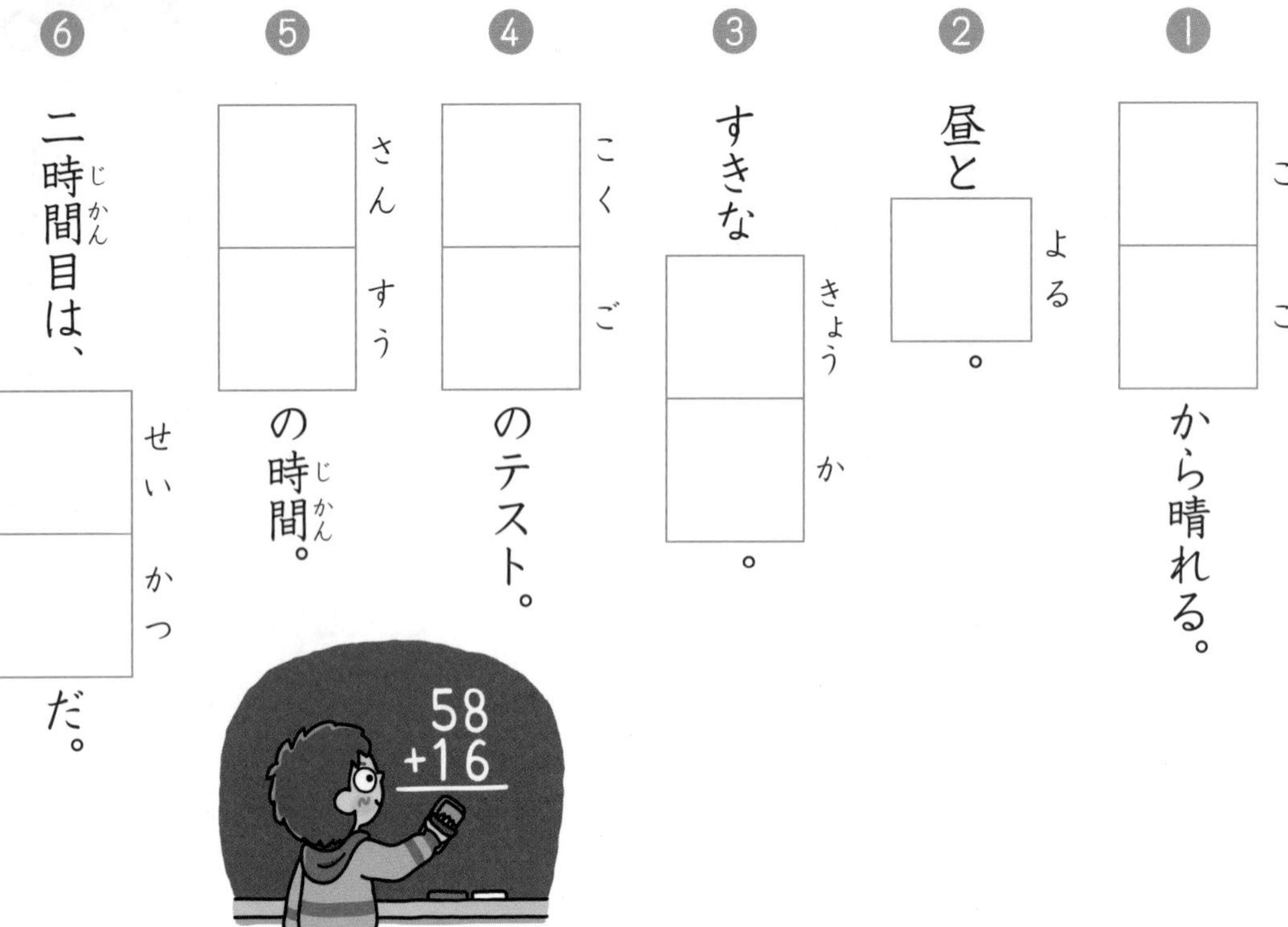

7 □□(おんがく)をきく。

8 □□(ずこう)がとくいだ。

9 □(たい)育(いく)がすきだ。

10☆ □□(ひゃっか)じてん。

11☆ えい□(ご)をならう。

12☆ □(かっ)ぱつにうごく。

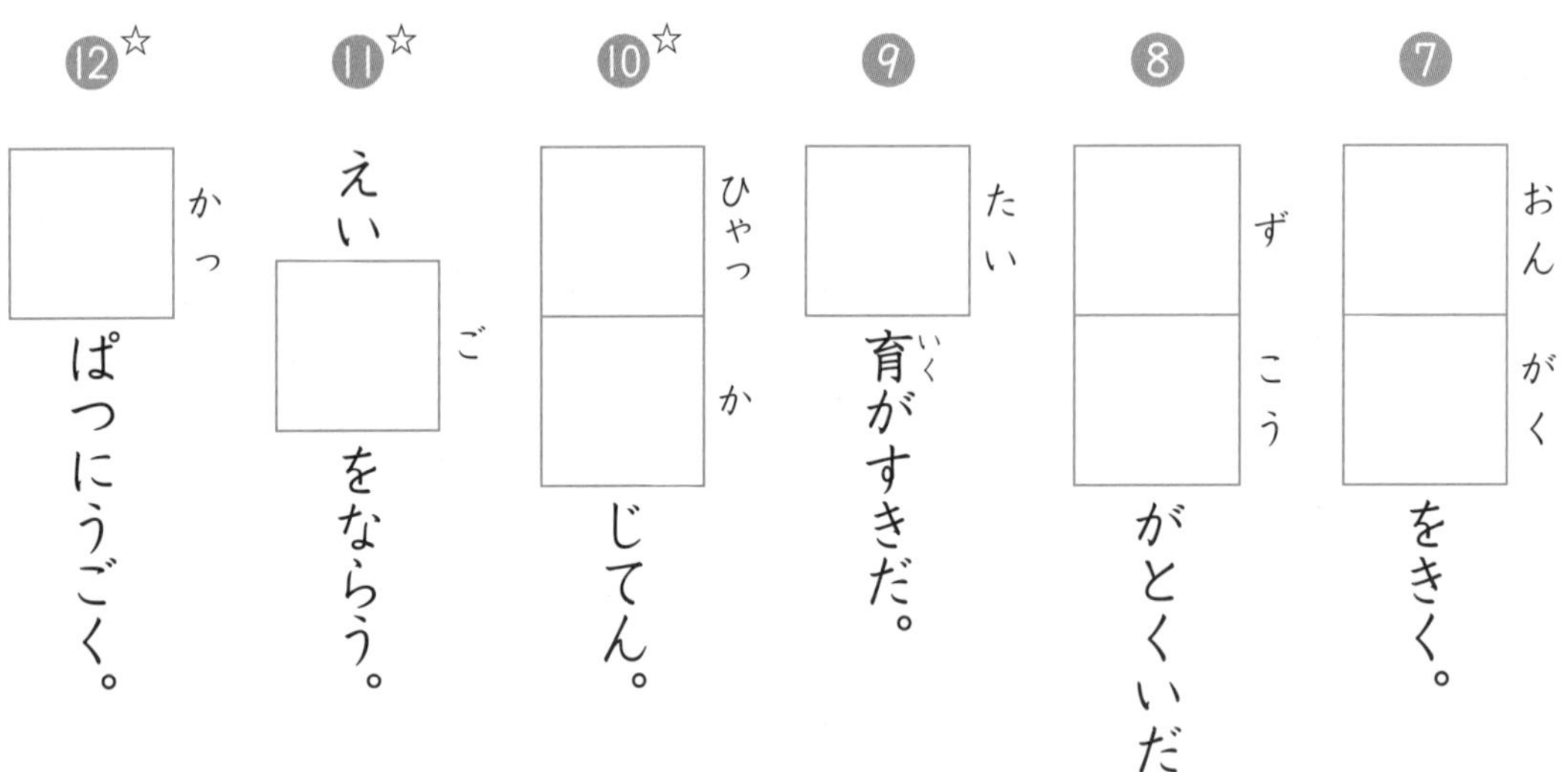

かん字のひろば③　1年生でならったかん字

/14もん

だい15回

☆ □にかん字を書きましょう。〔　〕には、かん字とひらがなを書きましょう。

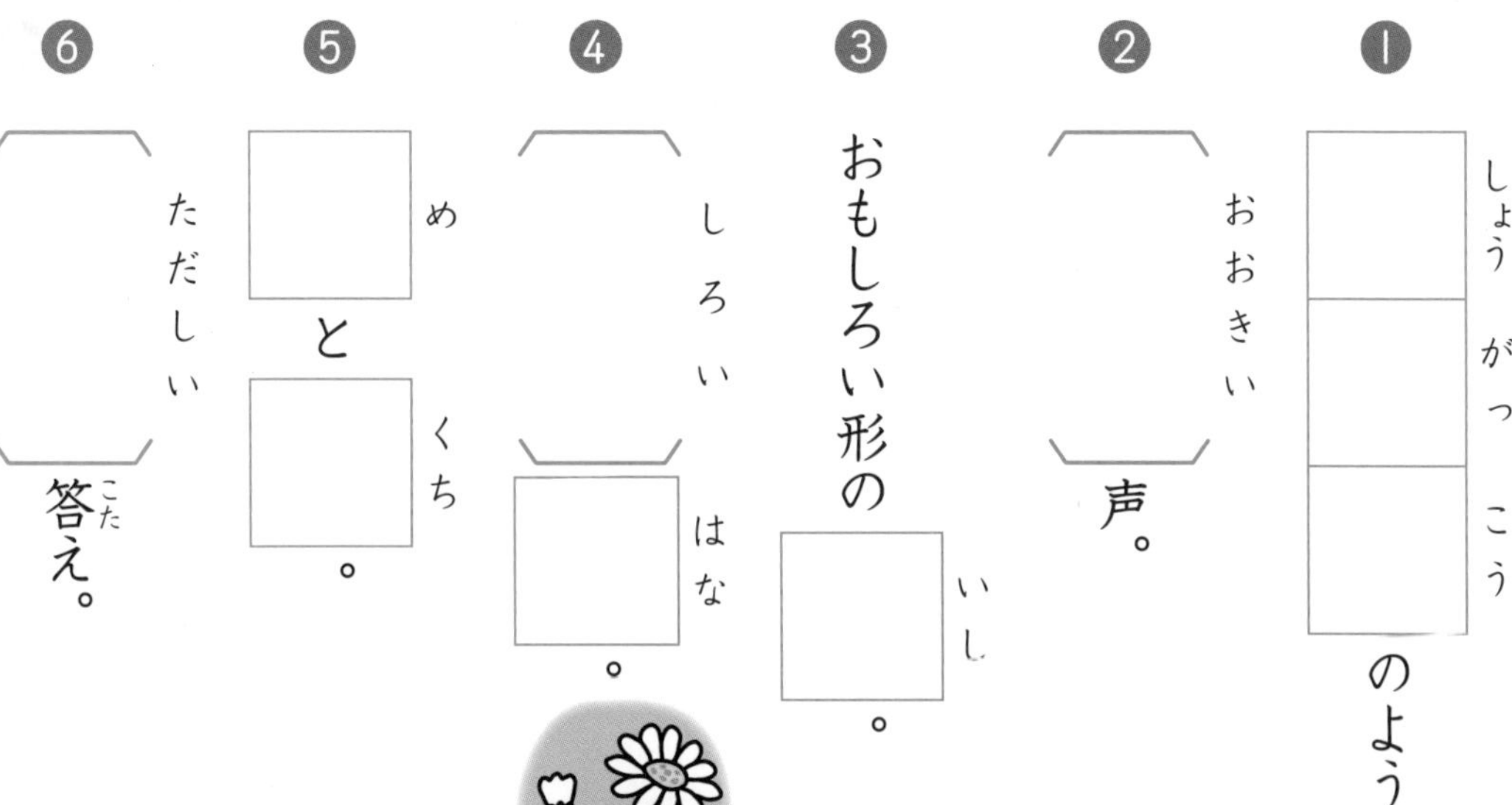

1 □□□（しょうがっこう）のようす。

2 〔　　〕（おおきい）声。

3 おもしろい形の□（いし）。

4 〔　　〕（しろい）□（はな）。

5 □（め）と□（くち）。

6 〔　　〕（ただしい）答（こた）え。

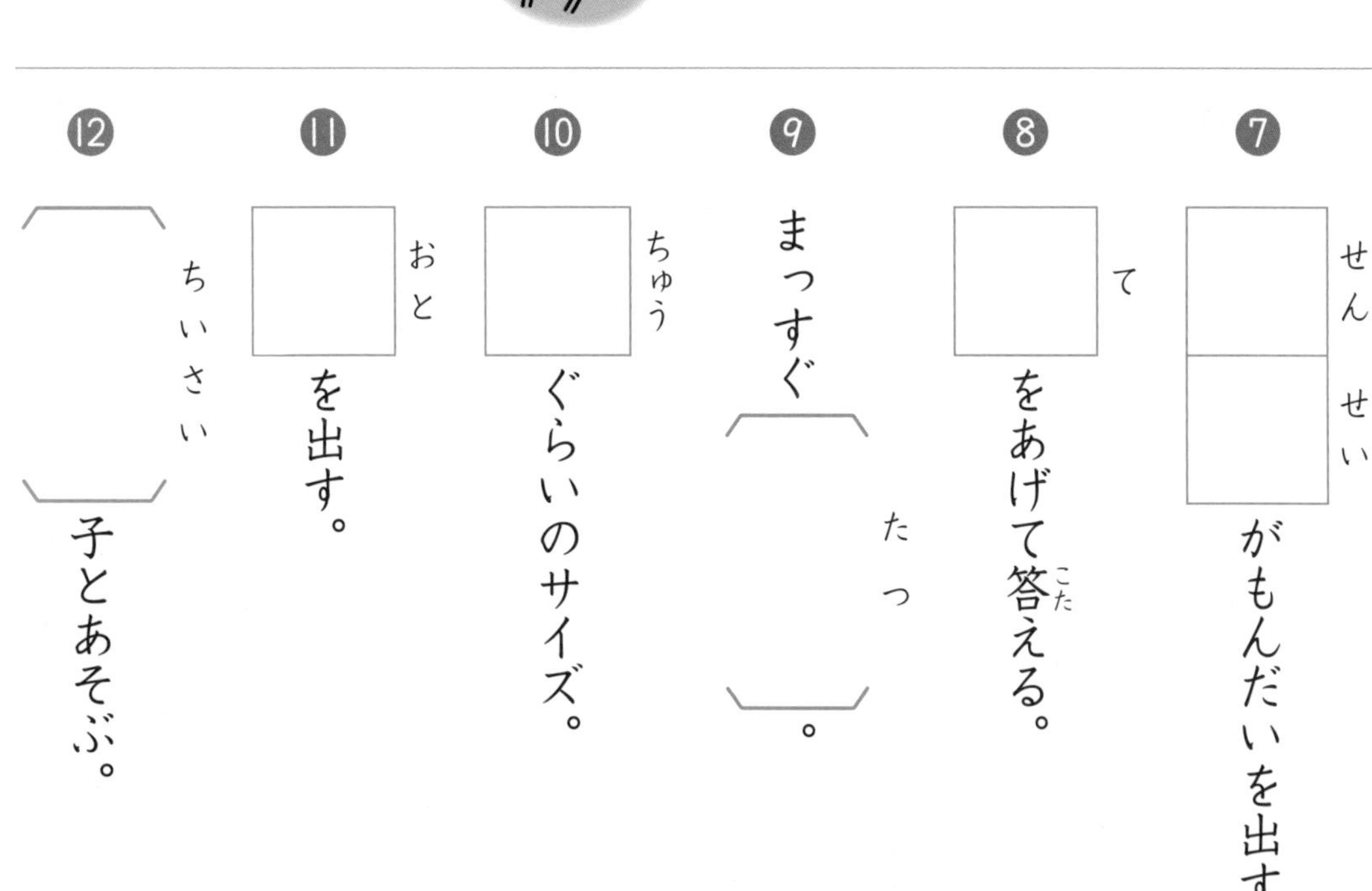

7 □□（せんせい）がもんだいを出す。

8 □（て）をあげて答（こた）える。

9 まっすぐ〔　　〕（たつ）。

10 □（ちゅう）ぐらいのサイズ。

11 □（おと）を出す。

12 〔　　〕（ちいさい）子とあそぶ。

お手紙

/11もん

だい16回

☆ □にかん字を書きましょう。〔 〕には、かん字とひらがなを書きましょう。
（☆は、新しいかん字をつかったべつのことばです。）

① □□（じぶん）とくらべる。

② かなしい□（とき）。

③ 手紙をまつ□□（じかん）。

④ 家へ〔　　〕（かえる）。

⑤ 紙に□（なに）かを書く。

⑥ 知り〔　　〕（あい）に会う。

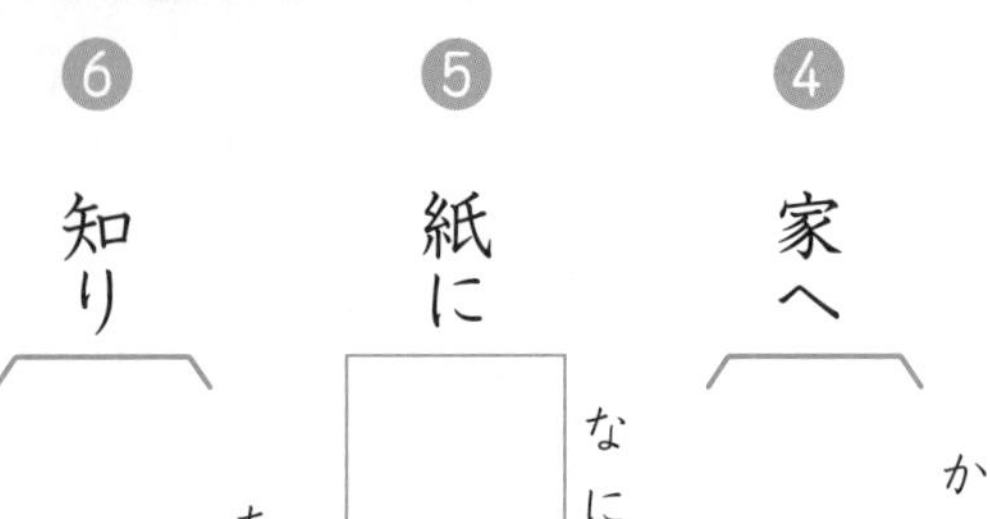

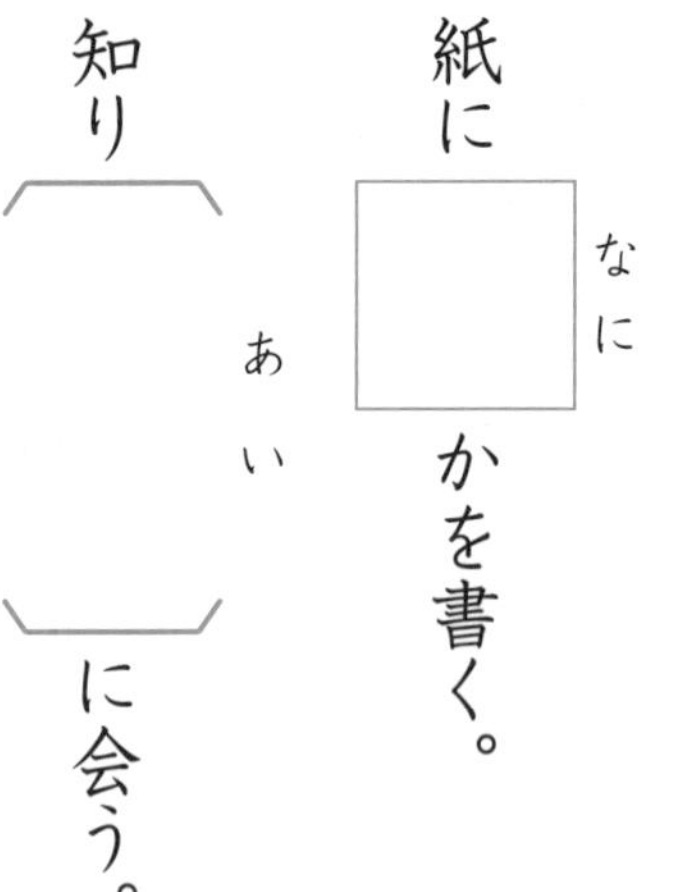

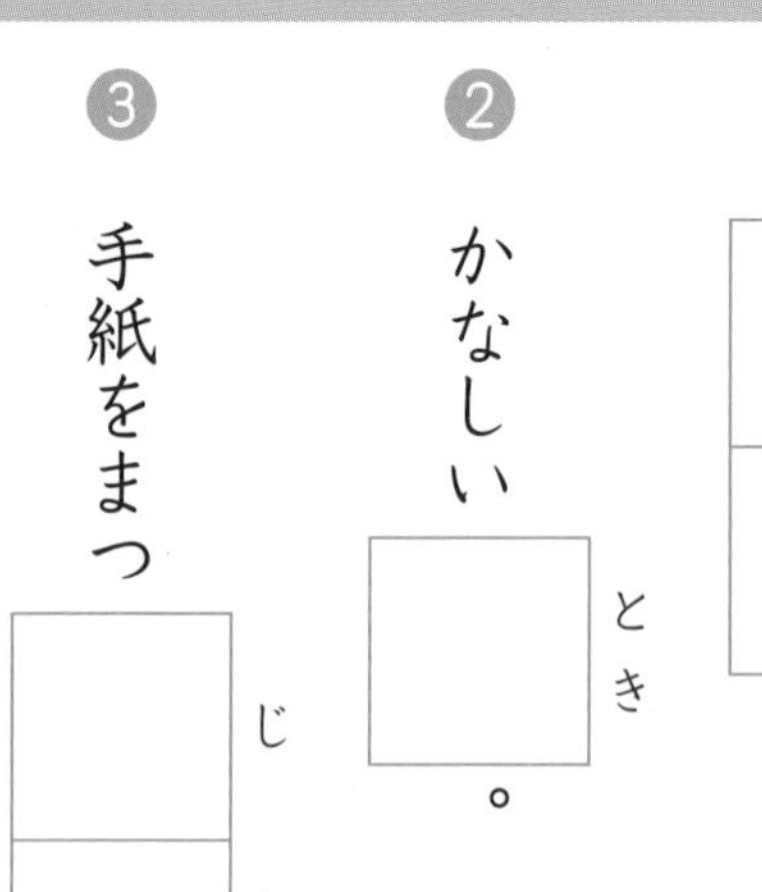

⑦ □（しん）愛（あい）なる がまがえるくん。

⑧ きみはぼくの□□（しんゆう）だ。

⑨☆ □（じ）由（ゆう）に絵をかく。

⑩☆ 夜□□（くじ）にねる。

⑪☆ みんなで話し〔　　〕（あう）。

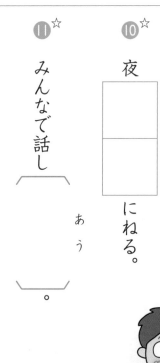

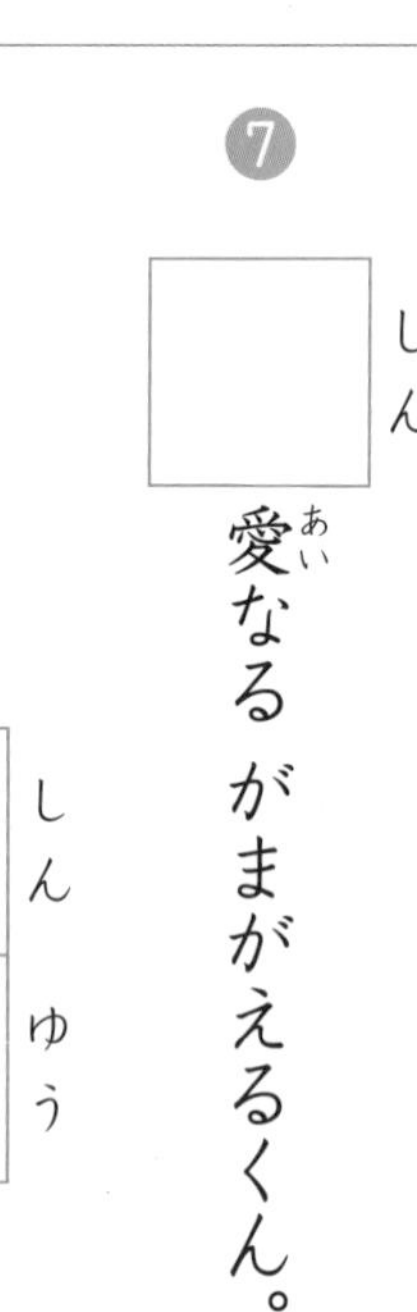

主語（しゅ）と述語（じゅつ）に　気をつけよう

だい17回

/12もん

☆ □にかん字を書きましょう。〔 〕には、かん字とひらがなを書きましょう。（☆は、新しいかん字をつかったべつのことばです。）

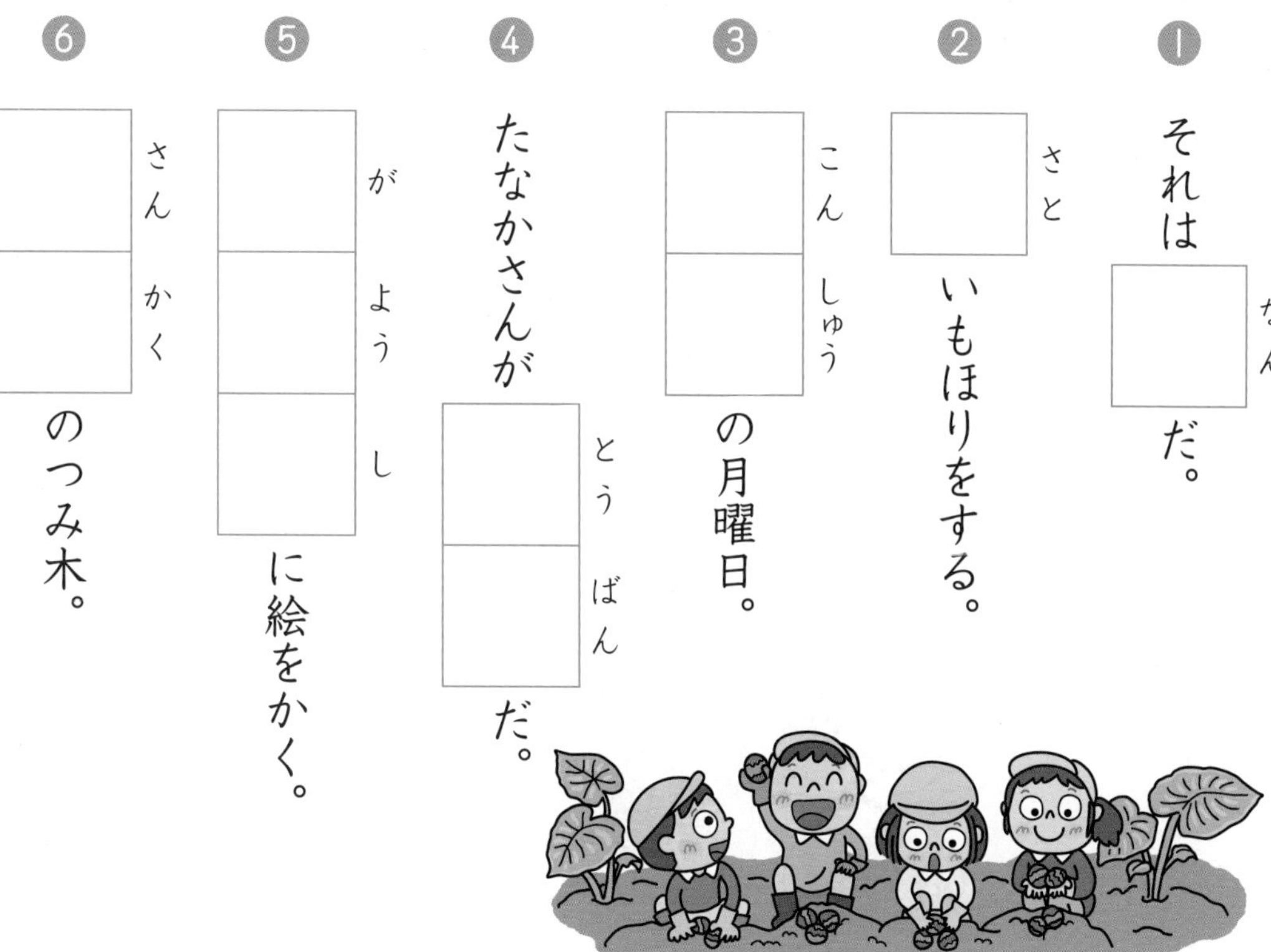

1. それは□（なん）だ。
2. □（さと）いもほりをする。
3. □□（こん しゅう）の月曜日。
4. たなかさんが□□（とう ばん）だ。
5. □□□（が よう し）に絵をかく。
6. □□（さん かく）のつみ木。

7. □□（こう つう）あんぜん。
8. □□（かざ ぐるま）が回る。
9. 空が〔　　〕（あかるい）。
10. たくさんの□（ほし）が見える。
11. ☆ □□□（いっ しゅう かん）のよてい。
12. ☆ □□（こう ばん）のおまわりさん。

かん字の読み方 (1)

/13もん　だい18回

☆ □にかん字を書きましょう。〔　〕には、かん字とひらがなを書きましょう。

1. 屋(おく)□(じょう)から見る。

2. □□(とうきょう)タワーを見る。

3. □□(きんぎょ)ばち。

4. □(うわ)ばきをぬぐ。

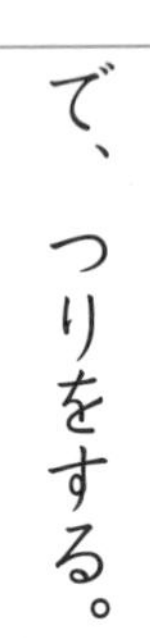
5. □□(かわかみ)で、つりをする。

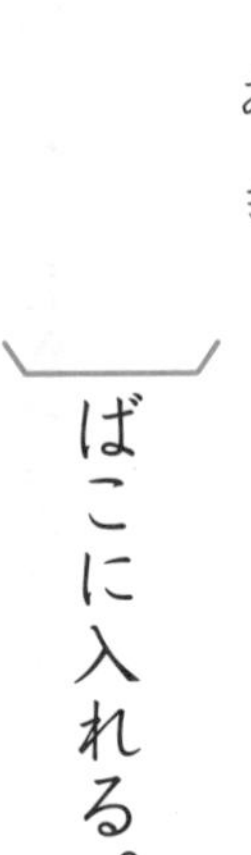
6. 〔　〕(あき)ばこに入れる。

7. 〔　〕(ふるい)しゃしん。

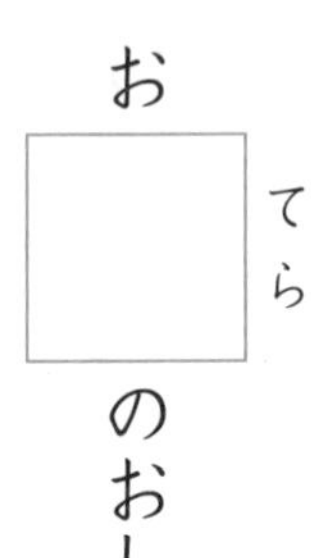
8. お□(てら)のおしょうさん。

9. 学校のろう□(か)。

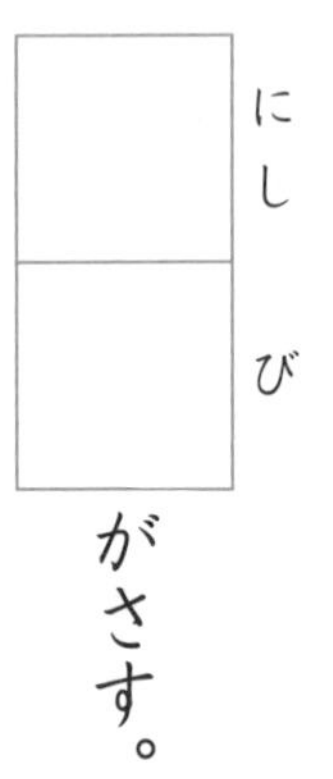
10. □□(にしび)がさす。

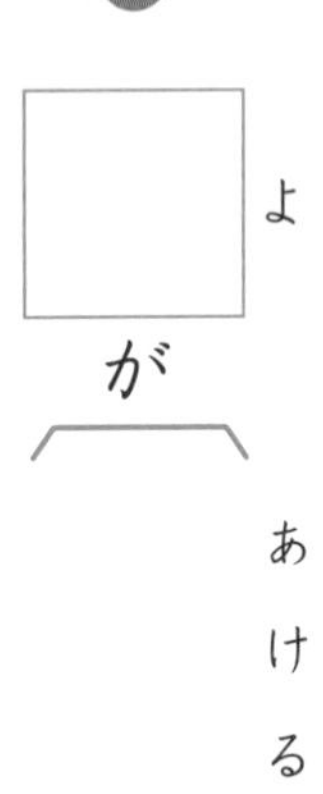
11. □(よ)が〔　〕(あける)。

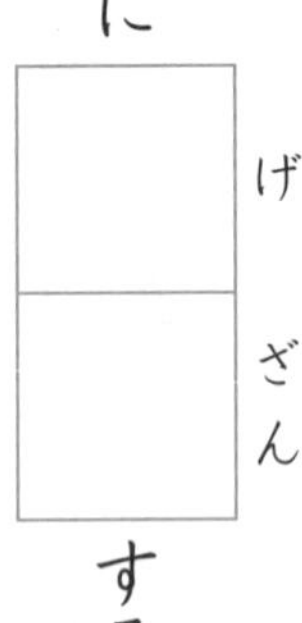
12. あけがたに□□(げざん)する。

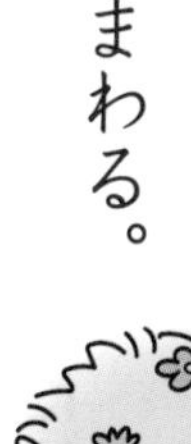

かん字の読み方　(2)

/12もん

だい19回

☆ □にかん字を書きましょう。〔　〕には、かん字とひらがなを書きましょう。（☆は、新しいかん字をつかったべつのことばです。）

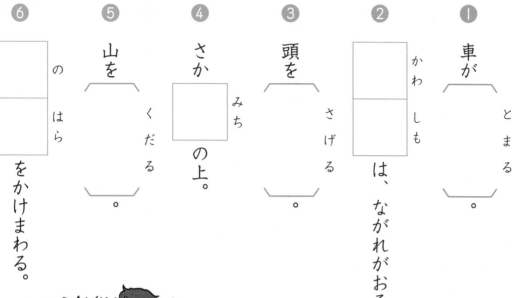

1 車が〔とまる〕。

2 □□(かわしも)は、ながれがおそい。

3 頭を〔さげる〕。

4 さか□(みち)の上。

5 山を〔くだる〕。

6 □□(のはら)をかけまわる。

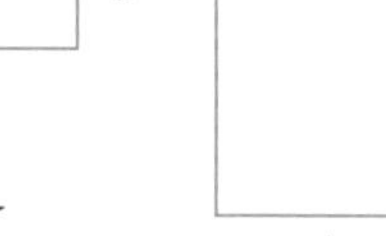

7 ふみ□(だい)をつかう。

8 大きな□(ふね)。

9 田んぼでお□(こめ)をそだてる。

10☆ □□(ちかみち)を通る。

11☆ 広い□(はら)っぱ。

12☆ □(だい)どころでりょうりをする。

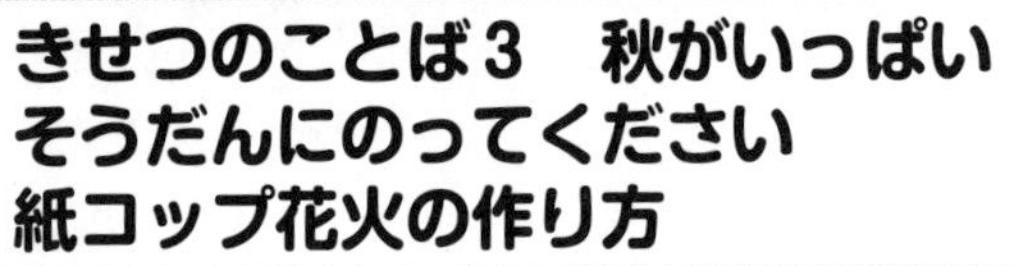

きせつのことば3　秋がいっぱい
そうだんにのってください
紙コップ花火の作り方

/10もん

だい20回

☆ □にかん字を書きましょう。〔　〕には、かん字とひらがなを書きましょう。
（☆は、新しいかん字をつかったべつのことばです。）

きせつのことば3

1 □（あき）をかんじるもの。

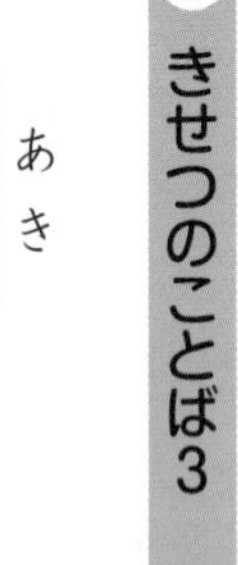

2☆ □□（あきかぜ）がふく。

そうだんにのってください

3 パンを〔　　〕（つくる）。

4 考えの□（り）由（ゆう）を言う。

5☆ りょう□（り）をする。

紙コップ花火の作り方

6 〔　　〕（すこし）大きな紙。

7 □（たに）おり、山おりのじゅんにおる。

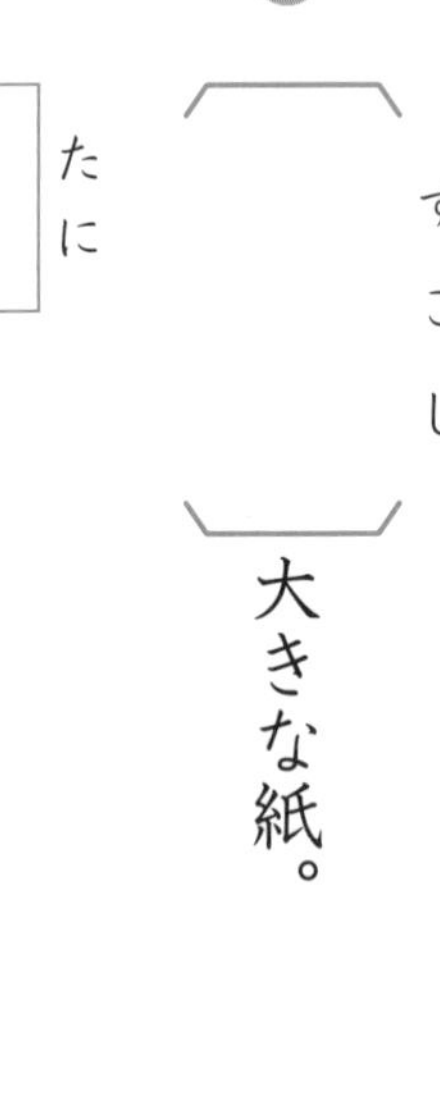

8 はばが〔　　〕（ほそい）。

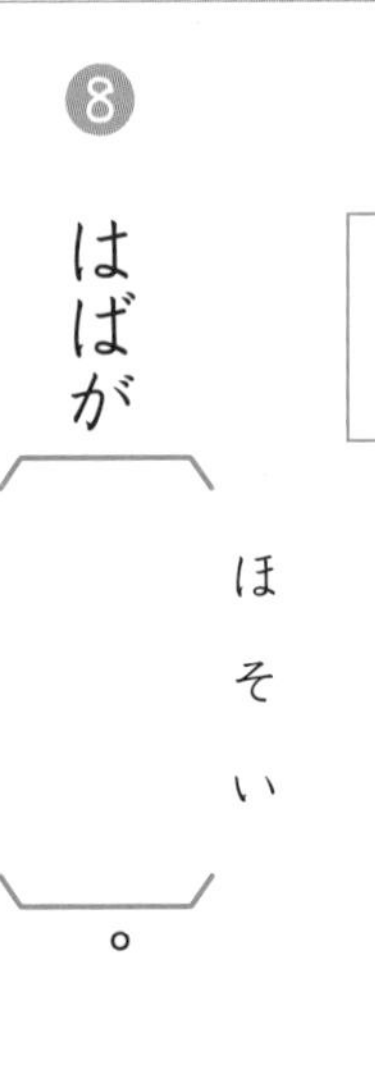

9 □□□（ちょうほうけい）を半分におる。

10 紙コップの□（うち）がわ。

にたいみのことば、はんたいのいみのことば かん字のひろば④ 1年生でならったかん字

だい21回　/12もん

☆ □にかん字を書きましょう。〔　〕には、かん字とひらがなを書きましょう。

にたいみのことば、はんたいのいみのことば

1. □(こく)板(ばん)に絵をかく。
2. □□(しんぶん)を読む。
3. 数が〔　　〕(すくない)。

かん字のひろば④

4. □□□(ひゃくえんだま)をつかう。
5. □□(はちにん)の子どもたち。
6. □□(せんえん)さつでおつりをもらう。
7. □(いぬ)が□(ご)ひきいる。
8. □□□(ななじゅうえん)のガム。
9. □(に)ひきのねこ。
10. □(よん)たばのほうれんそう。
11. えんぴつを□□(いっぽん)買う。

みきのたからもの
きせつのことば4　冬がいっぱい

/10もん　だい22回

☆ □にかん字を書きましょう。〔　〕には、かん字とひらがなを書きましょう。（☆は、新しいかん字をつかったべつのことばです。）

みきのたからもの

1 ものがたりの□（さく）者（しゃ）。

2 〔　　〕（とおい）星から来た。

3 □（くび）をかしげる。

4 □□（いっしょう）けんめい見つめる。

5 鳥が〔　　〕（なく）。

6 □（こころ）の中にしまっておく。

7☆ しんじゅの□（くび）かざり。

きせつのことば4

8☆ ねこの〔　　〕（なき）声。

9 □（ふゆ）をかんじる。

10☆ □（ふゆ）休みが楽しみだ。

かたかなで書くことば

/12もん　だい23回

☆ □にかん字を書きましょう。〔　〕には、かん字とひらがなを書きましょう。（☆は、新しいかん字をつかったべつのことばです。）

1 □□(あまど)をガラガラとしめる。

2 かねがゴーンと〔　　〕(なる)。

3 □□(がいこく)から来たことば。

4 バスが□□(つうこう)する。

5 □□(むぎちゃ)をのむ。

6 いろいろな□(くに)。

7 □□(とち)の名前。

8 インドの□□(いちば)。

9 はつめい□(か)。

10☆ □□(こむぎ)こでパンを作る。

11☆ □□(あさいち)でやさいを売(う)る。

12☆ □□(ひろば)でサッカーをする。

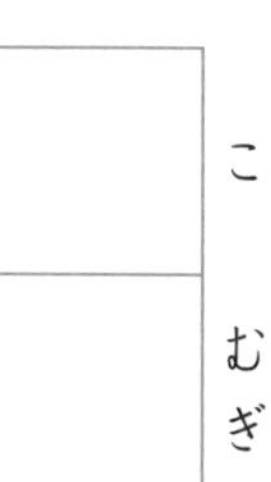

ロボット
カンジーはかせの大はつめい
すてきなところをつたえよう

/10もん

だい24回

☆ □にかん字を書きましょう。〔　〕には、かん字とひらがなを書きましょう。
（☆は、新しいかん字をつかったべつのことばです。）

ロボット

1 しつもんに〔こたえる〕。

2 〔あるいて〕行く。

3 車を作る□□（こうじょう）。

カンジーはかせの大はつめい

4 □□（てんさい）のはつめい。

5 かん字を□□（がったい）させる。

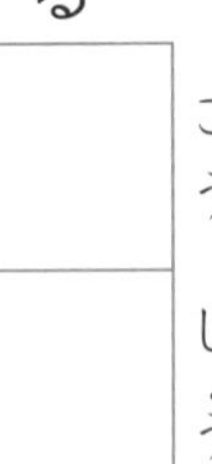
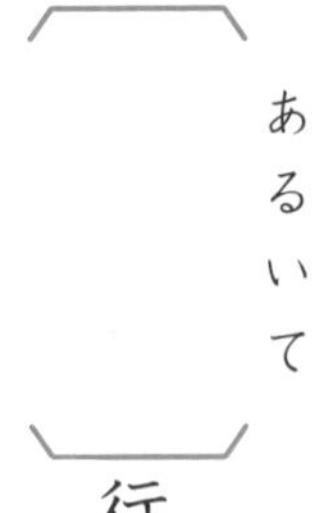
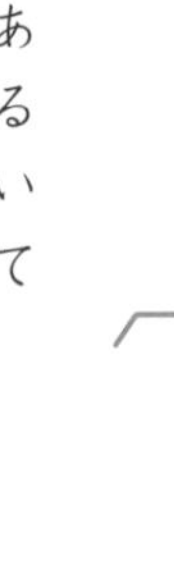

すてきなところをつたえよう

6 小学校の□（もん）。

7 □□（ゆみや）の名人。

8 □□（けいさん）をおしえる。

9 ほけん□（しつ）へつれていく。

10☆ □□（きょうしつ）をそうじする。

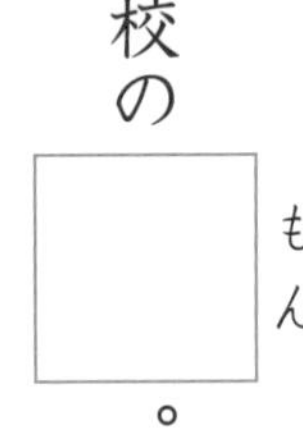
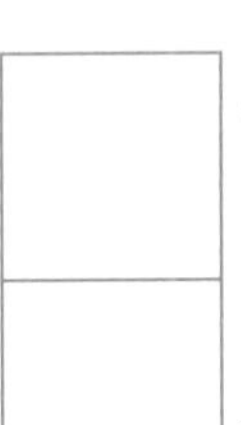
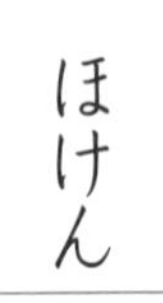

スーホの白い馬 (1)

/12もん　だい25回

☆ □にかん字を書きましょう。〔　〕には、かん字とひらがなを書きましょう。(☆は、新しいかん字をつかったべつのことばです。)

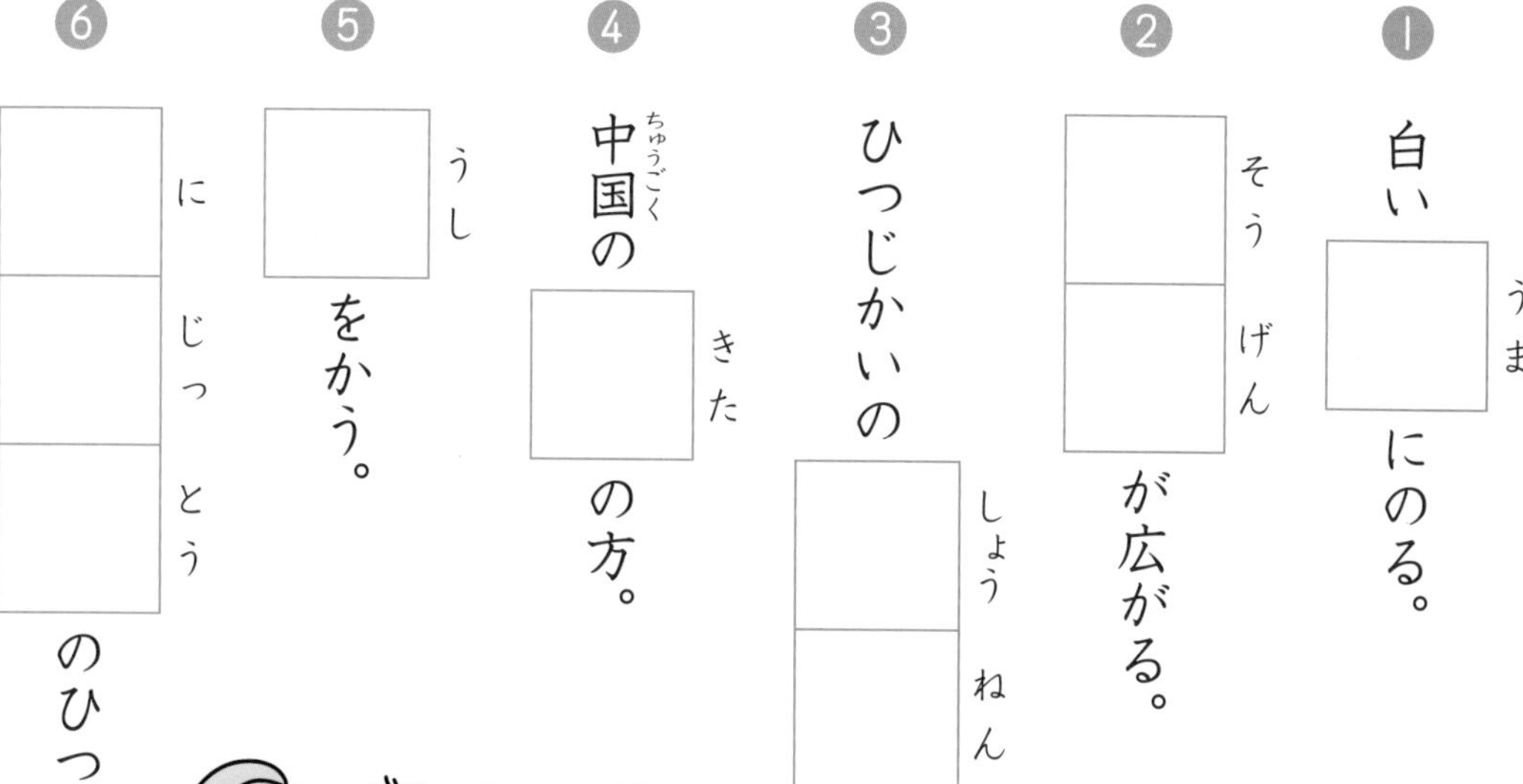

① 白い□(うま)にのる。

② □□(そうげん)が広がる。

③ ひつじかいの□□(しょうねん)。

④ 中国(ちゅうごく)の□(きた)の方。

⑤ □(うし)をかう。

⑥ □□□(にじっとう)のひつじ。

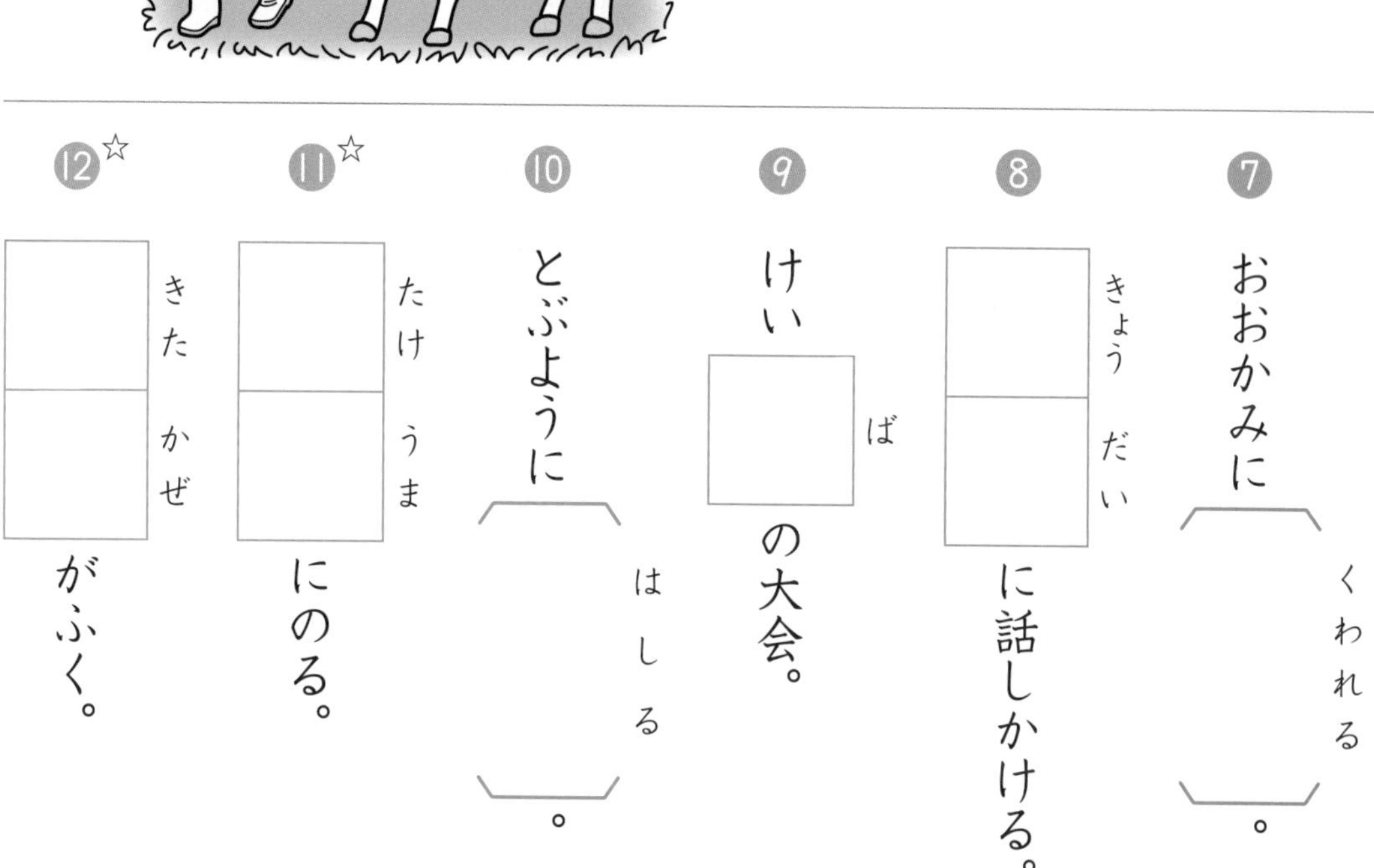

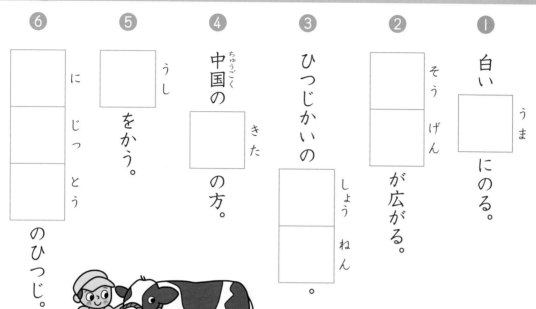

⑦ おおかみに〔　　〕(くわれる)。

⑧ □□(きょうだい)に話しかける。

⑨ けい□(ば)の大会。

⑩ とぶように〔　　〕(はしる)。

⑪☆ □□(たけうま)にのる。

⑫☆ □□(きたかぜ)がふく。

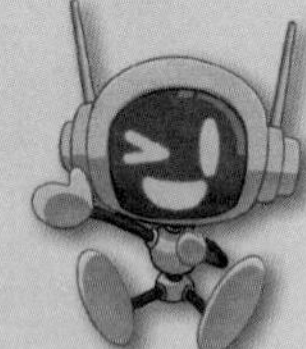

スーホの白い馬　(2)
かん字の広場⑤　1年生でならったかん字
楽しかったよ、二年生

/12もん

だい26回

☆ □にかん字を書きましょう。〔　〕には、かん字とひらがなを書きましょう。

スーホの白い馬　(2)

1 馬を〔うる〕。

2 とのさまの□□(けらい)。

3 白馬が〔よわる〕。

4 がっきの□(ね)に耳をすます。

かん字の広場⑤

5 ベンチで〔やすむ〕。

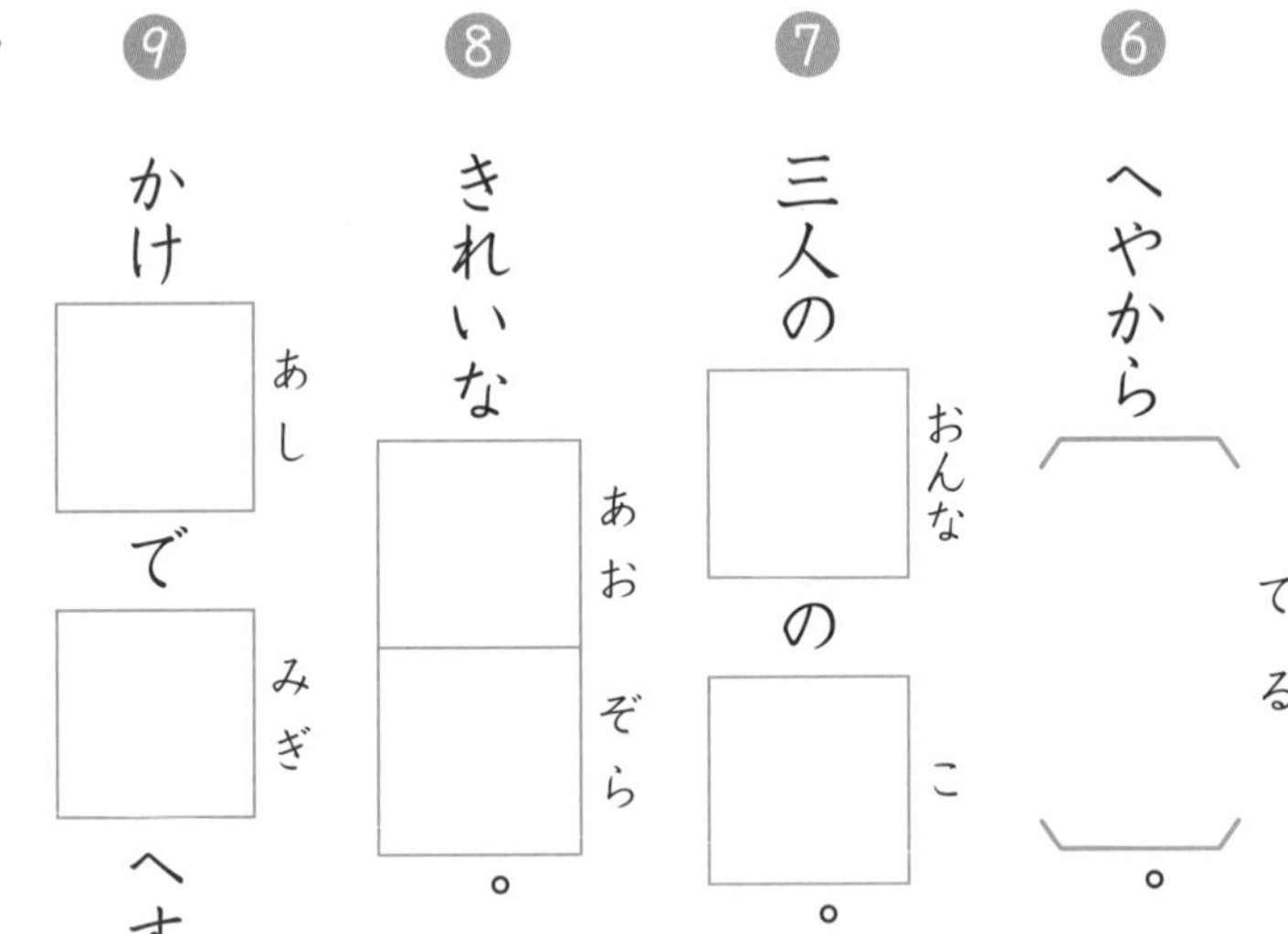

6 へやから〔でる〕。

7 三人の□(おんな)の□(こ)。

8 きれいな□□(あおぞら)。

9 かけ□(あし)で□(みぎ)へすすむ。

楽しかったよ、二年生

10 〔つよい〕ボールをとる。

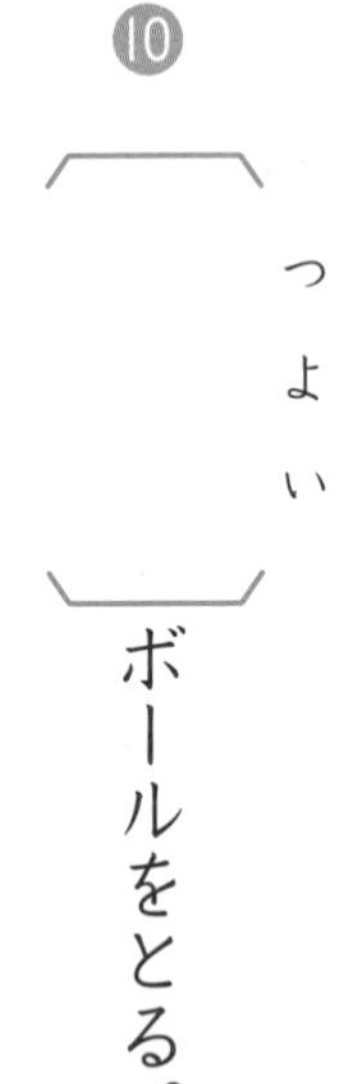

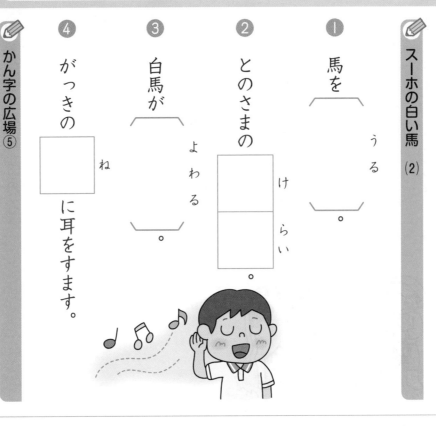

答え

だい1回

①読む ②音読
③雪 ④声
⑤言う ⑥行く
⑦南 ⑧雪
⑨大声 ⑩行き
⑪南口

だい2回

①図書 ②虫
③書く ④方
⑤絵本 ⑥知りたい
⑦読書 ⑧絵
⑨春 ⑩生える

だい3回

①思い ②日記
③日曜日 ④肉
⑤記 ⑥肉
⑦話す ⑧聞く
⑨音声 ⑩話

だい4回

①黄色 ②黒
③太らせる ④毛
⑤高い ⑥風
⑦晴れる ⑧気
⑨多い ⑩新しい
⑪考えて ⑫行目

だい5回

①名人 ②形
③体 ④長さ
⑤方 ⑥近づける
⑦同じ
⑧今 ⑨会社
⑩会

だい6回

①小刀 ②切れる
③町内 ④店
⑤姉 ⑥妹
⑦線 ⑧汽車
⑨海 ⑩刀
⑪内 ⑫線

だい7回

①魚・名前 ②広い
③元気 ④水中
⑤岩 ⑥食べられる
⑦教える ⑧光
⑨林・森 ⑩赤い・夕日

だい8回

①家 ②池
③組み ④後ろ
⑤数
⑥丸・点 ⑦会話
⑧買う
⑨引き ⑩羽・雲

だい9回

①夏
②店長 ③公園
④通る ⑤九万
⑥足りる ⑦空
⑧頭 ⑨来る
⑩鳥・歌

だい10回

①会う ②分かる
③二回 ④回
⑤回り
⑥直す ⑦手紙
⑧遠足 ⑨友
⑩紙

だい11回

①花・草 ②耳・口
③天気 ④花火
⑤雨・水曜日 ⑥早
⑦朝 ⑧顔
⑨大切 ⑩毎日

だい12回

①当てる ②間
③昼 ④半分
⑤三人 ⑥電話
⑦人間 ⑧後
⑨外 ⑩昼
⑪半 ⑫電車

答え

だい13回

①楽しむ　②数え
③親しむ
④親　⑤父
⑥母　⑦兄
⑧弟　⑨午前
⑩父親・母親　⑪正午

だい14回

①午後　②夜
③教科　④国語
⑤算数　⑥生活
⑦音楽　⑧図工
⑨体　⑩百科
⑪語　⑫活

だい15回

①小学校　②大きい
③石　④白い・花
⑤目・口　⑥正しい
⑦先生　⑧手
⑨立つ　⑩中
⑪音　⑫小さい

だい16回

①自分　②時
③時間　④帰る
⑤何　⑥合い
⑦親　⑧親友
⑨自　⑩九時
⑪合う

だい17回

①何　②里
③今週　④当番
⑤画用紙　⑥三角
⑦交通　⑧風車
⑨明るい　⑩星
⑪一週間　⑫交番

だい18回

①上　②東京
③金魚　④上
⑤川上　⑥空き
⑦古い　⑧寺
⑨下　⑩西日
⑪夜・明ける　⑫下山

だい19回

①止まる　②川下
③下げる　④道
⑤下る　⑥野原
⑦台　⑧船
⑨米　⑩近道
⑪原　⑫台

だい20回

①秋　②秋風
③作る　④理
⑤理
⑥少し　⑦谷
⑧細い　⑨長方形
⑩内

だい21回

①黒　②新聞
③少ない
④百円玉　⑤八人
⑥千円　⑦犬・五
⑧七十円　⑨二
⑩四　⑪一本

だい22回

①作　②遠い
③首　④一生
⑤鳴く　⑥心
⑦首　⑧鳴き
⑨冬　⑩冬

だい23回

①雨戸　②鳴る
③外国　④通行
⑤麦茶　⑥国
⑦土地　⑧市場
⑨家　⑩小麦
⑪朝市　⑫広場

だい24回

①答える　②歩いて
③工場
④天才　⑤合体
⑥門　⑦弓矢
⑧計算　⑨室
⑩教室

だい25回

❶馬　❷草原
❸少年　❹北
❺牛　❻二十頭
❼食われる　❽兄弟
❾馬　❿走る
⓫竹馬　⓬北風

だい26回

❶売る　❷家来
❸弱る　❹音
❺休む　❻出る
❼女・子　❽青空
❾足・右
❿強い

わくわくポスター　国語 2年

なかまの　ことばと　かん字

教科書ワーク

方角（ほうがく）

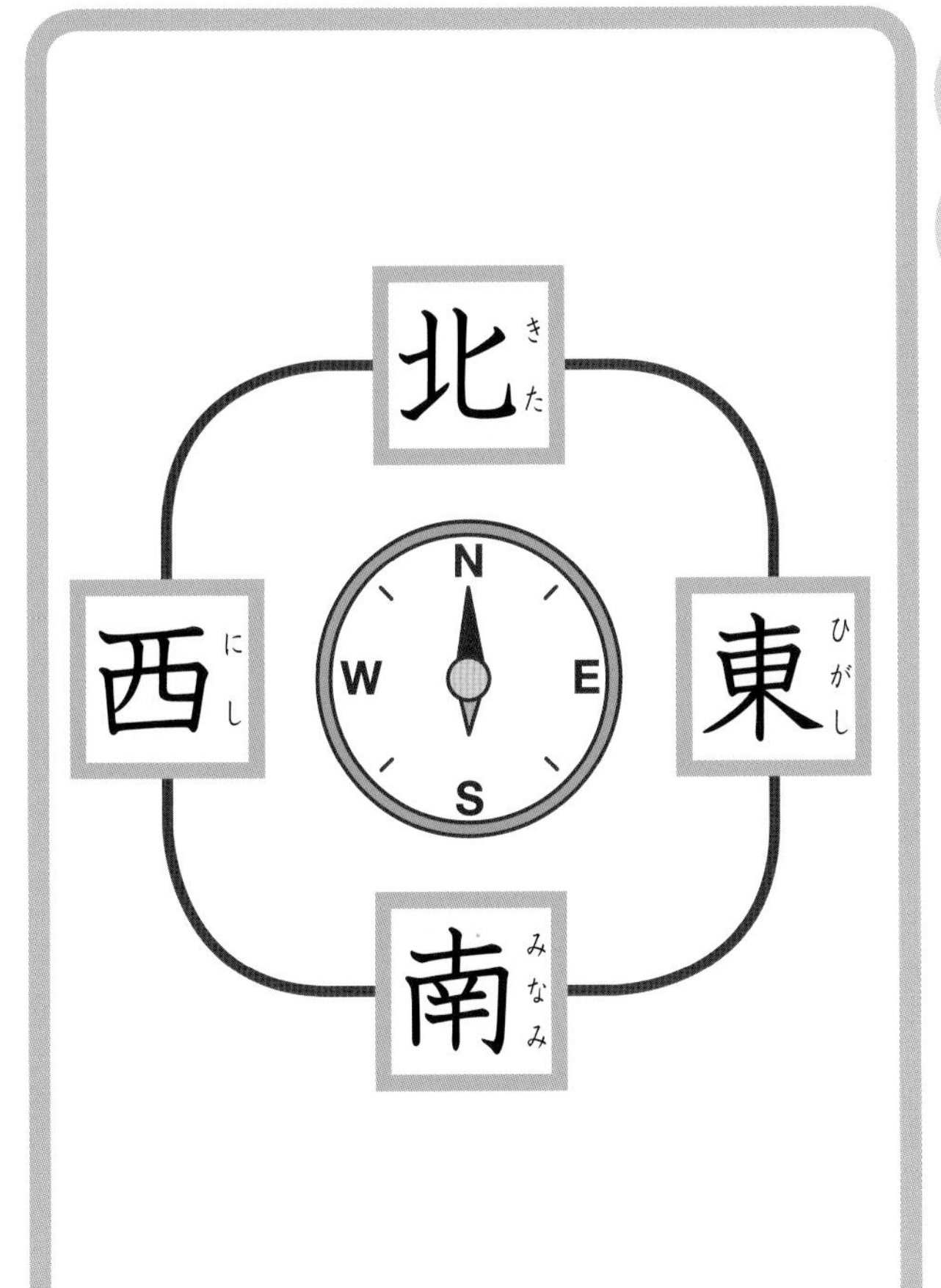

きせつ

かぞく

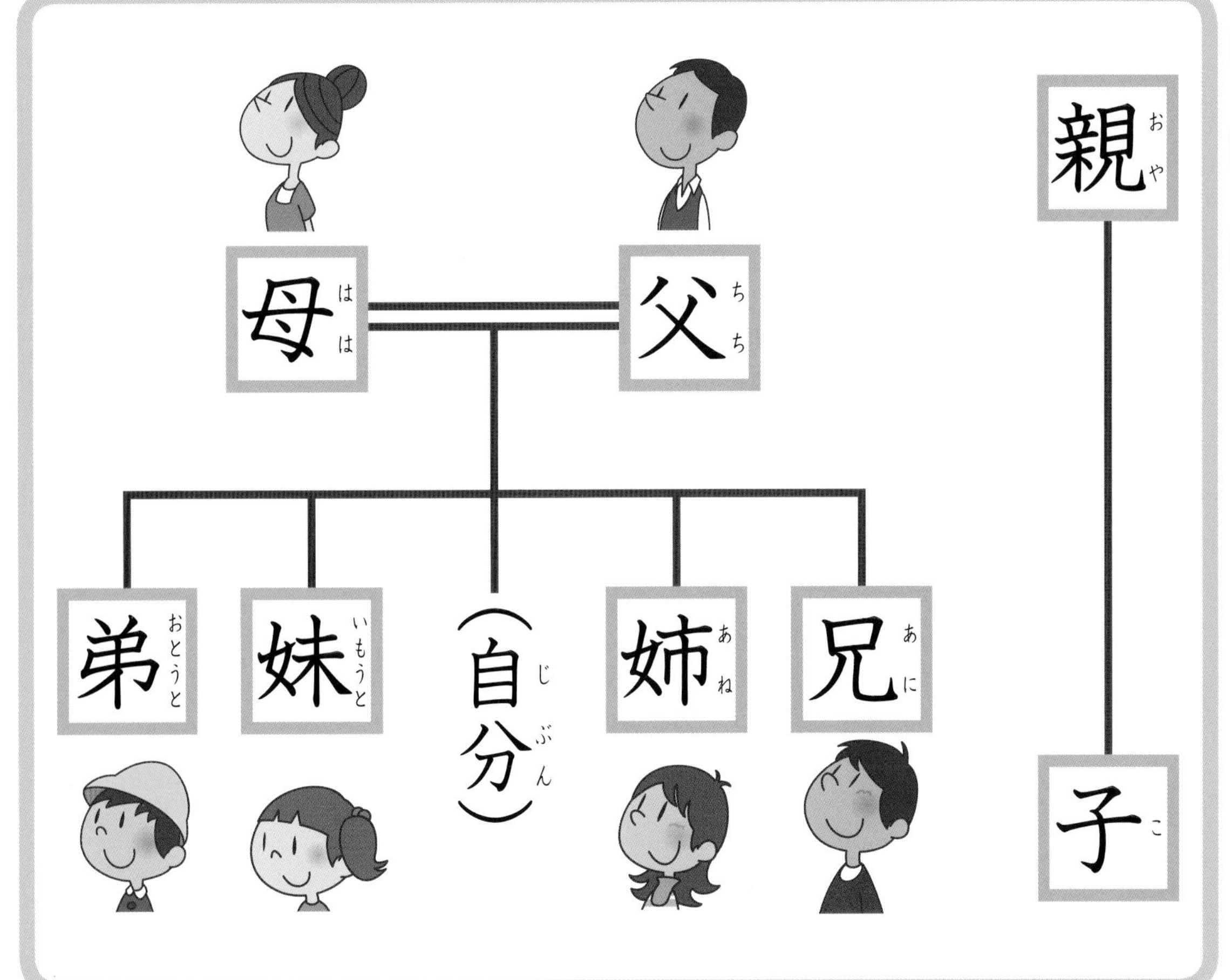

教科（きょうか）

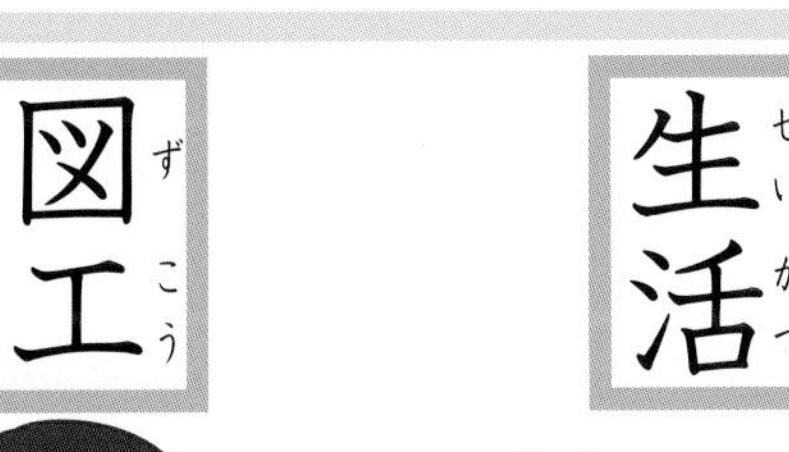

図工（ずこう）　生活（せいかつ）　理科（りか）　国語（こくご）

体育（たいいく）　音楽（おんがく）　社会（しゃかい）　算数（さんすう）

時（とき）

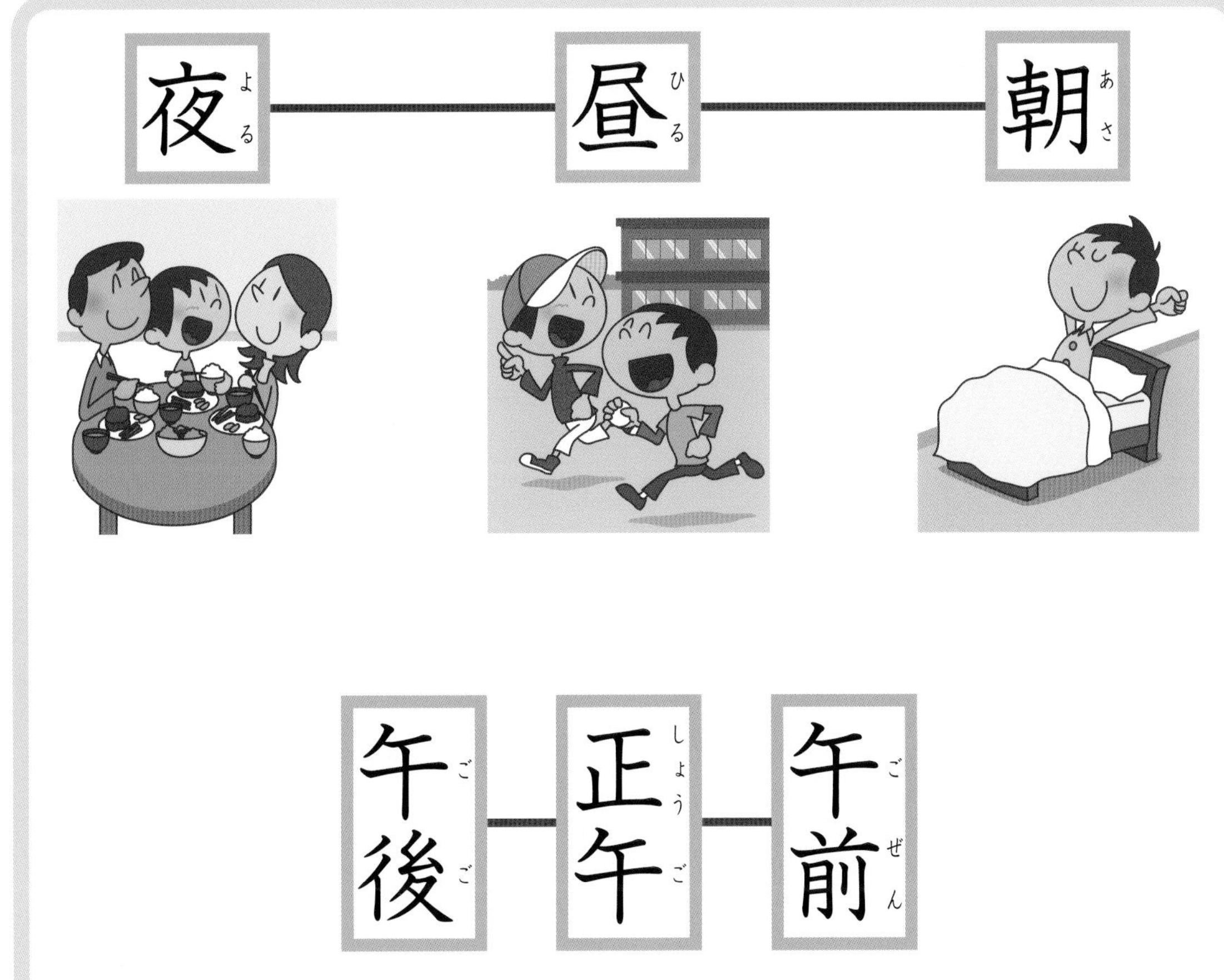

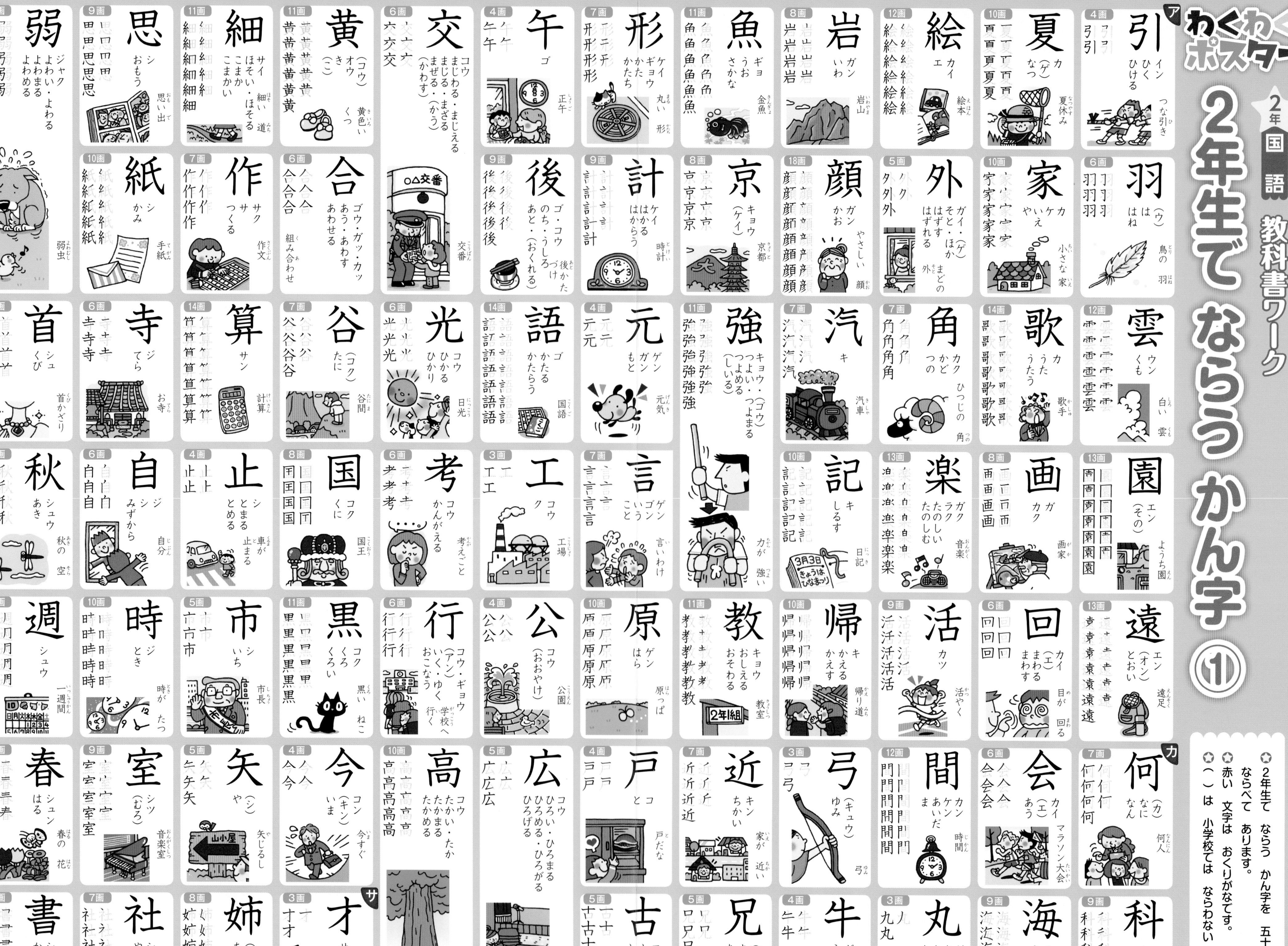

わくわくポスター
2年 国語 教科書ワーク
2年生でならうかん字①
2年生で ならう かん字を 五十音じゅんに ならべて あります。
赤い 文字は おくりがなです。
（ ）は 小学校では ならわない 読み方です。
ア
引 4画 イン ひく ひける つな引き
羽 6画 (ウ) は はね 鳥の羽
雲 12画 ウン くも 白い雲
園 13画 エン (その) ようち園
遠 13画 エン (オン) とおい 遠足
カ
何 7画 (カ) なに なん 何人
科 9画 カ 教科書
夏 10画 カ (ゲ) なつ 夏休み
家 10画 カ ケ いえ や 小さな家
歌 14画 カ うた うたう 歌手
画 8画 ガ カク 画家
回 6画 カイ (エ) まわる まわす 目が回る
会 6画 カイ (エ) あう マラソン大会
海 9画 カイ うみ 海べ
絵 12画 カイ エ 絵本
外 5画 ガイ・(ゲ) そと・ほか はずす はずれる まどの外
角 7画 カク かど つの ひつじの角
楽 13画 ガク ラク たのしい たのしむ 音楽
活 9画 カツ 活やく
間 12画 カン ケン あいだ ま 時間
丸 3画 ガン まる まるい まるめる 丸太
岩 8画 ガン いわ 岩山
顔 18画 ガン かお やさしい顔
汽 7画 キ 汽車
記 10画 キ しるす 日記
帰 10画 キ かえる かえす 帰り道
弓 3画 (キュウ) ゆみ 弓
牛 4画 ギュウ うし 子牛
魚 11画 ギョ うお さかな 金魚
京 8画 キョウ (ケイ) 京都
強 11画 キョウ・(ゴウ) つよい・つよまる つよめる (しいる) 力が強い
教 11画 キョウ おしえる おそわる 教室
近 7画 キン ちかい 家が近い
兄 5画 (ケイ) キョウ あに 兄
形 7画 ケイ ギョウ かた かたち 丸い形
計 9画 ケイ はかる はからう 時計
元 4画 ゲン ガン もと 元気
言 7画 ゲン ゴン いう こと 言いわけ
原 10画 ゲン はら 原っぱ
戸 4画 コ と 戸だな
古 5画 コ ふるい ふるす 古い本
午 4画 ゴ 正午
後 9画 ゴ・コウ のち・うしろ あと・(おくれる) 後かたづけ
語 14画 ゴ かたる かたらう 国語
工 3画 コウ ク 工場
公 4画 コウ (おおやけ) 公園
広 5画 コウ ひろい・ひろまる ひろめる・ひろがる ひろげる 広いへや
交 6画 コウ まじわる・まじえる まじる・まざる まぜる・(かう) (かわす) 交番
光 6画 コウ ひかる ひかり 日光
考 6画 コウ かんがえる 考えごと
行 6画 コウ・ギョウ (アン) いく・ゆく おこなう 学校へ行く
高 10画 コウ たかい・たか たかまる たかめる 高い木
黄 11画 (コウ) オウ き (こ) 黄色いくつ
合 6画 ゴウ・ガッ・カッ あう・あわす あわせる 組み合わせ
谷 7画 (コク) たに 谷間
国 8画 コク くに 国王
黒 11画 コク くろ くろい 黒いねこ
今 4画 コン (キン) いま 今すぐ
サ
才 3画 サイ 天才
細 11画 サイ ほそい・ほそる こまか こまかい 細い道
作 7画 サク サ つくる 作文
算 14画 サン 計算
止 4画 シ とまる とめる 車が止まる
市 5画 シ いち 市長
矢 5画 (シ) や 矢じるし
姉 8画 (シ) あね 姉
思 9画 シ おもう 思い出
紙 10画 シ かみ 手紙
寺 6画 ジ てら お寺
自 6画 ジ シ みずから 自分
時 10画 ジ とき 時がたつ
室 9画 シツ (むろ) 音楽室
社 7画 シャ やしろ 社会
弱 10画 ジャク よわい・よわる よわまる よわめる 弱虫
首 9画 シュ くび 首かざり
秋 9画 シュウ あき 秋の空
週 11画 シュウ 一週間
春 9画 シュン はる 春の花
書 10画 ショ かく 字を書く

国語 2年

はんたいの いみの ことば

教科書ワーク

遠い ⇔ 近い
多い ⇔ 少ない
明るい ⇔ くらい
内 ⇔ 外
古い ⇔ 新しい
入る ⇔ 出る
太い ⇔ 細い
強い ⇔ 弱い
上がる ⇔ 下がる
みじかい ⇔ 長い
売る ⇔ 買う
前 ⇔ 後ろ
広い ⇔ せまい
大きい ⇔ 小さい
高い ⇔ ひくい

わくわくポスター

2年 国語 教科書ワーク

2年生で ならう かん字 ②

☆2年生で ならう かん字を 五十音じゅんに ならべて あります。
☆赤い 文字は おくりがなです。
☆（　）は 小学校では ならわない 読み方です。

かん字	画数	読み方	れい
少	4画	ショウ すくない すこし	少女
図	7画	ズ ト （はかる）	図工
雪	11画	セツ ゆき	雪だるま
太	4画	タイ タ ふとい ふとる	太いしっぽ
昼	9画	チュウ ひる	昼寝
弟	7画	（テイ） ダイ （デ） おとうと	弟
東	8画	トウ ひがし	東京
南	9画	ナン （ナ） みなみ	南国
番	12画	バン	るす番
歩	8画	ホ・（フ） （ブ） あるく あゆむ	いそいで歩く
明	8画	メイ・ミョウ あかり・あかるい あかるむ・あからむ あきらか・あける あく・あくる・あかす	明るい光
友	4画	ユウ とも	友だち
場	12画	ジョウ ば	市場
数	13画	スウ （ス） かず かぞえる	算数
船	11画	セン ふね ふな	船にのる
体	7画	タイ （テイ） からだ	体そう
長	8画	チョウ ながい	長いうで
店	8画	テン みせ	店先
答	12画	トウ こたえる こたえ	答え
肉	6画	ニク	お肉
父	4画	フ ちち	父親
母	5画	ボ はは	母親
用	5画	ヨウ もちいる	画用紙
色	6画	ショク シキ いろ	色えんぴつ
西	6画	セイ サイ にし	西日
線	15画	セン	直線
台	5画	ダイ タイ	天文台
鳥	11画	チョウ とり	小鳥
点	9画	テン	百点
頭	16画	トウ・ズ （ト） あたま （かしら）	頭を下げる
馬（ハ）	10画	バ うま ま	白い馬
風	9画	フウ （フ） かぜ かざ	そよ風
方	4画	ホウ かた	夕方
鳴	14画	メイ なく なる ならす	ベルが鳴る
曜	18画	ヨウ	日曜日
食	9画	ショク・（ジキ） くう （くらう） たべる	食べもの
声	7画	セイ （ショウ） こえ （こわ）	大きな声
前	9画	ゼン まえ	名前
地	6画	チ ジ	地図
朝	12画	チョウ あさ	朝ごはん
電	13画	デン	電車
同	6画	ドウ おなじ	同じふく
売	7画	バイ うる うれる	売り切れ
分	4画	ブン・フン・ブ わける わかれる わかる・わかつ	半分
北	5画	ホク きた	北風
毛	4画	モウ け	毛糸
来（ラ）	7画	ライ くる （きたる） （きたす）	友だちが来る
心	4画	シン こころ	中心
星	9画	セイ （ショウ） ほし	星空
組	11画	ソ くむ くみ	組みひも
池	6画	チ いけ	大きな池
直	8画	チョク・ジキ ただちに なおす なおる	なか直り
刀	2画	トウ かたな	むかしの刀
道	12画	ドウ （トウ） みち	道ばた
買	12画	バイ かう	買いもの
毎（マ）	6画	マイ	毎朝
門	8画	モン （かど）	校門
里	7画	リ さと	里いも
新	13画	シン あたらしい あらた にい	新年
晴	12画	セイ はれる はらす	見晴らし
走	7画	ソウ はしる	走る人
知	8画	チ しる	もの知り
冬	5画	トウ ふゆ	冬山
読	14画	ドク トク トウ よむ	本を読む
麦	7画	（バク） むぎ	麦わらぼうし
聞	14画	ブン （モン） きく きこえる	新聞
妹	8画	（マイ） いもうと	妹
夜（ヤ）	8画	ヤ よ よる	夜になる
理	11画	リ	理科
親	16画	シン おや したしい したしむ	親子
切	4画	セツ （サイ） きる きれる	大切
多（タ）	6画	タ おおい	数が多い
茶	9画	チャ （サ）	お茶
通	10画	ツウ・（ツ） とおる とおす かよう	交通
当	6画	トウ あたる あてる	大当たり
内（ナ）	4画	ナイ （ダイ） うち	内がわ
半	5画	ハン なかば	半そで
米	6画	ベイ マイ こめ	米つぶ
万	3画	マン （バン）	万年筆
野	11画	ヤ の	野原
話（ワ）	13画	ワ はなす はなし	電話

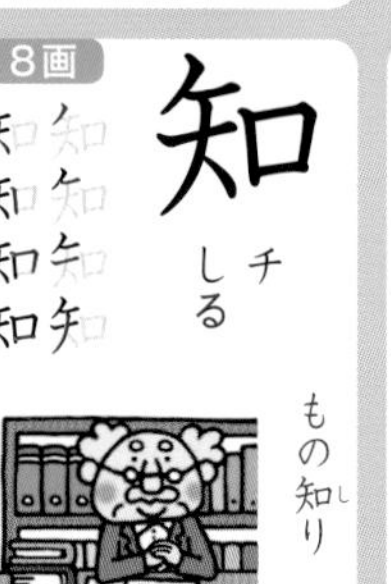

光村図書版 **国語2年**

動画 コードを読みとって、下の番号の動画を見てみよう。

【イラスト】artbox、いけべけんいち。、かつまたひろこ、クリエイティブ・ノア、TICTOC

【写真提供】光村図書出版

きほんのワーク

ふきのとう

教科書 上19～32ページ

答え 1ページ

べんきょうした日 月 日

もくひょう
- いつ、どこで、だれが、どんな ようすで、どう したのかを 読みとろう。
- 音読の しかたを かんがえよう。

おわったら シールを はろう

かん字れんしゅうノート3ページ

あたらしい かん字

「言う」を「ゆう」、「行く」を「ゆく」と 読まないように 気を つけよう。

1 かん字の 読み

読みがなを かきましょう。

① おはなしを 読む。（　む）

② ひとりずつ 音読 する。（　　）

③ 雪が のこる。（　　）

④ 小さな 声が する。（　　）

⑤ 「ごめん。」と 言う。（　う）

⑥ とおくへ 行く。（　く）

⑦ 南を むく。（　　）

○ あたらしく がくしゅうする かん字
● 読みかたが あたらしい かん字

3 ことばの いみ

——の いみに あう ほうに、○を つけましょう。

① 21ページ あさの ひかりを あびる。
- ア（　）たくさん うける。
- イ（　）まわりに ひろげる。

② 21 耳の そばで ささやく。
- ア（　）小さい 声で はなす。
- イ（　）うたを うたう。

2 かん字の かき

かん字を かきましょう。

1 文を［おんどく］する。

2 ［ゆき］が つもる。

3 大きな［こえ］を 出す。

4 名まえを［い］う。

5 竹やぶへ［い］く。

6 ［みなみ］へ すすむ。

ないようを つかもう！

☆ ふきのとう

おはなしの じゅんに なるように、○に 1～4を かきましょう。

教科書 20～29ページ

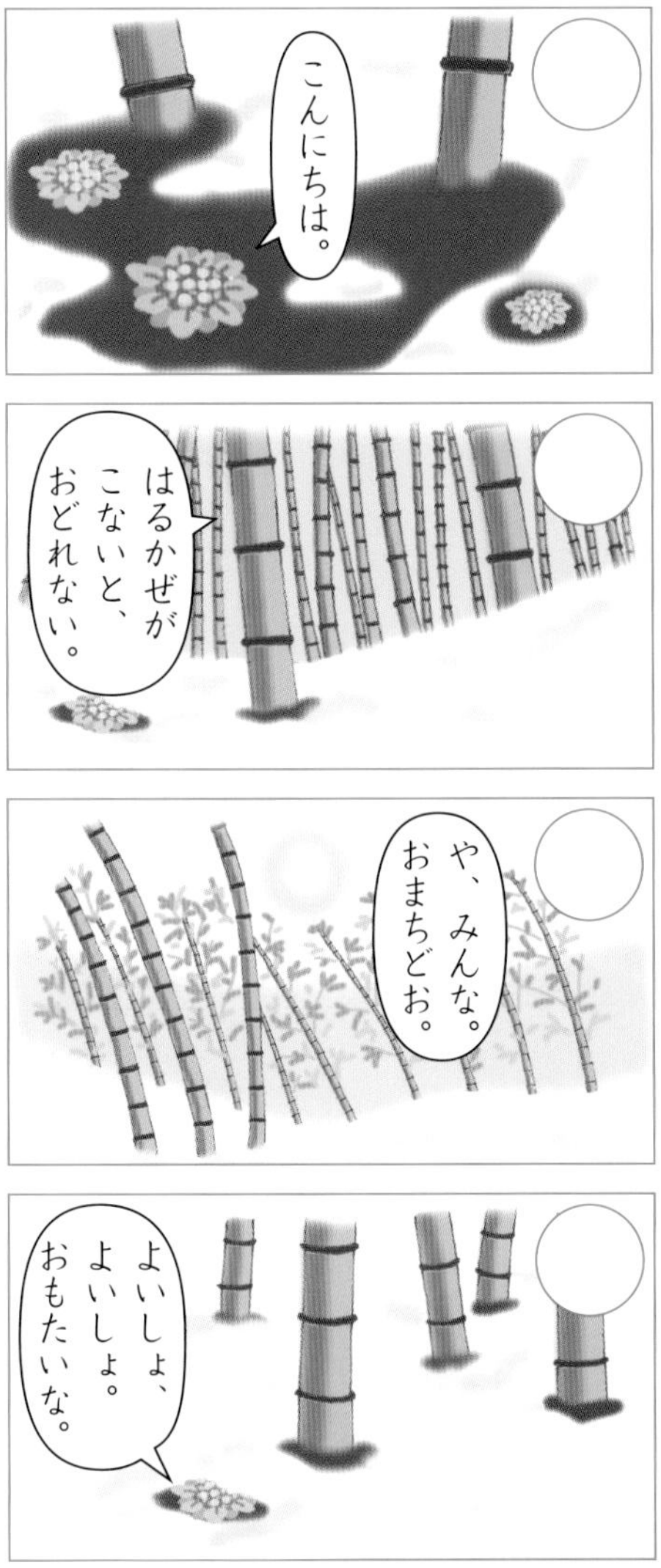

○ こんにちは。

○ はるかぜが こないと、おどれない。

○ や、みんな。おまちどお。

○ よいしょ、よいしょ。おもたいな。

3 21 あたりが しんと する。

ア（　）うるさい ようす。

イ（　）しずかな ようす。

4 22 にもつを もちあげようと、ふんばる。

ア（　）手に 力を 入れて、ゆっくり おす。

イ（　）足に 力を 入れて、たおれないように する。

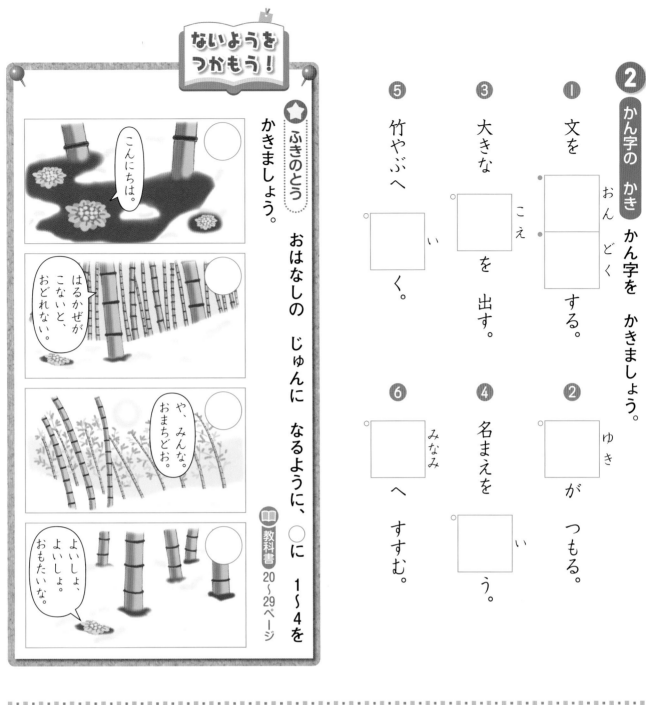

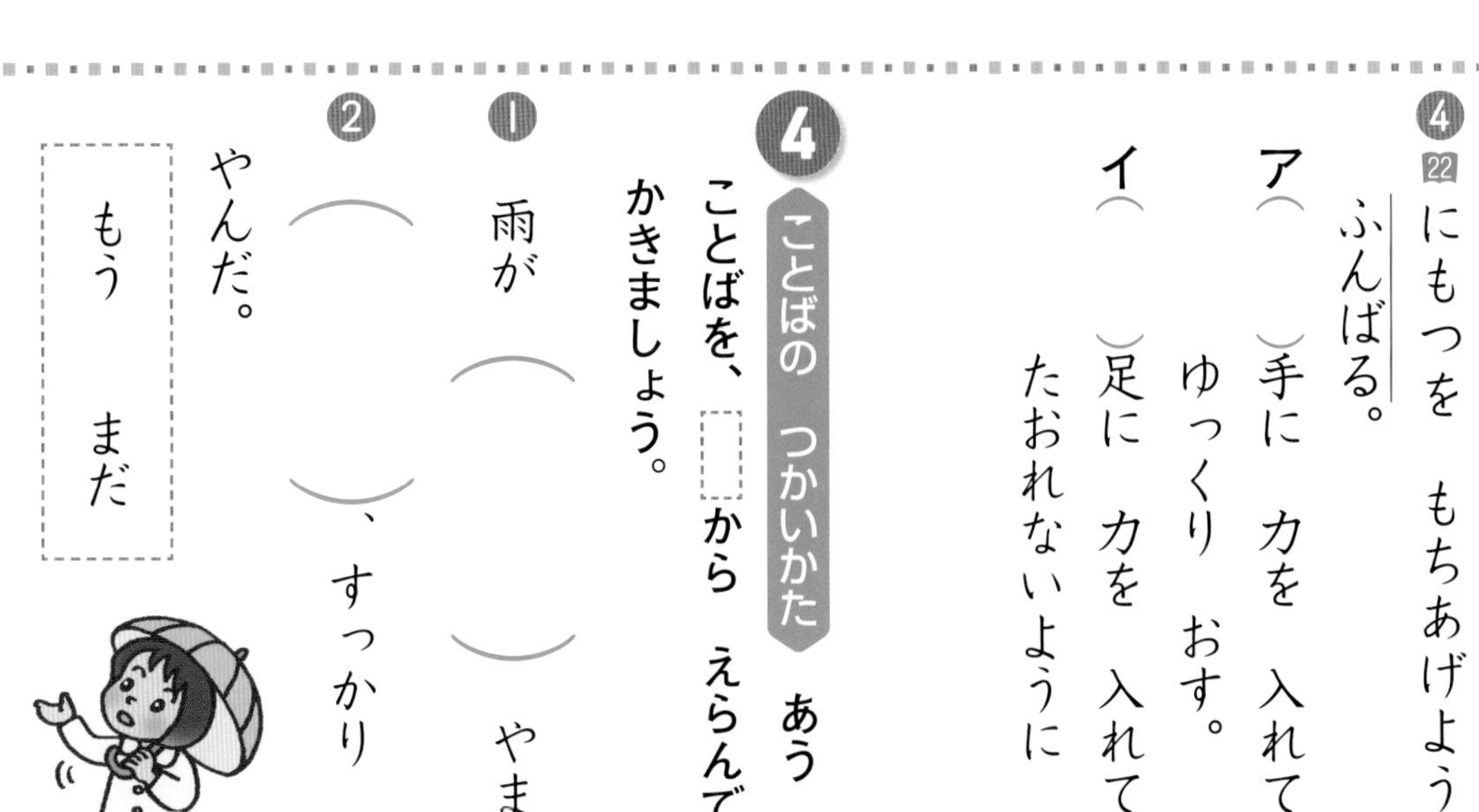

4 ことばの つかいかた

あう ことばを、［　］から えらんで かきましょう。

1 雨が（　　）（　　）やまない。

2 （　　）、すっかり 雨は やんだ。

［ もう　まだ ］

ものしりメモ

「音読」は、声に 出して 読む ことだよ。声に 出さないで 読む ことは、「もく読」と いうよ。「もく読」の 「もく」は、「だまって」と いう いみなんだ。

れんしゅうのワーク

ふきのとう

教科書　上19～32ページ
答え　1ページ
べんきょうした日　月　日

できるナビ
●ふきのとうと　雪の　ようすに　気を　つけて、気もちを　読みとろう。

おわったら　シールを　はろう

文しょうを　読んで、こたえましょう。

どこかで、小さな　声が　しました。

「よいしょ、よいしょ。おもたいな。」

竹やぶの　そばの　ふきのとうです。

雪の　下に　あたまを　出して、
雪を　どけようと、ふんばって　いる　ところです。

「よいしょ、よいしょ。そとが　見たいな。」

「ごめんね。」

と、雪が　言いました。

「わたしも、早く　とけて
水に　なり、とおくへ　行って
あそびたいけど。」

と、上を　見上げます。

「竹やぶの　かげに　なって、

1 よく出る●「どこかで、小さな　声が　しました。」に　ついて　こたえましょう。

(1) 「小さな　声」は、だれの　声ですか。

（　　　　）

(2) どこで　声が　しましたか。

竹やぶの　そばの　（　　　　）の　下。

2 ふきのとうは、雪を　どう　しようと、ふんばって　いるのですか。

雪を　（　　　　）と、ふんばって　いる。

3 よく出る●ふんばって　いる　ようすが　よく　わかる、ふきのとうの　ことばを　かきましょう。

ふきのとうは、なんと　言って　いるかな。

ことばの　いみ　プラス
13ぎょう　見上げる…下から　上を　見る。
14ぎょう　かげに　なる…ものに　じゃまされて、ひかりが　あたらない。

「お日さまが　あたらない。」
と　ざんねんそうです。

〈くどう　なおこ　「ふきのとう」に　よる〉

15

4 「ごめんね。」と　ありますが、雪が　あやまったのは、なぜですか。

（一つに　○を　つけましょう。）

ア（　）じぶんが　いる　せいで、ふきのとうが　そとを　見られないから。

イ（　）ふきのとうと　いっしょに、そとを　見て　あげられないから。

ウ（　）早く　とける　ための　てつだいを、ふきのとうに　させて　いるから。

（　　　）

ふきのとうの　ことばを　きいて、
雪は　あやまって　いるよ。
どんな　ことを　言って　いるかな。

5 「上を　見上げます」と　ありますが、この　とき、雪は　どのように　おもって　いましたか。

すぐ　あとの　ことばを、「ざんねんそう」に　言って　いるよ。

ア（　）ほんとうに　きれいな　竹やぶだなあ。

イ（　）お日さまが　あたると　いいのになあ。

ウ（　）ふきのとうは、なにを　見たいのかなあ。

ものしりメモ

ふきのとうは、ふきと　いう　しょくぶつの　つぼみが　あつまった　ぶぶんだよ。じめんに　あたまを　出した　あと、だんだん　くきが　のびて、白や　きいろの　花を　さかせるよ。

本は ともだち

きほんのワーク

図書館たんけん きせつの ことば1 春が いっぱい

教科書 上33～37ページ

答え 2ページ

べんきょうした日 月 日

もくひょう
●図書館の 本の わけ方や ならべ方を 知ろう。
●春を かんじる ものを あつめよう。

おわったら シールを はろう

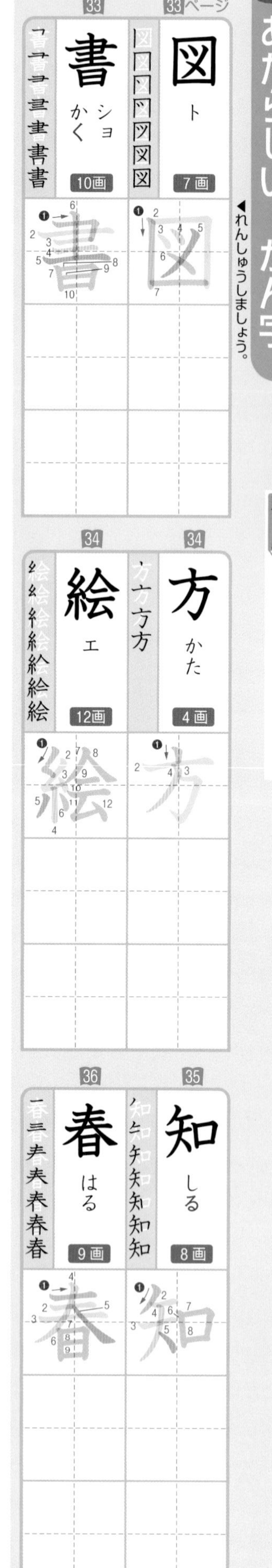

あたらしい かん字

▶れんしゅうしましょう。

教科書33ページ

かん字	読み	画数	ページ
図	ト	7画	33
書	ショ かく	10画	33
方	かた	4画	34
絵	エ	12画	34
知	しる	8画	35
春	はる	9画	36

かん字れんしゅうノート4ページ

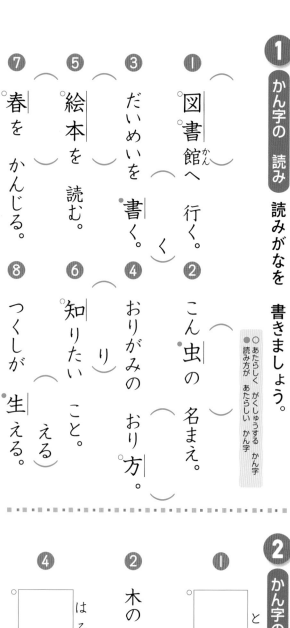

1 かん字の 読み　読みがなを 書きましょう。

○ あたらしく がくしゅうする かん字
● 読み方が あたらしい かん字

① 図書館へ 行く。
② こん虫の 名まえ。
③ だいめいを 書く。
④ おりがみの おり方。
⑤ 絵本を 読む。
⑥ 知りたい こと。
⑦ 春を かんじる。
⑧ つくしが 生える。

2 かん字の 書き　かん字を 書きましょう。

① と しょ 館に ある え ほん。
② 木の そだて かた。
③ みちを し りたい。
④ はる の 花。

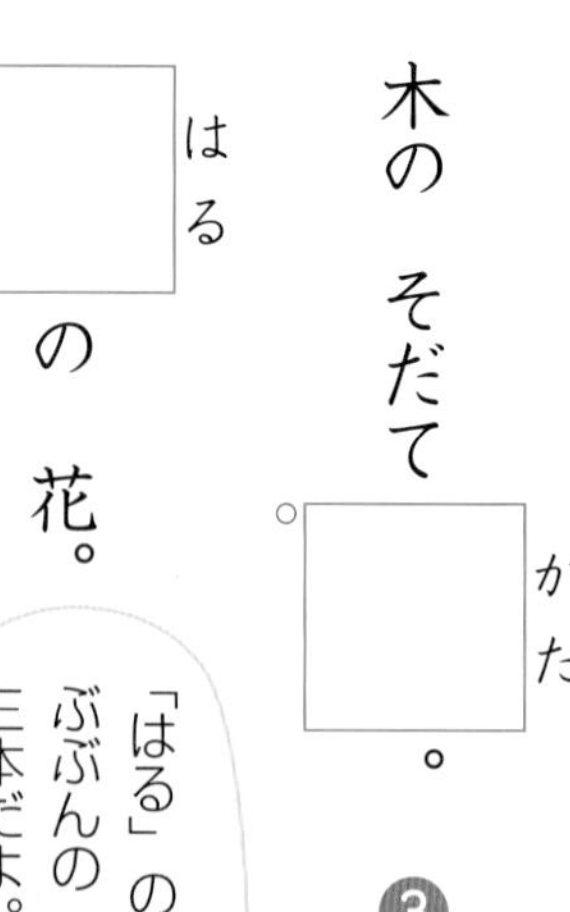

「はる」の 上の ぶぶんの よこかくは、三本だよ。

図書館たんけん

3 よく出る● つぎの 本を 図書館で さがす とき、どの たなを さがしますか。あう ものを、●―●で むすびましょう。

本の ないようが、どの しゅるいに あうか、かんがえよう。

① 「ももたろう」の 絵本。 ●
② おりがみの おり方の 本。 ●
③ 木の 名まえが わかる 本。 ●

● **ア** げいじゅつ 「おんがく」「こうさく」など
● **イ** しぜん 「ほし」「いきもの」など
● **ウ** ものがたり 「どうわ」「し」など

4 つぎの 本を、だいめいの あいうえおじゅんに ならべると、どう なりますか。じゅんに、1～4を 書きましょう。

(　)うらしまたろう
(　)きんたろう
(　)おやゆびひめ
(　)かぐやひめ

いちばん 上の 文字を くらべて ならべかえよう。

きせつの ことば1 春が いっぱい

5 ①～③に あう ものを、□から 一つずつ えらんで 書きましょう。

春に 花を さかせる ものや、すがたを 見せる ものだよ。

① 春を かんじる 草花 (　)
② 春を かんじる とり (　)
③ 春を かんじる 虫 (　)

せみ　ほたる　うぐいす　すすき　あさがお　にわとり　れんげそう　もんしろちょう

6 ⑤で えらんだ ものの ほかに、春を かんじる 花の 名まえを、二つ 書きましょう。(絵の 花の 名まえを 書いても かまいません。)

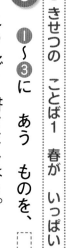

(　)(　)

ものしりメモ むかしの こよみ（＝１年の ときの ながれを しるした もの）では、春は げんだいの ２～４月の ことで、１年は 春から はじまって いたよ。

まとめのテスト

ふきのとう

教科書 上19～37ページ
答え 2ページ
べんきょうした日　月　日
じかん20ぷん
とくてん　/100てん
おわったら シールを はろう

文しょうを　読んで、こたえましょう。

空の　上で、お日さまが　わらいました。

「おや、はるかぜが　ねぼうして　いるな。竹やぶも　雪も　ふきのとうも、みんな　こまって　いるな。」

そこで、南を　むいて　言いました。

「おうい、はるかぜ。おきなさい。」

お日さまに　おこされて、はるかぜは、大きな　あくび。それから、せのびして　言いました。

「や、お日さま。や、みんな。おまちどお。」

はるかぜは、むね　いっぱいに　いきを　すい、ふうっと　いきを　はきました。

はるかぜに　ふかれて、

1　お日さまが、はるかぜを　おこしたのは、なぜですか。　一つ10〔20てん〕

はるかぜが（　　　　）いて、竹やぶも　雪も　ふきのとうも、みんな（　　　　）いるから。

2　「南を　むいて　言いました」と　ありますが、お日さまが　南を　むいて　言ったのは、なぜですか。（一つに　○を　つけましょう。）〔10てん〕

ア（　）お日さまが、南に　すすんで　いるから。

イ（　）竹やぶたちが、南で　まって　いるから。

ウ（　）はるかぜが、南に　いるから。

3　よく出る　「や、お日さま。や、みんな。おまちどお。」は、どのように　音読すると　よいですか。〔20てん〕

ア（　）のんびりした　声で、のびのびと　読む。

イ（　）あわてたように、すこし　早口で　読む。

ことばのいみ　プラス
11ぎょう　おまちどお…人を　またせた　ときの　あいさつの　ことば。
30ぎょう　すっかり…ある　じょうたいに　なりきって　いる　ようす。のこらず、ぜんぶ。

竹やぶが、ゆれる　ゆれる、おどる。
雪が、とける　とける、水に　なる。
ふきのとうが、ふんばる、せが　のびる。
ふかれて、
ゆれて、
とけて、
ふんばって、
――もっこり。

ふきのとうが、かおを
出しました。
「こんにちは。」
もう、
すっかり　はるです。

〈くどう　なおこ「ふきのとう」に　よる〉

ウ（　）おどろいたように、つっかえながら　読む。

チャレンジ

4 はるかぜは、どのように　して　かぜを　ふかせましたか。その　ときの　ようすを　書きましょう。〔15てん〕

（　　　　）

5 ふきのとうが、雪の　下から、とうとう　かおを　出した　ときの　ようすが、よく　わかる　ことばを　書きましょう。〔15てん〕

（　　　　）

6 「こんにちは。」は、どのように　音読すると　よいですか。〔20てん〕

ア（　）つかれたように、ぼそぼそと　読む。
イ（　）こまったように、小さな　声で　読む。
ウ（　）うれしそうに、げん気よく　読む。

ものしりメモ
たけのこは、土の　中に　ある　竹の　くきから　出て　くる、わかい　めの　ぶぶんなんだ。「竹の　子ども」みたいな　ものだから、かん字では　「竹の子」とも　書くよ。

きほんのワーク

日記を　書こう

教科書 上38～39ページ　答え 3ページ

べんきょうした日　月　日

もくひょう
●した　ことや、見たり　きいたり　した　ことなど、一日の　できごとを　思い出して、日記に　書こう。

おわったら シールを はろう

かん字れんしゅうノート5ページ

あたらしい　かん字　▼れんしゅうしましょう。

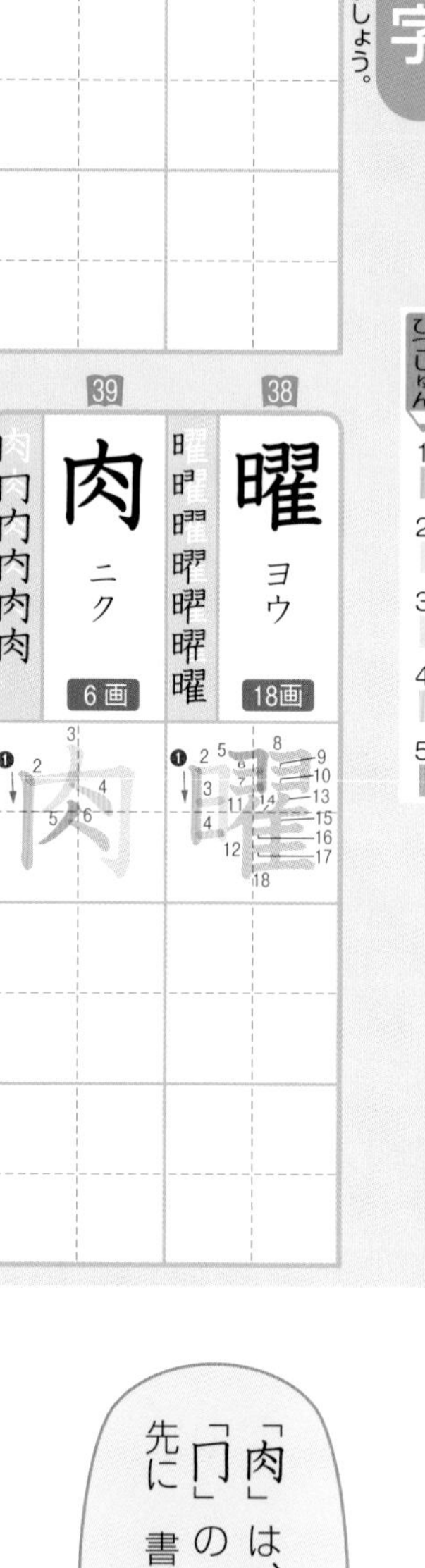

「肉」は、そとがわの「冂」の　ぶぶんを　先に　書くよ。

1 かん字の　読み　読みがなを　書きましょう。

○ あたらしく　がくしゅうする　かん字

1. できごとを　思い出す。
2. きょうの　日記を　書く。
3. 日曜日は　はれだった。
4. ひき肉と　玉ねぎ。

2 かん字の　書き　かん字を　書きましょう。

1. （にっき）を　読んで　（おも）い出す。
2. （にちようび）の　できごと。
3. ひき（にく）を　いためる。

3 日記を 読んで、こたえましょう。

四月二十一日（日曜日）はれ

夕方、おかあさんが、コロッケをつくっていました。ぼくが見ていたら、おかあさんが、

「いっしょにつくろうか。」

と言ったので、ぼくもおてつだいをすることにします。

ぼくは、じゃがいもと、ひき肉と、玉ねぎをまぜたものをまるめました。きれいなかたちにするのがむずかしかったけれど、だんだんじょうずにできるようになりました。

夕ごはんのまえに、できたてをあじみしました。ころもがかりっとしていて、おいしかったです。

〈「日記を　書こう」に　よる〉

1 よく出る● いつ、だれと、なにを　した　ことを　書いた　日記ですか。

四月二十一日（日曜日）の（いつ　　）、（だれ　　）と（なに　　）を　つくった　こと。

2 「おてつだいをすることにします」を、ほかの　文に　あわせた　言い方に　なおして　書きましょう。

おわった　ことを　あらわす　言い方に　なおすよ。

（　　　　）

3 できごとを、どんな　じゅんじょで　書いて　いますか。書かれて　いる　じゅんに、1〜3を　書きましょう。

（　）おてつだいが　おわった　あとの　できごと。

（　）おてつだいを　して　いる　ときの　ようす。

（　）おてつだいを　する　ことに　なった　ときの　ようす。

4 「きれいなかたちにするのが……できるようになりました。」の　ほかに、思った　ことを　書いて　いる　文は、どちらですか。（一つに　○を　つけましょう。）

ア（　）夕ごはんのまえに、できたてをあじみしました。

イ（　）ころもがかりっとしていて、おいしかったです。

ものしりメモ　じゃがいもは、ジャガタラ（いまの　インドネシアの　ジャカルタ）から　日本に　つたわったから、「ジャガタラ（の）いも」→「じゃがいも」と　いう　名まえに　なったよ。

だいじな ことを おとさないように 聞こう

きほんのワーク

ともだちは どこかな
声の 出し方に 気を つけよう

教科書 上40～44ページ

答え 3ページ

べんきょうした日 月 日

もくひょう
●だいじな ことを おとさずに、話したり 聞いたり するには、どう すれば よいかを かんがえよう。

おわったら シールを はろう

かん字れんしゅうノート5ページ

あたらしい かん字

◀れんしゅうしましょう。

教科書 40ページ

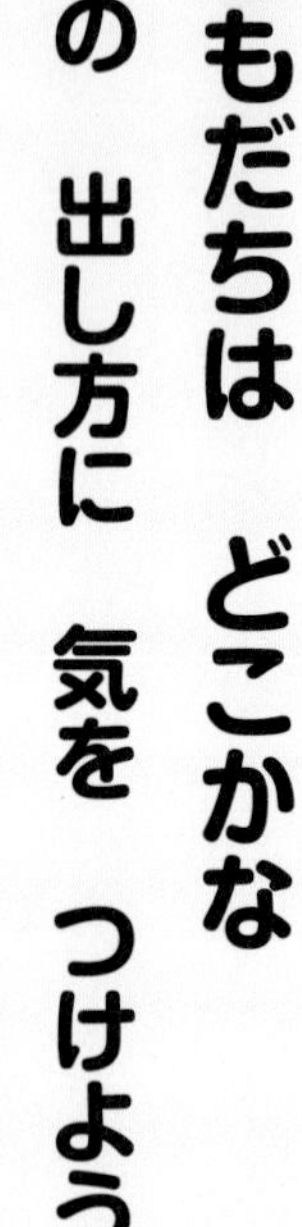
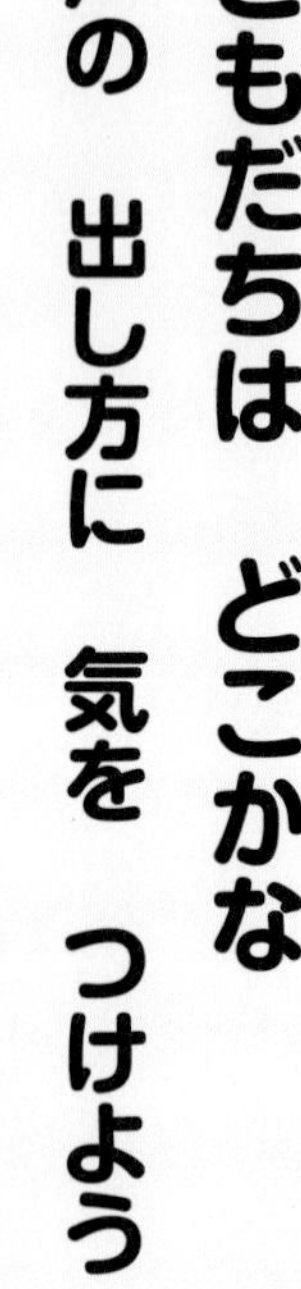

話 はなす 13画

聞 きく 14画

ひつじゅん 1 2 3 4 5

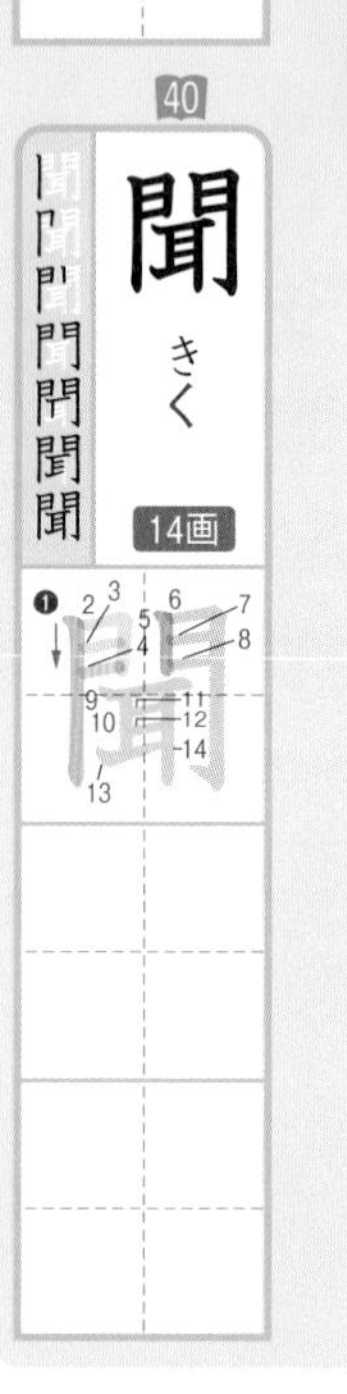

「聞」の 中に ある「耳」は、「耳」と ちがって、いちばん 下の よこかくを つき出さないよ。

1 かん字の 読み 読みがなを 書きましょう。

○あたらしく がくしゅうする かん字
●読み方が あたらしい かん字

1 絵を 見て ○話す。（　　）

2 まいごの お知らせを ○聞く。（　　）

3 ●音声を ながす。（　　）

「話」は、一文字で「はなし」と 読むよ。

2 かん字の 書き かん字を 書きましょう。

1 人と □（はな）す。

2 せつめいを □（き）く。

3 つぎの せつめいでは、絵の ふたりを 見わける ことが できません。つけくわえた ほうが よい せつめいを すべて えらんで、○を つけましょう。

赤と 白の シャツを きて、ぼうしを かぶり、青い かばんを からだに かけて います。

ア（　）くつの いろ。

イ（　）ぼうしの いろ。

ウ（　）シャツの もよう。

エ（　）かばんの なかみ。

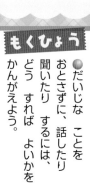

4 つぎの　絵の　人（にしむらさとしさん）の　ことを、みんなに　つたえます。どのように　つたえれば　よいですか。あう　ことばを　書きましょう。

●にしむらさとしさんと　いう　六さいの　子どもを　さがして　います。

●（　　）の　マークが　ついた　シャツを　きて、赤い（　　）を　はいて　います。

●（　　）を　かけて　いて、おもちゃの（　　）を　もって　います。

「どんな　マークか」「赤いのは　なにか」「かけて　いるのは　なにか」「もって　いるのは　なにか」に　ついて、絵を　よく　見て　たしかめよう。

5 つぎの　絵の　人の　ふくそうを、みんなに　つたえます。どんな　ワンピースを　きて、どんな　くつを　はいて　いるかが　わかるように、せつめいしましょう。

（　　）

6 たかく　読む　字に、——を　ひいて　あります。絵に　あう　読み方の　ほうに、○を　つけましょう。

日本中、どこでも　わかる　読み方で　かんがえよう。

1（　）あめ　（　）あめ

2（　）はし　（　）はし

3（　）しろ　（　）しろ

ものしりメモ　「まいご」は、むかしの　ことばで　「まよふ　こども」と　いう　いみの、「まよひご」の　読み方が　かわって　できた　ことばだよ。

じゅんじょに 気を つけて 読もう

きほんのワーク

たんぽぽの ちえ
【じょうほう】 じゅんじょ

教科書 上45～55ページ

答え 3ページ

べんきょうした日 月 日

もくひょう
じゅんじょに 気を つけて 読み、たんぽぽの ちえに ついて わかった ことを まとめよう。

おわったら シールを はろう

新しい かん字

◀れんしゅうしましょう。

教科書 46ページ
黄 き 11画
46
色 いろ 6画
47
黒 くろ 11画
48
太 ふとる 4画
48
毛 け 4画
50
高 たかい 10画
50
風 かぜ 9画
50
晴 はれる 12画
51
多 おおい 6画
51
新 あたらしい 13画
52
考 かんがえる 6画
ひつじゅん 1 2 3 4 5

かん字れんしゅうノート6ページ

1 かん字の 読み 読みがなを 書きましょう。

① 黄色い 花が さく。（　　い）

② 黒っぽい 花びら。（　　っぽい）

③ せいの 高い わた毛。（　　い）（　　）

④ 晴れて 風の ある 日。（　　れ）（　　）

○ 新しく がくしゅうする かん字
● 読み方が 新しい かん字

「、」に 気を つけよう。「太」を「大」「犬」と まちがえないように！

3 ことばの いみ ——の いみに あう ほうに、○を つけましょう。

① 48ページ たんぽぽの 花の じく。

ア（　）ねっこ。

イ（　）くき。

② 51 しめり気の 多い 日。

⑤ しめり気（　　）が 多（　い）い。

⑥ 一行目（　　）（　　）に ついて 考（　える）える。

❷ かん字の 書き

かん字を 書きましょう。

① □□（きいろ）い かさ。

② たねを □（ふと）らせる。

③ いすを □（たか）く する。

④ □（あたら）しい なかま。

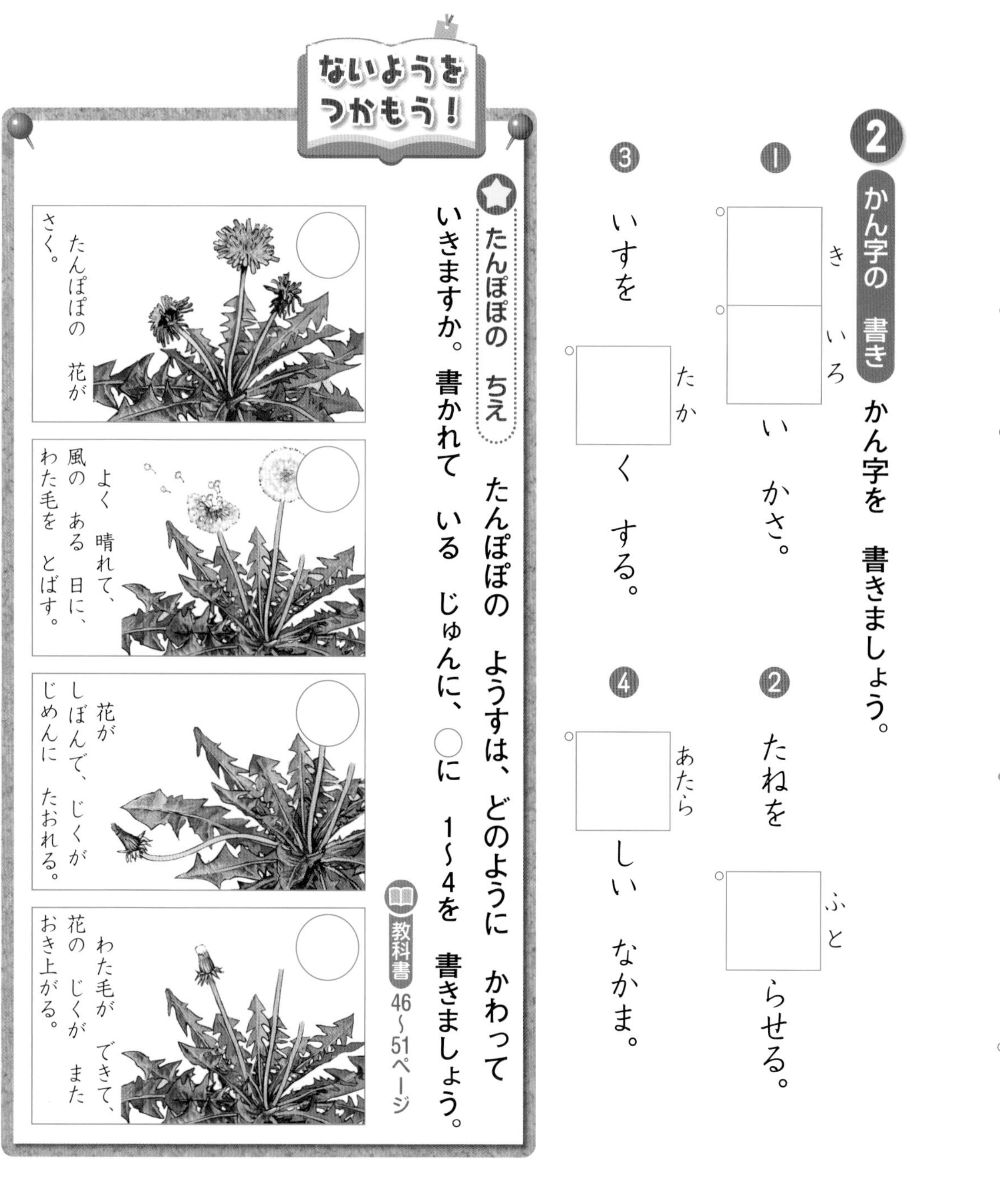

ないようを つかもう！

☆ たんぽぽの ちえ

たんぽぽの ようすは、どのように かわって いきますか。書かれて いる じゅんに、○に 1～4を 書きましょう。

教科書 46～51ページ

○ たんぽぽの 花が さく。

○ よく 晴れて、風の ある 日に、わた毛を とばす。

○ 花が しぼんで、じくが じめんに たおれる。

○ わた毛が できて、花の じくが また おき上がる。

ア（　）くうきの 中の 水。

イ（　）くうきの 中の ほこり。

③ 51 たねを ちらす。

ア（　）ばらばらに おちるように する。

イ（　）こなごなに こわす。

❹ じゅんじょ

つぎの 文しょうは なにの じゅんじょで かいて ありますか。

たまごやきを つくるには、まず たまごを わって、ボウルに 入れます。つぎに しおを 入れて、たまごを よく まぜます。さいごに フライパンに 入れて、たまごが かたまるまで よく やいて、できあがりです。

ア（　）じかんの じゅんじょ

イ（　）なにかを する ときの じゅんじょ

ウ（　）たいせつさの じゅんじょ

ものしりメモ えいごでは、たんぽぽを 「ダンデライオン」と いうよ。「ライオンの 歯」と いう いみだ。たんぽぽの ぎざぎざの はっぱが、ライオンの 「歯」に にて いるからだって。

じゅんじょに　気を　つけて　読もう

れんしゅうのワーク

たんぽぽの　ちえ

教科書 上45～55ページ　答え 4ページ

べんきょうした日　月　日

できるナビ
たんぽぽが、なんのために、いつ、どんなちえを　はたらかせているのかを　読みとろう。

おわったら　シールを　はろう

文しょうを　読んで、こたえましょう。

春に　なると、たんぽぽの　黄色い　きれいな　花が　さきます。

二、三日　たつと、その　花は　しぼんで、だんだん　黒っぽい　色に　かわって　いきます。そうして、たんぽぽの　花の　じくは、ぐったりと　じめんに　たおれて　しまいます。

けれども、たんぽぽは、かれて　しまったのでは　ありません。花と　じくを　しずかに　休ませて、

1 「その　花」とは、どんな　花ですか。
たんぽぽの（　　　　　　）（　　　　　　）花。

2 「その　花」が　さいて、二、三日　たつと、花や　じくは、どう　なりますか。

花	
じく	

3 よく出る 「たんぽぽは、かれて　しまったのでは　ありません」と　ありますが、この　とき、たんぽぽは、なにを　して　いるのですか。

花や　じくの　ようすが　かわったのには、わけが　あるんだね。ほかに　そだてなければ　ならない　ものが　あるんだよ。

ことばの　いみ　プラス
5行　しぼむ…げん気が　なくなって、小さく　なる。　6行　黒っぽい…「黒」と「ぽい」を　くみあわせた　ことばで、「黒い　かんじが　する」と　いう　いみ。

たねに、たくさんの えいようを　おくって いるのです。
こうして、たんぽぽは、たねを どんどん　太らせるのです。
やがて、花は　すっかり かれて、その　あとに、白い　わた毛が　できて きます。

〈うえむら　としお「たんぽぽの　ちえ」に　よる〉

花と　じくを（　　）て、（　　）に、たくさんの（　　）を　おくって　いる。

4 よく出る　たんぽぽは、なんの　ために、**3**の　ことを　するのですか。

（　　）を（　　）ため。

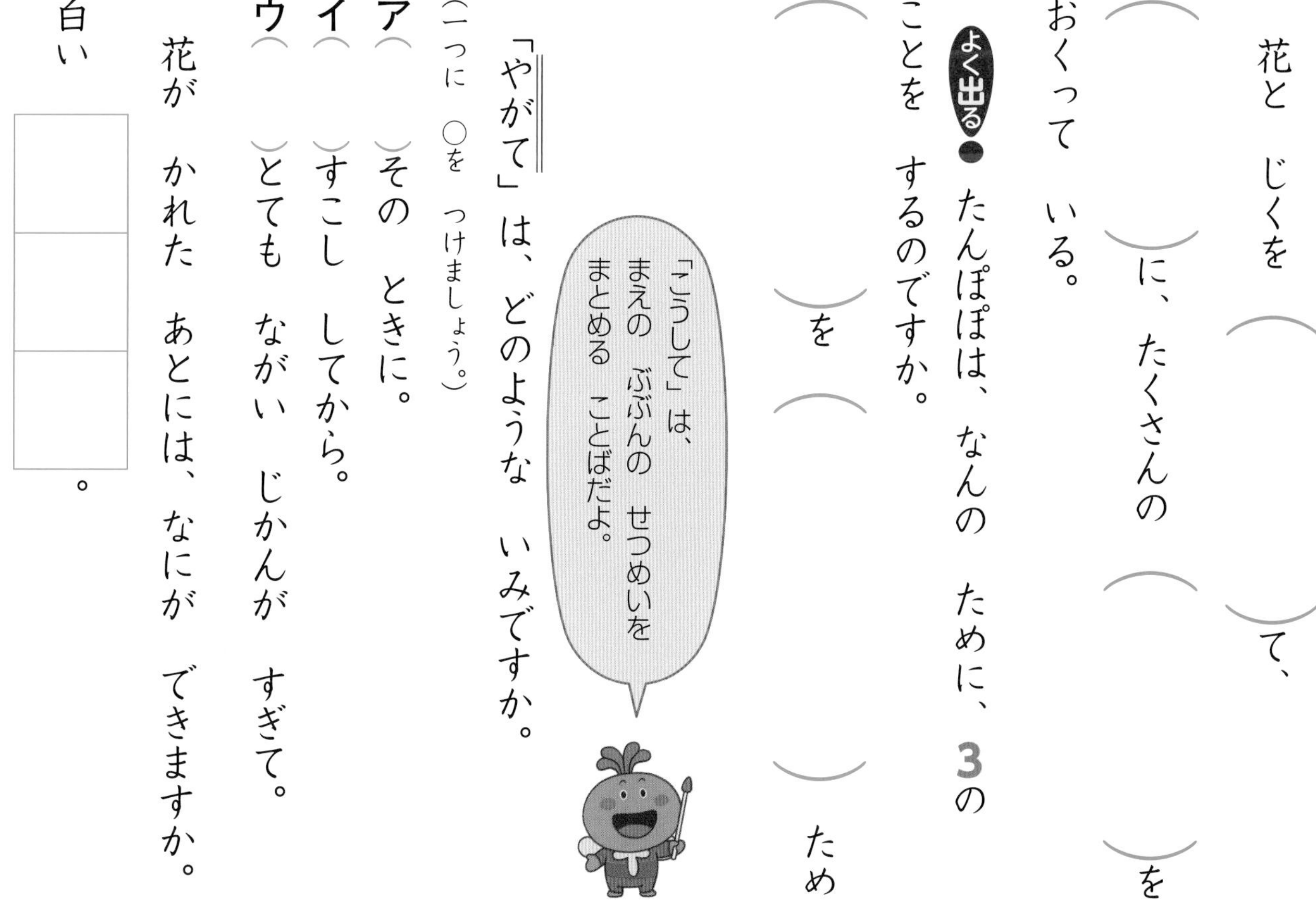

「こうして」は、まえの　ぶぶんの　せつめいを　まとめる　ことばだよ。

5 「やがて」は、どのような　いみですか。
（一つに　○を　つけましょう。）

ア（　）その　ときに。
イ（　）すこし　してから。
ウ（　）とても　ながい　じかんが　すぎて。

6 花が　かれた　あとには、なにが　できますか。

白い［　　　］。

ものしりメモ　たんぽぽの　花は、よるは　とじて　いるんだ。そして、あさ　たいようが　出て、日が　さして　くると、だんだん　ひらいて　くるんだよ。

まとめのテスト

たんぽぽの ちえ 【じょうほう】 じゅんじょ

教科書 上45～55ページ　答え 4ページ

べんきょうした日　月　日

じかん 20ぷん

とくてん　/100てん

おわったら シールを はろう

1 文しょうを 読んで、こたえましょう。

やがて、花は すっかり かれて、その あとに、白い わた毛が できて きます。

この わた毛の 一つ一つは、ひろがると、ちょうど らっかさんのように なります。たんぽぽは、この わた毛に ついて いる たねを、ふわふわと とばすのです。

この ころに なると、それまで たおれて いた 花の じくが、また おき上がります。そうして、せのびを するように、ぐんぐん のびて いきます。

なぜ、こんな ことを するのでしょう。それは、せいを 高く する ほうが、わた毛に 風が よく あたって、たねを とおくまで とばす ことが できるからです。

よく 晴れて、風の ある 日には、わた毛の

2 たおれて いた 花の じくが、また おき上がって、ぐんぐん のびて いくのは、なぜですか。　一つ5〔20てん〕

せいを 高く する ほうが、（　　）に

（　　）が よく あたって、（　　）を

（　　）ことが

できるから。

3 「よく 晴れて、風の ある 日」には、わた毛の らっかさんは、どう なりますか。〔15てん〕

（　　　　）

4 よく出る● わた毛の らっかさんが すぼんで しまうのは、どんな 日ですか。〔15てん〕

（　　　　）

ことばのいみ プラス

4行 ちょうど…ある ものが、ほかの ものと そっくりな ようす。まるで。

19行 すぼむ…ひらいて いた ものが、ちぢんで 小さく なる。

らっかさんは、いっぱいに　ひらいて、とおくまで　とんで　いきます。
でも、しめり気の　多い　日や、雨ふりの　日には、わた毛の　らっかさんは、すぼんで　しまいます。それは、わた毛が　しめって、おもく　なると、たねを　とおくまで　とばす　ことが　できないからです。

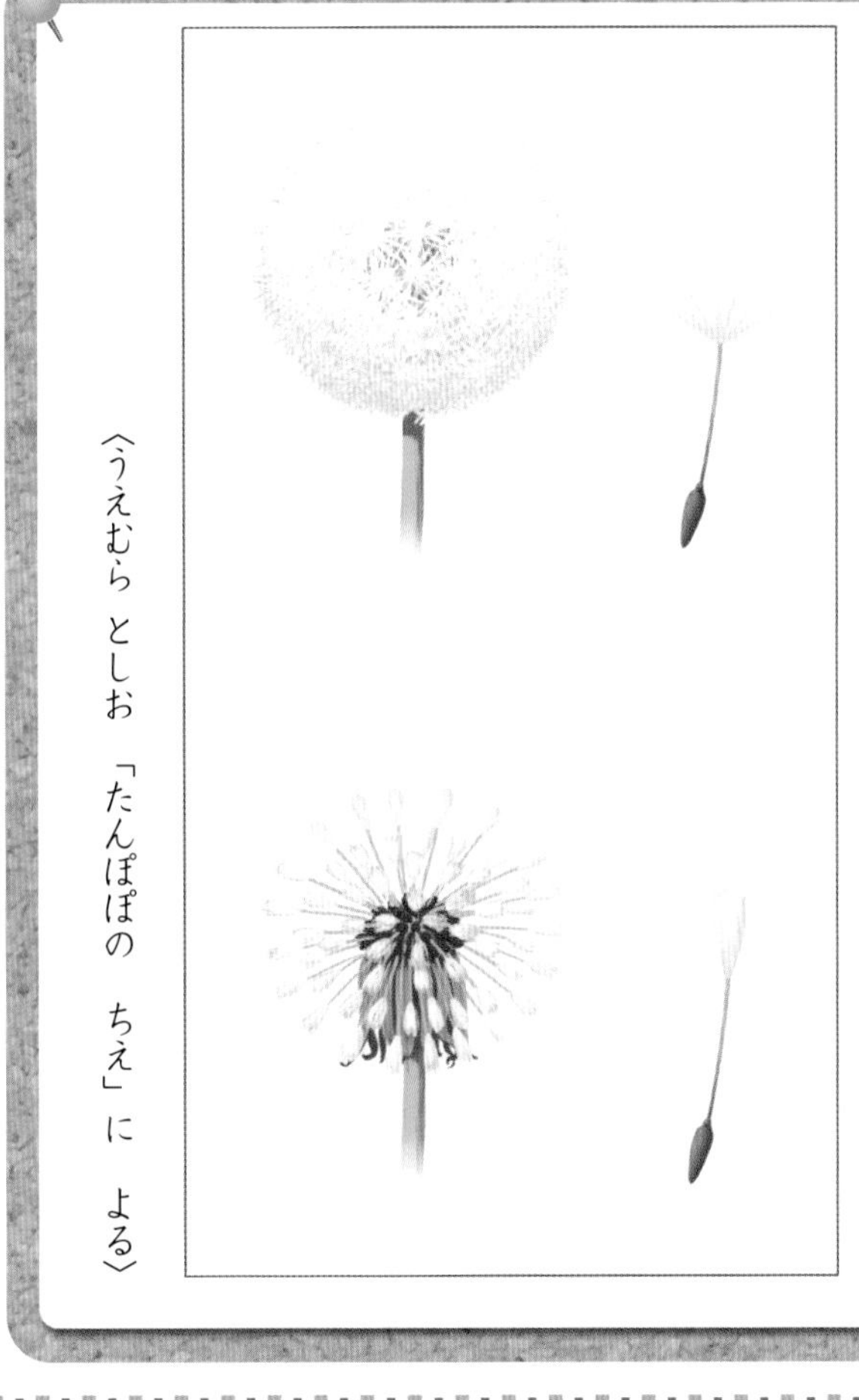

〈うえむら　としお「たんぽぽの　ちえ」に　よる〉

1 よく出る　「この　ころ」とは、いつごろの　ことですか。〔15てん〕

（　　）花が　かれて、（　　）が　できる　ころ。

---

5 チャレンジ　わた毛の　らっかさんが　すぼんで　しまうのは、なぜですか。　一つ5〔15てん〕

わた毛が　しめって、（　　）なると、（　　）を　とおくまで　（　　）ことが　できないから。

2 **つぎは、きゅうしょくの　じゅんびの　しかたを　せつめいした　文しょうです。正しい　じゅんじょに　なるように、1〜4を　書きましょう。**　ぜんぶ　できて〔20てん〕

（　）つぎに、はくいを　きて、ぼうしと　マスクを　つけます。

（　）きゅうしょくとうばんは、まず、手を　よく　あらいます。

（　）ろうかに　おいて　ある　ワゴンを　はこんで　きて、しょっきと　きゅうしょくを　はいぜんだいに　ならべたら、じゅんびは　おわりです。

（　）きがえたら、はいぜんだいを　出して、だいの　上を　ふきんで　ふきます。

ものしりメモ　たねを　とおくまで　はこぶ　ために、とりの　力を　かりる　しょくぶつも　あるよ。みを　たべた　とりが、とんで　いった　先で　ふんを　して、そこに　たねを　のこすんだ。

ていねいに　かんさつして、きろくしよう

きほんのワーク

かんさつ名人に　なろう

教科書 上56～61ページ

答え 5ページ

べんきょうした日　月　日

もくひょう
- ていねいに　かんさつする　ほうほうを　たしかめよう。
- わかった　ことを、くわしく　つたえよう。

おわったら　シールを　はろう

新しい　かん字

◀れんしゅうしましょう。　ひつじゅん 1 2 3 4 5

教科書57ページ

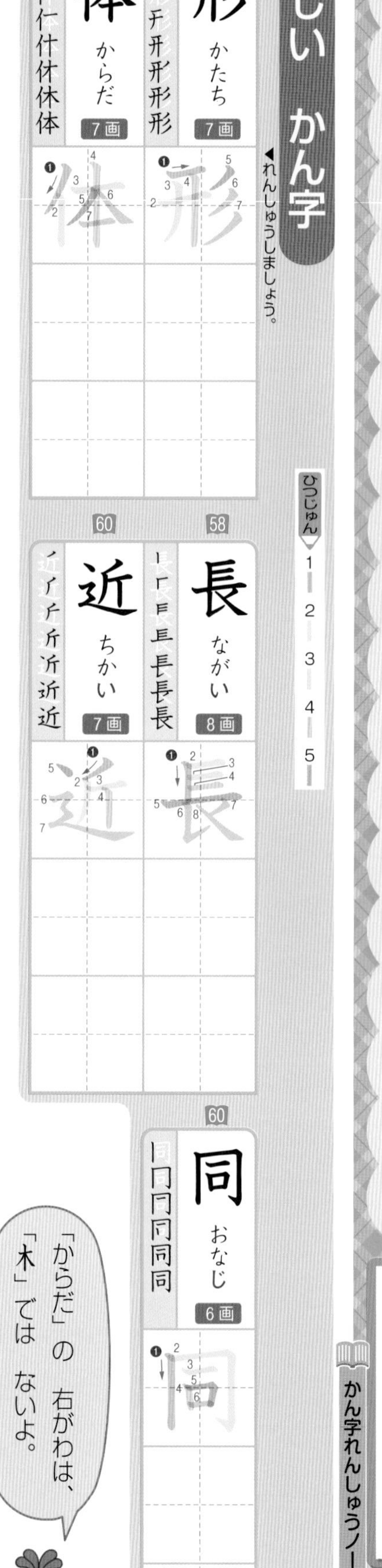
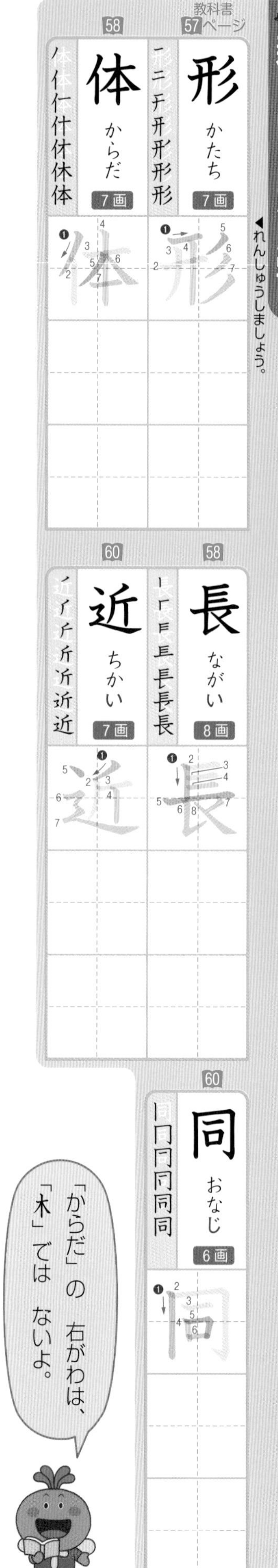

漢字	読み	画数	教科書ページ	ひつじゅん
形	かたち	7画	58	一 二 チ 开 开' 形 形
体	からだ	7画	58	ノ イ 仁 什 休 体 体
長	ながい	8画	58	一 厂 F 𠫓 E 長 長 長
近	ちかい	7画	60	′ 厂 厂 斤 斤 䜣 近
同	おなじ	6画	60	丨 冂 冂 同 同 同

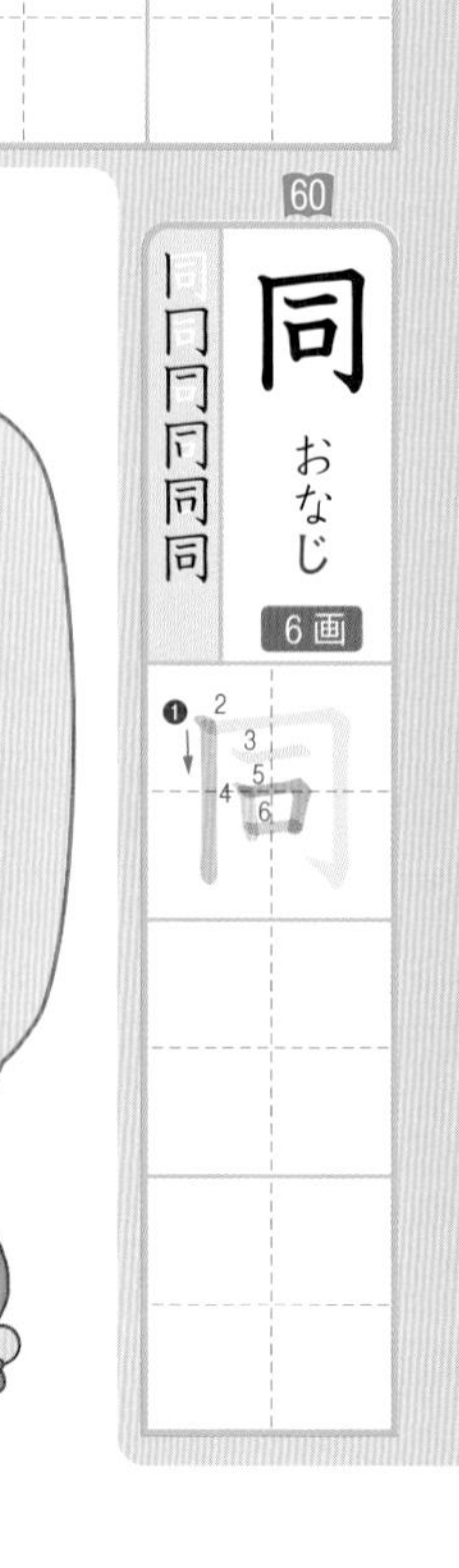

かん字れんしゅうノート7ページ

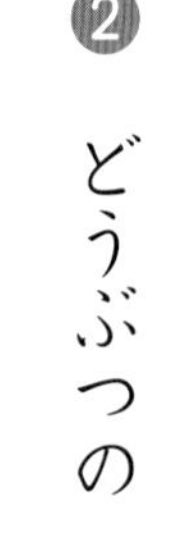
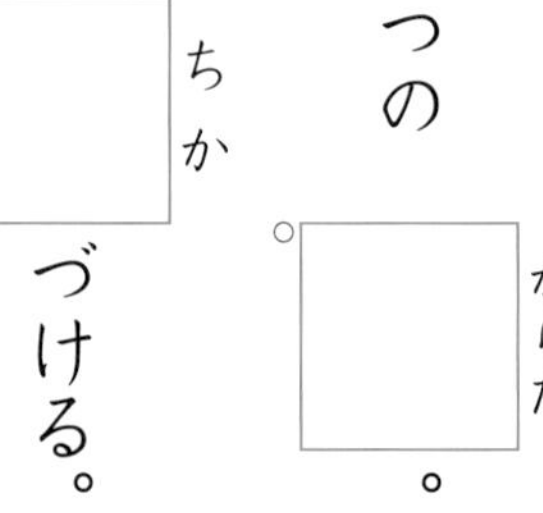

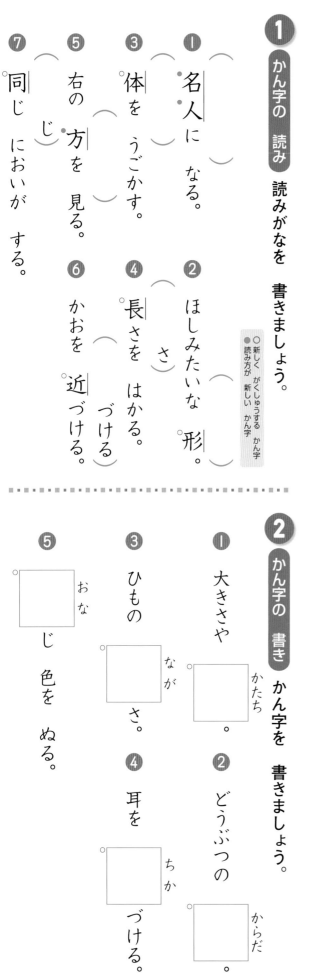

1 かん字の　読み　読みがなを　書きましょう。

○新しく　がくしゅうする　かん字
●読み方が　新しい　かん字

① ●名●人（　　）に　なる。
② ほしみたいな　○形（　　）。
③ ○体（　　）を　うごかす。
④ ○長（　　）さを　はかる。
⑤ 右の　●方（　　）を　見る。
⑥ かおを　○近（　　）づける。
⑦ ○同（　　）じ　においが　する。

2 かん字の　書き　かん字を　書きましょう。

① 大きさや　○□（かたち）。
② どうぶつの　○□（からだ）。
③ ひもの　○□（なが）さ。
④ 耳を　○□（ちか）づける。
⑤ ○□（おな）じ　色を　ぬる。

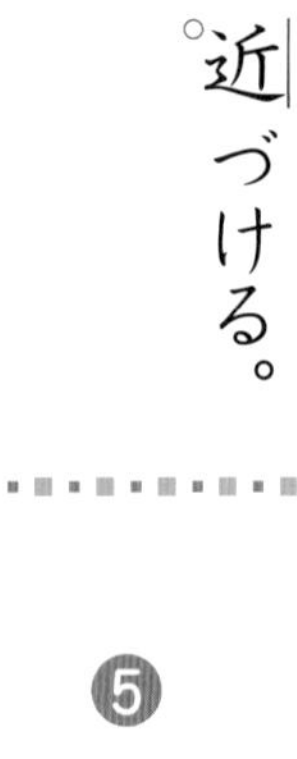

3 文しょうを　読んで、こたえましょう。

六月七日（金）くもり

ミニトマトのみが大きくなってきました。

いちばん大きなみは、ビー玉ぐらいです。色は、みどり色です。さわってみると、つるつるしていました。みの先の方には、かれた花がついていることに気がつきました。かおを近づけたら、赤いトマトと同じにおいがしました。

〈「かんさつ名人に　なろう」に　よる〉

1 「六月七日」は、なにを　あらわして　いますか。

（一つに　○を　つけましょう。）

ア（　）かんさつする　ものを　きめた　日づけ。

イ（　）かんさつした　日づけ。

ウ（　）みんなに　はっぴょうする　日づけ。

2 よく出る 「ビー玉ぐらいです」と　書いて、どんな　ことを　くわしく　つたえて　いますか。

ア（　）みの　色。

イ（　）みの　かたさ。

ウ（　）みの　大きさ。

3 みの　ようすを、ていねいに　見て　かんさつして、どんな　ことに　気が　つきましたか。

みの　先の　方に、（　　　）が（　　　）こと。

4 見て　かんさつした　ことでは　ない　ことを　書いて　いる　文は、どれですか。二つ　書きましょう。

（　　　）

（　　　）

見ただけでは　わからない　ことを　書いて　いる　文を　さがそう。

ものしりメモ　トマトは、なすの　なかまの　しょくぶつなんだ。ほかには、じゃがいもや　とうがらし、ピーマンも、同じ　なすの　なかまの　しょくぶつだよ。

きほんのワーク

いなばの　白うさぎ

教科書 ㊤62〜64／146〜149ページ

答え 5ページ

もくひょう
●むかし話を　聞いて、どんな じんぶつが 出て きて、どんな　ことが おこったか、お話の せかいを　たのしもう。

べんきょうした日　　月　　日

おわったら シールを はろう

1 お話の　じゅんに　なるように、◯に　2〜4を　書きましょう。　教科書 146〜149ページ

2 お話を　読んで、こたえましょう。　146〜149ページ

1　オオクニヌシは、どんな　せいかくでしたか。
（一つに　◯を　つけましょう。）

ア（　）あらそう　ことを　このまない。

イ（　）自分（じぶん）が　いちばんだと　いばって　いる。

ウ（　）いくじなしで、自分の　ことしか　考えて　いない。

お話の　はじめの　ぶぶんを
読むと　わかるよ。

2　うさぎが　赤はだかに　なったのは、なぜですか。
あう　ことばを、□から　えらんで　書きましょう。

（　　　　　）を　だまして、おこらせたから。

かみさまの兄弟（きょうだい）　わに

3 文しょうを 読んで、こたえましょう。

わたしは、おきのしまに すんでいました。けたのみさきにわたってみたかったのですが、およげません。よいほうほうはないかと 考えて、海にいる わにのせなかを思いつきました。

そこで、わにに言いました。

「われわれうさぎと、きみたち わにさんと、どっちが多いか少ないか、くらべてみないか。」

すると、わには、

「そりゃいい。しかし、どうやるのかね。」

とききました。

「かんたんだよ。」

と、わたしは答えました。

「わにさんをぜんぶあつめて、けたのみさきまで一れつにつながっておくれ。せなかの上を、わたしが ぴょんぴょん とんで、数えよう。」

〈なかがわ りえこ「いなばの 白うさぎ」に よる〉

---

1 よく出る 「よいほうほう」とは、なにを する ほうほうですか。

うさぎは、なにを したかったのかな。

（　　　　）から、

（　　　　）に、

（　　　　）なくても わたる ほうほう。

2 「そりゃいい。」と わにが 言ったのは、なぜですか。

わには、うさぎの 話を しんじて いるよ。

ア（　）うさぎと わにの 数を くらべるのは、おもしろそうだから。

イ（　）わにの せなかの 上を うさぎが とぶのは、おもしろそうだから。

ウ（　）うさぎよりも わにの ほうが、数が 多いと 知って いたから。

3 「数えよう」と ありますが、うさぎは、ほんとうは どう しようと 考えて いたのですか。

ア（　）わにと たのしく あそぼう。

イ（　）わにの 数を 少なく 数えて やろう。

ウ（　）けたのみさきに わたって しまおう。

ものしりメモ 日本の かみさまの お話は、いろいろ あるよ。「ヤマタノオロチ」と いう お話では、八つの あたまと 八つの しっぽを もつ かいぶつを、かみさまが たいじするんだ。

きほんのワーク

同じ　ぶぶんを　もつ　かん字

教科書 上65～66ページ

答え 6ページ

べんきょうした日　月　日

もくひょう
●同じ　ぶぶんを　もつ　かん字を　さがそう。
●同じ　ぶぶんを　もつ　かん字を　読んだり　書いたり　しよう。

おわったら　シールを　はろう

かん字れんしゅうノート7～8ページ

新しい　かん字

◀れんしゅうしましょう。

教科書ページ	かん字	読み	画数	ひつじゅん
66	今	いま	4画	ノ 人 亼 今
66	会	カイ	6画	ノ 人 亼 亼 会 会
66	社	シャ	7画	社 社 ネ ネ ネ 社 社
66	刀	かたな	2画	フ 刀
66	切	きれる	4画	一 七 切 切
66	内	ナイ	4画	丨 冂 内 内
66	店	みせ	8画	丶 亠 广 广 庐 床 店 店
66	姉	あね	8画	く 女 女 女 姉 姉 姉 姉
66	妹	いもうと	8画	く 女 女 女 妹 妹 妹 妹
66	線	セン	15画	幺 糸 糸 約 約 絈 綿 線
66	汽	キ	7画	汽 汽 氵 氵 汽 汽 汽
66	海	うみ	9画	海 海 氵 汇 汇 海 海 海

1 かん字の　読み　読みがなを　書きましょう。

○新しく　がくしゅうする　かん字
●読み方が　新しい　かん字

① 今から　出かける。（　　）

② 会社に　いる。（　　）

③ 切れる（　　）　小刀。（　　）

④ 町内を　あるく。（　　）

⑤ 店の　中に　入る。（　　）

⑥ 姉と　あそぶ。（　　）

⑦ 妹が　わらう。（　　）

⑧ 太い　線を　ひく。（　　）（　　）

⑨ 汽車の　まど。（　　）

⑩ 海が　見える。（　　）

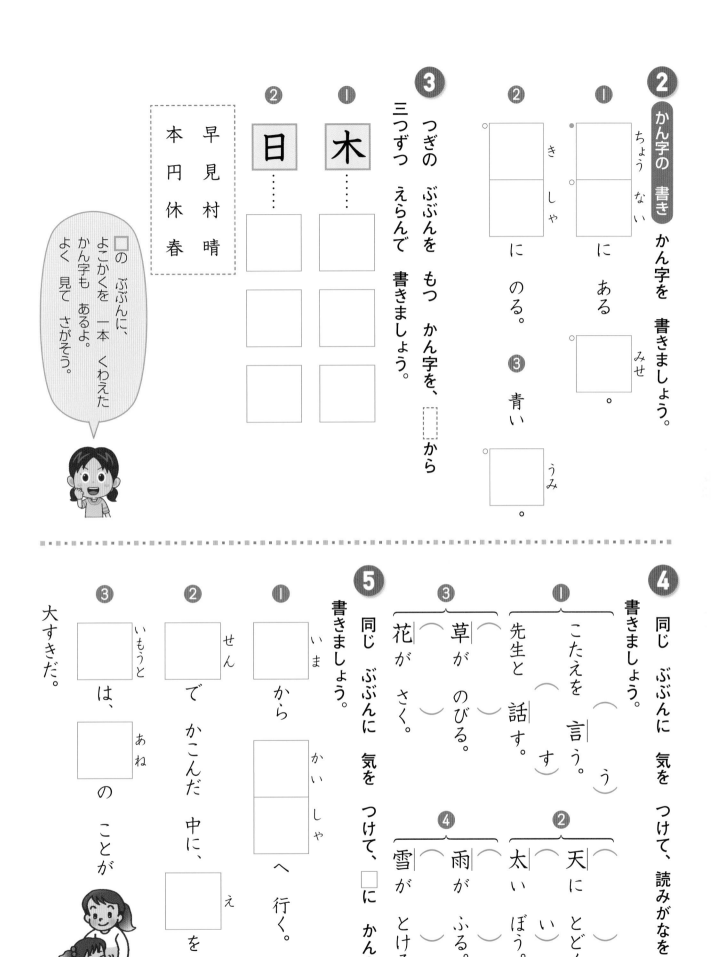

2 かん字の　書き　かん字を　書きましょう。

① □□（ちょうない）に　ある　□（みせ）。

② □□（きしゃ）に　のる。

③ 青い　□（うみ）。

3 つぎの　ぶぶんを　もつ　かん字を、□から　三つずつ　えらんで　書きましょう。

① 木……□　□　□

② 日……□　□　□

早　見　村　晴
本　円　休　春

□の　ぶぶんに、
よこかくを　一本　くわえた
かん字も　あるよ。
よく　見て　さがそう。

4 同じ　ぶぶんに　気を　つけて、読みがなを　書きましょう。

① こたえを　言う（　う）。
先生と　話す（　す）。

② 天に（　）　とどく。
太い（　い）　ぼう。

③ 草が（　）　のびる。
花が（　）　さく。

④ 雨が（　）　ふる。
雪が（　）　とける。

5 同じ　ぶぶんに　気を　つけて、□に　かん字を　書きましょう。

① □（いま）から　□□（かいしゃ）へ　行く。

② □（せん）で　かこんだ　中に、□（え）を　かく。

③ □（いもうと）は、□（あね）の　ことが　大すきだ。

ものしりメモ

「休」と　いう　かん字は、「亻（人）」と　「木」を　あわせて、人が　木の　かげで　やすむ　ようすを　あらわして　いるよ。

きほんのワーク

スイミー かん字の ひろば1 ほか

教科書 上67〜83ページ　答え 6ページ

べんきょうした日　月　日

もくひょう
スイミーが　したことや、できごとに気を　つけて　読み、お話の　ながれを　とらえよう。

おわったら シールを はろう

かん字れんしゅうノート9ページ

新しい　かん字
◀れんしゅうしましょう。
教科書ページ
68 魚 さかな 11画
68 広 ひろい 5画
68 前 まえ 9画
72 元 ゲン 4画
73 岩 いわ 8画
75 食 たべる 9画
76 教 おしえる 11画
77 光 ひかり 6画
83 家 いえ 10画
83 池 いけ 6画
ひつじゅん 1 2 3 4 5

「光」の　上の　ぶぶんを、「ツ」と　書かないように　しよう。「⺌」が　正しいよ。

1 かん字の　読み　読みがなを　書きましょう。

○新しく　がくしゅうする　かん字
●読み方が　新しい　かん字

1 °広（　　い）い　海を　およぐ　°魚（　　）。

2 水•中（　　）に　ある　°岩（　　）。

3 °元気（　　）に　ごはんを　°食（　べる）べる。

4 °名前（　　）を　人に　°教（　える）える。

3 一年生の　かん字　かん字を　書きましょう。

1 □□（ゆうひ）が　□（あか）い。

⑤ 光（　　）が かがやく。

⑥ 家（　　）の にわに 池（　　）が ある。

2 かん字の 書き

かん字を 書きましょう。

① □（さかな）の □□（なまえ）。

② □□（げんき）に あそぶ。

③ □（ひかり）が まぶしい。

④ □（いえ）の 人と 出かける。

ないようを つかもう！

☆ スイミー

お話の じゅんに なるように、（　）に ２〜５を 書きましょう。

教科書 68〜77ページ

（１）スイミーは、広い 海で、きょうだいたちと くらして いた。

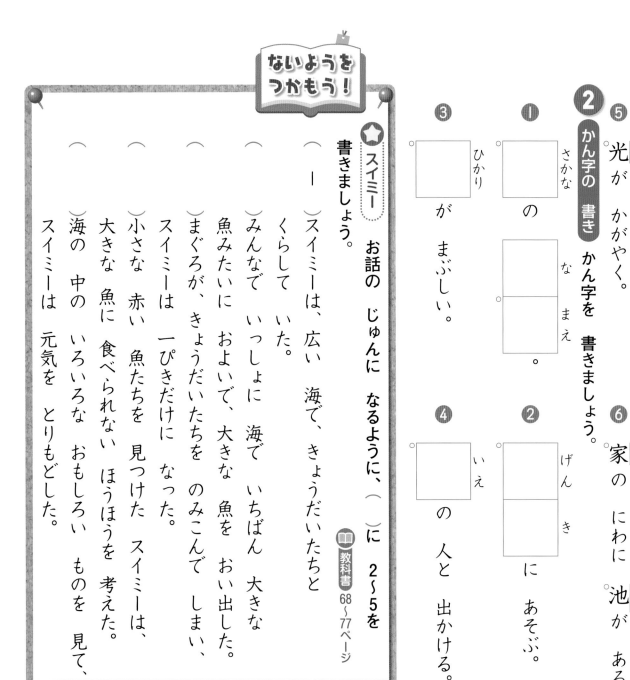

（　）みんなで いっしょに 海で いちばん 大きな 魚みたいに およいで、大きな 魚を おい出した。

（　）まぐろが、きょうだいたちを のみこんで しまい、スイミーは 一ぴきだけに なった。

（　）小さな 赤い 魚たちを 見つけた スイミーは、大きな 魚に 食べられない ほうほうを 考えた。

（　）海の 中の いろいろな おもしろい ものを 見て、スイミーは 元気を とりもどした。

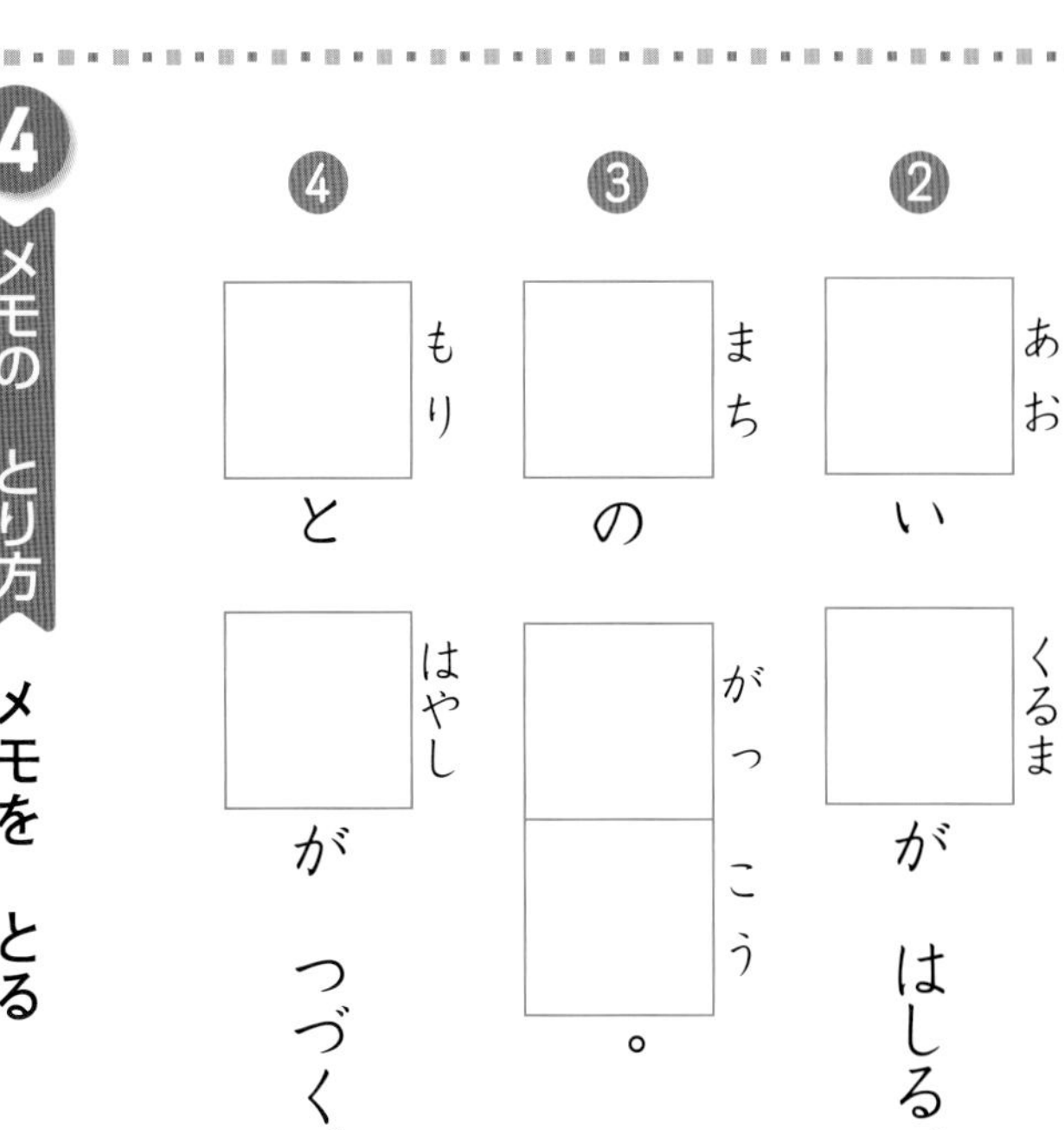

② □（あお）い □（くるま）が はしる。

③ □（まち）の □□（がっこう）。

④ □（もり）と □（はやし）が つづく。

4 メモの とり方

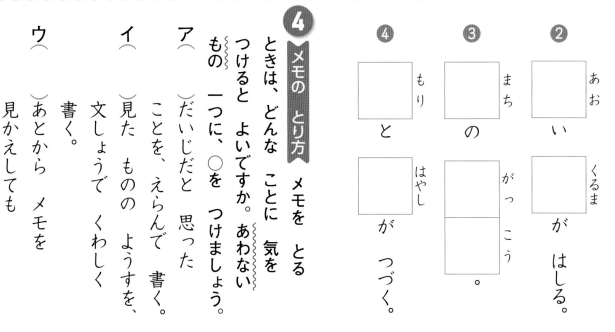

メモを とる ときは、どんな ことに 気を つけると よいですか。あわない もの 一つに、○を つけましょう。

ア（　）だいじだと 思った ことを、えらんで 書く。

イ（　）見た ものの ようすを、文しょうで くわしく 書く。

ウ（　）あとから メモを 見かえしても わかるように 書く。

ものしりメモ 絵本の 「スイミー」では、だいめいに 「ちいさな かしこい さかなの はなし」と そえられて いるよ。よい ほうほうを 考えついた スイミーは、かしこい 魚だね。

お話を　読み、すきな　ところを　つたえよう

れんしゅうのワーク

スイミー

教科書　㊤67～83ページ　答え　7ページ

べんきょうした日　月　日

できるナビ
●どんな　できごとが　おきて、スイミーが　どんな　気もちに　なったのかを　読みとろう。

おわったら　シールを　はろう

✖ 文しょうを　読んで、こたえましょう。

ある　日、おそろしい　まぐろが、おなかを　すかせて、すごい　はやさで　ミサイルみたいに　つっこんで　きた。

一口で、まぐろは、小さな　赤い　魚たちを、一ぴき　のこらず　のみこんだ。

にげたのは　スイミーだけ。

スイミーは　およいだ、くらい　海の　そこを。

1　「おそろしい　まぐろが、……ミサイルみたいに　つっこんで　きた」に　ついて　こたえましょう。

(1) よく出る●「ミサイルみたいに」と　いう　たとえから、まぐろの　どんな　ようすが　わかりますか。（一つに　○を　つけましょう。）

ア（　）ぐるぐる　まわりながら、すこしずつ　近づいて　くる　ようす。

イ（　）大きく見せようと、体を　ふくらませて　いる　ようす。

ウ（　）スイミーたちを　ねらって、まっすぐ　おそいかかって　くる　ようす。

(2) まぐろが　つっこんで　きた　あと、小さな　赤い　魚たちは、どう　なりましたか。

まぐろからにげられたのは、スイミーだけだったよ。

まぐろが、一口で（　　　　）ので、いなく　なって　しまった。

ことばのいみプラス
10行　のこらず…のこさないで。ぜんぶ。みんな。
12行　だけ…その　ほかには　ない。　20行　たびに…その　ときごとに。

こわかった。さびしかった。
とても　かなしかった。
けれど、海には、すばらしい　ものが
いっぱい　あった。おもしろい　ものを　見る
たびに、スイミーは、だんだん　元気を
とりもどした。
にじ色の　ゼリーのような　くらげ。
水中ブルドーザーみたいな　いせえび。
見た　ことも　ない　魚たち。見えない　糸で
ひっぱられて　いる。

〈レオ＝レオニ　さく・絵／たにかわ　しゅんたろう　やく「スイミー」に　よる〉

2　くらい　海の　そこを　およいで　いた　スイミーは、どんな　気もちでしたか。

①　まぐろが、また　やって　くるかも　しれないと　思って、（　　　）。

②　ひとりぼっちで　およいで　いるので、（　　　）。

③　きょうだいの　魚たちが、まぐろに　おそわれて　いなく　なって　しまったので、（　　　）。

3　よく出る　「くらげ」と「いせえび」は、それぞれ　なにに　たとえられて　いますか。

①　くらげ（　　　）

②　いせえび（　　　）

「○○のような」「○○みたいな」は、たとえを　あらわす　ことばだよ。

ものしりメモ

まぐろは、口を　すこし　あけて　およいで、水と　いっしょに　さんそを　とりこんで　いるんだ。だから、いきを　する　ためには、およぎつづけなければ　ならないんだって。

まとめのテスト

スイミー

教科書 上67〜83ページ　答え 7ページ

じかん 20ぷん　とくてん /100てん　おわったら シールを はろう

べんきょうした日　月　日

文しょうを 読んで、こたえましょう。

その とき、岩かげに スイミーは 見つけた、スイミーのと そっくりの、小さな 魚の きょうだいたちを。

スイミーは 言った。

「出て こいよ。みんなで あそぼう。おもしろい ものが いっぱいだよ。」

小さな 赤い 魚たちは、こたえた。

「だめだよ。大きな 魚に 食べられて しまうよ。」

「だけど、いつまでも そこに じっと して いる わけには いかないよ。なんとか 考えなくちゃ。」

スイミーは 考えた。いろいろ 考えた。うんと 考えた。

それから、とつぜん、スイミーは さけんだ。

チャレンジ!

1 スイミーが 岩かげに 見つけた、小さな 赤い 魚たちは、だれと そっくりでしたか。〔20てん〕

スイミーの（　　　　）。

2 「スイミーは 考えた。」に ついて こたえましょう。

(1) スイミーが 考えたのは、なんの ためですか。〔10てん〕
（一つに ○を つけましょう。）

ア（　）小さな 赤い 魚たちが、岩かげから 出て こられるように する ため。

イ（　）小さな 赤い 魚たちが、大きな 魚に 見つからないように する ため。

ウ（　）小さな 赤い 魚たちが、スイミーを こわがらないように する ため。

(2) よく出る● スイミーは、どんな ことを 考えつきましたか。一つ10〔20てん〕

ことばの いみ プラス
14行 うんと…いっぱい。　20行 はなればなれ…ばらばらに わかれる こと。
21行 もちば…じぶんが うけもって いる ばしょ。

「そうだ。みんな　いっしょに　およぐんだ。海で　いちばん　大きな　魚の　ふりを　して。」

スイミーは　教えた。けっして、はなればなれに　ならない　こと。みんな、もちばを　まもる　こと。

　みんなが、一ぴきの　大きな　魚みたいに　およげるように　なった　とき、スイミーは　言った。

「ぼくが、目に　なろう。」

　あさの　つめたい　水の　中を、ひるの　かがやく　光の　中を、みんなは　およぎ、大きな　魚を　おい出した。

〈レオ＝レオニ　さく・絵／たにかわ　しゅんたろう　やく　「スイミー」に　よる〉

海で　いちばん（　　　　）の
ふりを　して、みんな（　　　　）に
およぐ　こと。

3 よく出る　スイミーは、みんなに　どんな　ことを　教えましたか。二つ　書きましょう。　一つ10〔20てん〕

（　　　　）

（　　　　）

4 みんなで　一ぴきの　大きな　魚みたいに　およいだ　とき、スイミーは、どんな　やくわりを　しましたか。〔10てん〕

大きな　魚の（　　　　）の　やくわり。

5 大きな　魚を　おい出した　あと、スイミーたちは、どんな　気もちに　なったと　思いますか。〔20てん〕

書いてみよう！

じゆうに　およげるように　なって、

（　　　　）と　いう　気もち。

ものしりメモ　どくを　もつ　いそぎんちゃくに　かくれて、てきから　みを　まもる、魚の　くまのみ。くまのみが　どくで　しなないのは、ねばねばした　まくで　体を　つつんで　いるからだよ。

組み立てを 考えて 書き、知らせよう

きほんのワーク

こんな もの、見つけたよ
丸、点、かぎ

教科書 上84～89ページ
答え 8ページ
べんきょうした日 月 日

もくひょう
●知らせたい ことを、組み立てを 考えて 書けるように しよう。
●丸、点、かぎの つかい方を おさえよう。

かん字れんしゅうノート10ページ

おわったら シールを はろう

新しい かん字

◀れんしゅうしましょう。

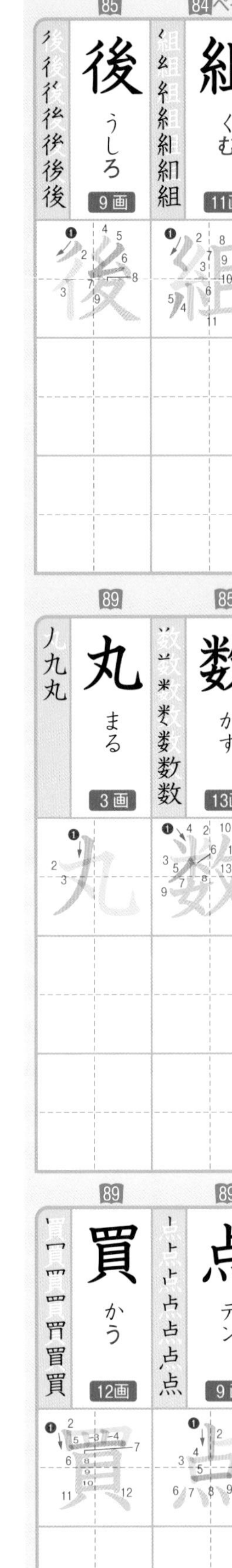

教科書ページ	かん字	読み	画数
84	組	くむ	11画
85	後	うしろ	9画
85	数	かず	13画
89	丸	まる	3画
89	点	テン	9画
89	買	かう	12画

ひつじゅん 1 2 3 4 5

1 かん字の 読み 読みがなを 書きましょう。

○新しく がくしゅうする かん字
●読み方が 新しい かん字

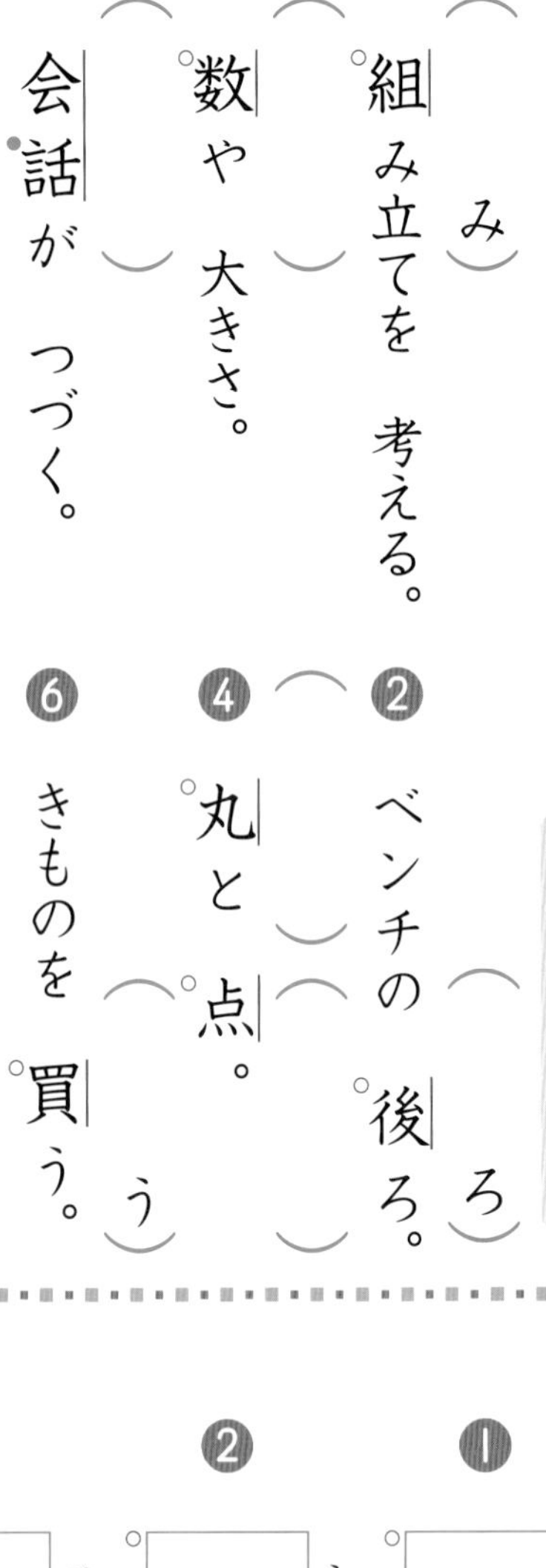

① 組み立てを 考える。（み）
② ベンチの 後ろ。（ろ）
③ 数や 大きさ。
④ 丸と 点。
⑤ 会話が つづく。
⑥ きものを 買う。（う）

④「丸」を、「九」と まちがえないように しよう。

2 かん字の 書き かん字を 書きましょう。

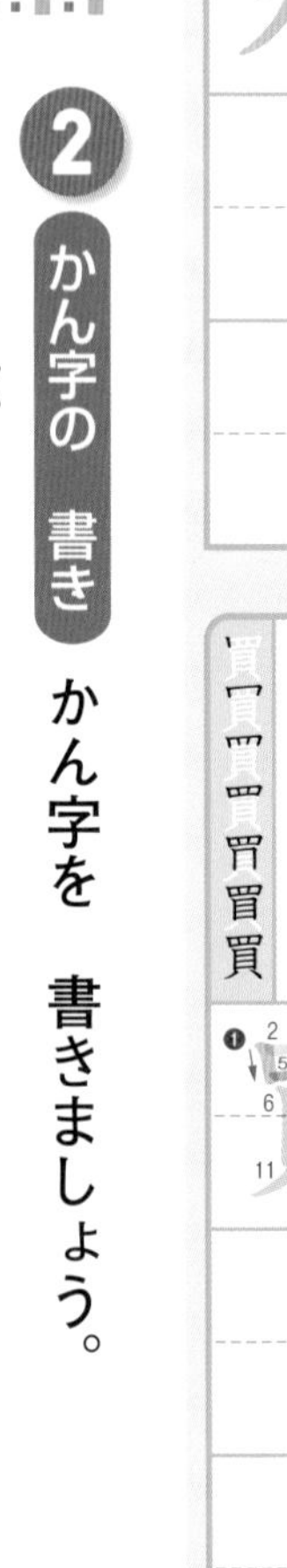

① □（く）み立てを かえる。
② □（うし）ろを 見る。
③ □（てん）を うつ。
④ くつを □（か）う。

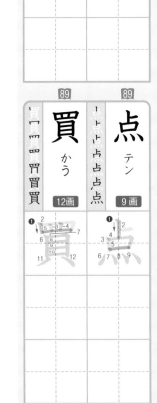

☆こんな もの、見つけたよ

3 文しょうを 読んで、こたえましょう。

さわるとつるつるしている木

しもだ かほ

「●」わたしは、くじらこうえんで、おもしろい木を見つけました。

ぶらんこの後ろに、ピンクの花がさいている木が一本、白い花がさいている木が二本ありました。木のみきをさわるとつるつるしていてびっくりしました。

先生にきいてみたら、「それは、さるすべりの木ですよ。」と教えてくれました。

みなさんも、ぜひ、さるすべりの木を見に行って、みきにさわってみてください。

〈「こんな もの、見つけたよ」に よる〉

1 よく出る● はじめの まとまり（●の ところ）に、なにを 書いて いますか。（一つに ○を つけましょう。）

ア（　）知らせたい こと

イ（　）くわしい せつめい

ウ（　）まとめの ことば

2 ——の 文に、点（、）を 二つ うちましょう。

木の□みきを□さわると□つるつるして□いて□びっくりしました。

3 □の ところを、かぎ（「 」）を つかわない 書き方に します。つぎの（　）に あうように、〰〰の ことばを、「——そうです。」を つかった 言い方に 書きなおしましょう。

先生にきいてみたところ、この木は、

（　　　　　　　　）

☆丸、点、かぎ

4 よく出る● つぎの 文が、❶・❷の いみに なるように、点（、）を 一つ うって 書きなおしましょう。

山にはたけがある。

❶は「はたけ」、❷は「たけ」の 前が、切れ目に なるよ。

❶ あるのは 「はたけ」と いう いみ。

（　　　　　　　　）

❷ あるのは 「たけ」と いう いみ。

（　　　　　　　　）

ものしりメモ 文の おわりに、「？」や 「！」が つく ことも あるね。「？」は といかけや よく わからない ことを あらわす とき、「！」は ことばを つよめる ときに つかうよ。

きほんのワーク

あったらいいな、こんなもの
きせつのことば2　夏がいっぱい

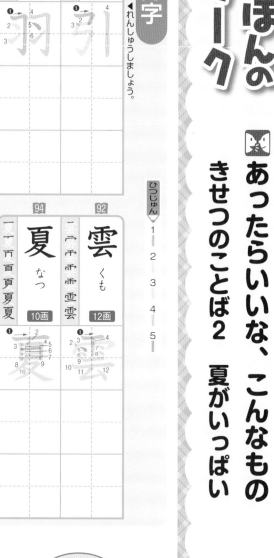

教科書 ㊤90～95ページ
答え 8ページ

べんきょうした日　月　日

もくひょう
●しつもんのしかたをくふうして、あいての考えを引き出そう。
●夏をかんじるものをあつめよう。

かん字れんしゅうノート10～11ページ

おわったらシールをはろう

新しいかん字

教科書 90ページ

ページ	かん字	読み	画数	ひつじゅん
90	引	ひく	4画	引
91	羽	はね	6画	羽
92	雲	くも	12画	雲
94	夏	なつ	10画	夏

◀れんしゅうしましょう。

ひつじゅん 1 2 3 4 5

「羽」「雲」は、点のむきに気をつけて書こう。

1 かん字の読み　読みがなを書きましょう。

○新しくがくしゅうするかん字

① 考えを○引（き）き出す。
② まほうの○羽（　　）がほしい。
③ ○雲（　　）の上をとぶ。
④ ○夏（　　）をかんじる。

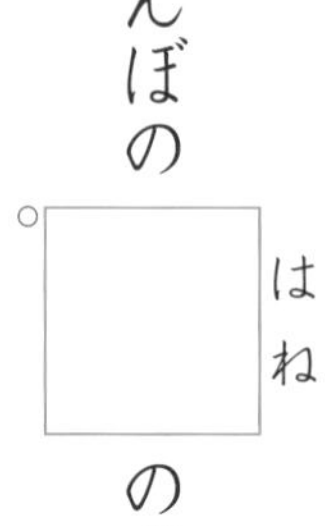

「くもり」は、「×雲り」とは書かないよ。中学生でならうかん字をつかうから、まちがえないでね。

2 かん字の書き　かん字を書きましょう。

① 話を○□（ひ）き出す。
② とんぼの○□（はね）の形。
③ 空にうかぶ○□（くも）。
④ 春から○□（なつ）になる。

☆ あったらいいな、こんなもの

3 会話を読んで、こたえましょう。

犬のことばがわかる　どうぐが　あったらいいな。

[1]、あったらいいなと思ったの。

うちでかっている犬の気もちがわかったら、うれしいなと思ったからだよ。

おもしろそうだね。犬のことばがわかるほかに、[2]できるの。

犬にも、にんげんのことばがわかるように　できるよ。

それは、どんな形をしているの。

耳あてみたいな　形をしているよ。マイクもついているよ。

おもさは、[3]なんだろう。

さんぽのときにも　つけてあるけるように、できるだけ　かるくできるといいな。

1 よく出る [1]～[3]にあうことばを、・――・でむすびましょう。

[1]・　　・なにが

[2]・　　・どんな

[3]・　　・どうして

　　　　　・どれぐらい

「どうして」は、わけをしつもんするときの　ことばだよ。

2 どんなことを、どんなじゅんじょで、しつもんしていますか。しつもんしているじゅんに、1～3を書きましょう。

（　）できること（はたらき）

（　）形や色、大きさなど（つくり）

（　）あったらいいなと　思うわけ

---

4 ☆ きせつのことば2　夏がいっぱい

夏をかんじるものを、下の絵から　三つさがして、名前を書きましょう。

夏に、いちばん多く見るものをさがそう。

（　　　）

（　　　）

（　　　）

ものしりメモ あさがおの花は、あさ日が出る前に　さくことがあるよ。前の日くらくなってから、8～10じかん後に　花がさくんだ。くらくなるのが早いと、つぎの日、花がさくのも早くなるよ。

きほんのワーク

お気に入りの本をしょうかいしよう
ミリーのすてきなぼうし

教科書 上96～113ページ
答え 9ページ

べんきょうした日　月　日

もくひょう
●お気に入りの本のしょうかいのしかたを考えよう。
●ふしぎなぼうしが、どんなものなのかを読みとろう。

おわったら シールを はろう

かん字れんしゅうノート11ページ

新しいかん字

▼れんしゅうしましょう。

教科書ページ	かん字	読み	画数
99	公	コウ	4画
99	園	エン	13画
101	通	とおる	10画
102	万	マン	3画
104	頭	あたま	16画
110	来	くる	7画
110	鳥	とり	11画
110	歌	うた	14画

ひつじゅん 1 2 3 4 5

「万」は、三画で書くよ。「方」とまちがえないようにしよう。

1 かん字の読み　読みがなを書きましょう。

① 店長にたのむ。
② 公園の前を通る。（　　る）
③ 九万円のぼうし。
④ お金が足りない。（　　りない）
⑤ はこの中は空っぽだ。
⑥ ぼうしを頭にのせる。
⑦ 鳥がにわにやって来た。（　　た）
⑧ 元気よく歌を歌う。

○新しくがくしゅうするかん字
●読み方が新しいかん字

3 ことばのいみ　――のいみにあうほうに、○をつけましょう。

① 101ページ 色とりどりの羽をかざる。
ア（　）いろいろな色。
イ（　）きれいな色。

2 かん字の書き

かん字を書きましょう。

① □□（こうえん）であそぶ。

② えきの近くを□（とお）る。

③ □□（きゅうまん）円をはらう。

④ 犬の□（あたま）をなでる。

⑤ □（とり）が空をとぶ。

ないようをつかもう！

☆ ミリーのすてきなぼうし

お話のじゅんになるように、○に1〜4を書きましょう。

教科書 101〜113ページ

○

○

○

○

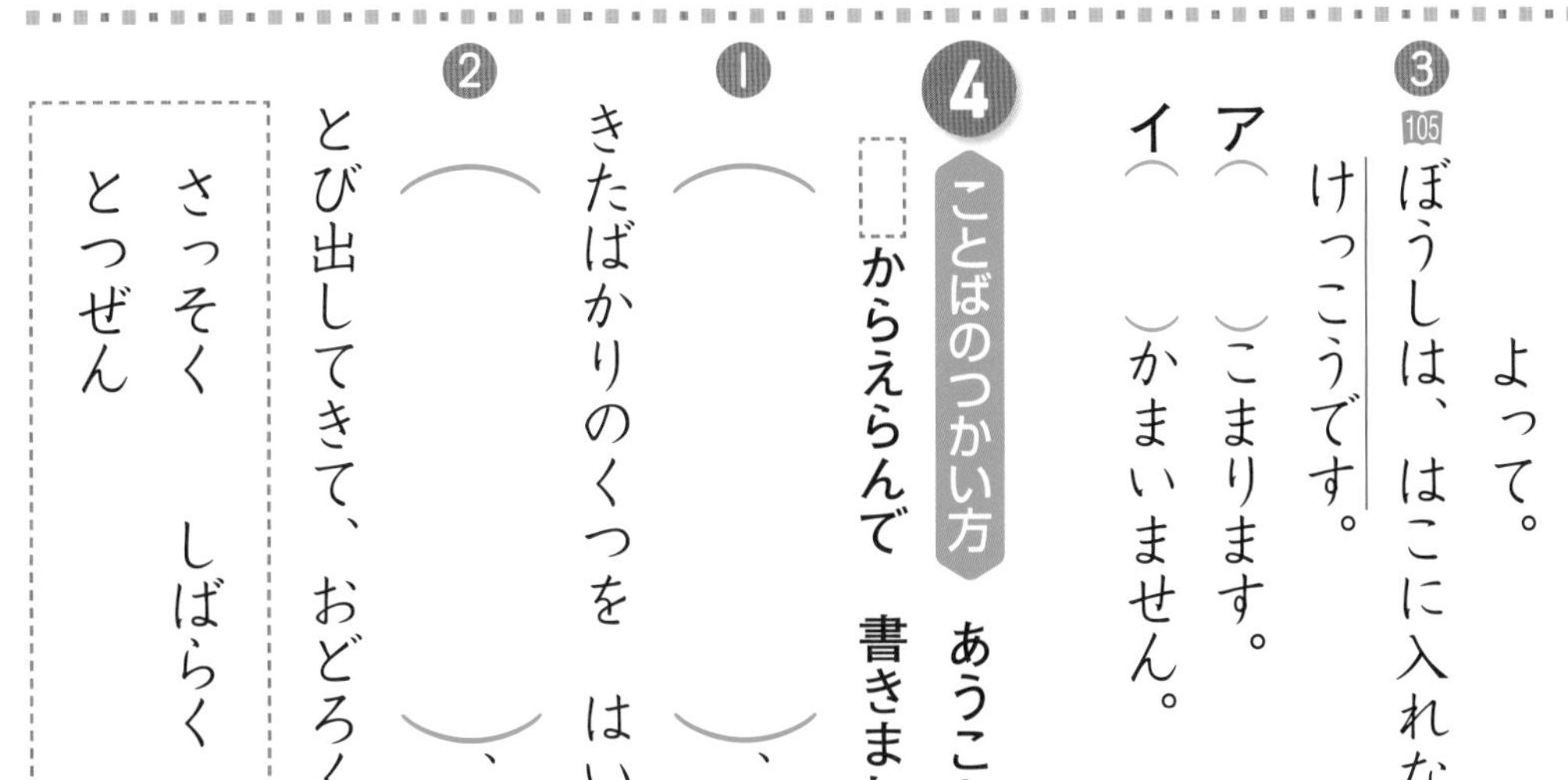

② 104 そうぞうしだいで　どんなぼうしにもなる。

ア（　）そうぞうするないようにかんけいなく。

イ（　）そうぞうするないようによって。

③ 105 ぼうしは、はこに入れなくてけっこうです。

ア（　）こまります。

イ（　）かまいません。

4 ことばのつかい方

あうことばを、□からえらんで書きましょう。

①（　　　）、買ってきたばかりのくつをはいてみる。

②（　　　）、ねこがとび出してきて、おどろく。

さっそく　しばらく　とつぜん

ものしりメモ　クジャクで、きれいな羽があるのは　おすだけ。きれいな羽を見せて、めすをさそうんだ。その恋（こい）のきせつがおわると、きれいな羽はぬけてしまって、また生えてくるのをまつんだよ。

れんしゅうのワーク1

ミリーのすてきなぼうし

教科書 上96〜113ページ　答え 9ページ

べんきょうした日　月　日

できるナビ　●店長さんとミリーのやりとりをよく読んで、ばめんのようすを読みとろう。

おわったら シールを はろう

文しょうを読んで、こたえましょう。

「どのくらいのおねだんのものが　よろしいでしょう。」

店長さんがたずねました。

「あの――、このくらい。」

ミリーは、おさいふをひらいて、見せました。中は空っぽです。

「はあ――、そのくらいですか――。」

そうつぶやくと、店長さんは、てんじょうを見上げてしまいました。ミリーも、同じように見上げました。おもしろいもようのてんじょうです。

「あっ、あります。」

店長さんは、とつぜん、大きな声で言いました。

「ちょうどよいのが、一つありました。しょうしょうおまちください。」

そう言うと、お店のうらの方に　行ってしまいま

1 「このくらい」とありますが、ミリーのおさいふの中はどうでしたか。

中は（　　　　　　）だった。

2 よく出る● 「店長さんは、てんじょうを見上げてしまいました」とありますが、それはなぜですか。

（一つに○をつけましょう。）

ア（　）ミリーに、ぼうしをうりたくなくなったので、早くかえってほしかったから。

イ（　）ミリーに、おもしろいもようのてんじょうに気づいてほしかったから。

ウ（　）ミリーが買える　ぼうしがあるかどうか、考えこんでしまったから。

3 「ちょうどよいのが、一つありました。」とありますが、なにがあったのですか。

ミリーに　うるのに、

ちょうどよい（　　　　　　）。

ことばのいみ プラス　13行 しょうしょう…すこし。　22行 じゆうじざい…じぶんのしたいようにできること。　25行 しんちょうに…ちゅういぶかく。

した。

しばらくすると、店長さんは、はこを手にしてもどってきました。そして、テーブルにおくと、ふたをとりました。

「これは、とくべつなぼうしです。」

店長さんは言いました。

「大きさも形も色も、じゆうじざい。おきゃくさまのそうぞうしだいで　どんなぼうしにもなる、すばらしいぼうしです。」

店長さんは、しんちょうに　ぼうしをはこからとり出すと、ミリーの頭にのせました。ぴったりです。とってもいいかんじです。

「じゃあ、これにしますわ。」

そう言うと、ミリーは、おさいふのなかみを　ぜんぶ手にとり、店長さんにわたしました。

「ありがとうございます。」

と、店長さんはおじぎをしました。

〈きたむら　さとし　「ミリーのすてきなぼうし」による〉

4 よく出る　「とくべつなぼうし」とは、どんなぼうしですか。

このあとで店長さんがせつめいしているよ。

（　　　）も、じゆうじざいで、かぶった人の（　　　）で　どんなぼうしにもなる、（　　　）ぼうし。

5 ミリーが、「とくべつなぼうし」を買うことにしたのは、なぜですか。

ミリーの頭に（　　　）で、（　　　）だったから。

6 「ミリーは、おさいふのなかみを　ぜんぶ手にとり、店長さんにわたしました」とありますが、このとき、ミリーは、どんな気もちでしたか。

形が見えないお金だけど、ぜんぶわたしたかったんだね。

ア（　）お金をたくさんはらいたいと思ったくらい、ぼうしを気に入った。

イ（　）お金をたくさんはらうふりをして、店長さんをたのしませたかった。

ウ（　）そうぞうのお金なので、お金もちのふりをしてみたかった。

ものしりメモ　家の中では、ぼうしをとるほうが　ぎょうぎがよいよ。でも、おとなの女の人のぼうしは、ふくそうのいちぶと考えられているので、とらなくてもいいんだって。

れんしゅうのワーク②

ミリーのすてきなぼうし

教科書 ㊤96〜113ページ　答え 10ページ

できるナビ
そうぞうにあわせて形をかえるぼうしのようすと、ミリーの考えや気もちを読みとろう。

べんきょうした日　月　日

おわったらシールをはろう

文しょうを読んで、こたえましょう。

ミリーは、新しいぼうしが　気に入りました。

「でも、なにかそうぞうしなくちゃ。」

ミリーは思いました。

「じゃないと、ぼうしの形が見えないもの。どんなぼうしにしようかな――。そうだ、お店にあった、いろんな色の羽の　ぼうし。あんなぼうし――。でもね、もっともっと　たくさん羽がついてるの。」

そう、クジャクのぼうし。

ケーキやさんの前を通ったら、おいしそうなケーキが　いっぱいならんでいました。ミリーは、そうぞうしました。すると、ぼうしは、ケーキのぼうしになりました。

花やさんを通りすぎたとき、ミリーのぼうしは、花でいっぱいのぼうしになりました。

2 「クジャクのぼうし」とありますが、ミリーがどんなぼうしをそうぞうして、「クジャクのぼうし」になったのですか。

（　　　　）の羽が、
（　　　　）ついているぼうし。

3 「ぼうしは、ケーキのぼうしになりました」とありますが、それはなぜですか。

ミリーが、（　　　　）のことを（　　　　）したから。

ケーキやさんの前を通った　ミリーは、そのとき見たもののことを　考えたんだね。

4 「みんな、ぼうしをもっていたのです。そのどれもが、それぞれちがったぼうしでした。」とありますが、それはなぜですか。（一つに○をつけましょう。）

ことばのいみ プラス
10行 おいしそうな…見た目などでおいしいとわかる。　20行 それぞれ…一つ一つ。
23行 ほほえみかける…にっこりわらいかける。

公園では、ふんすいのぼうしです。

そのときです。ミリーは、気がつきました。ぼうしをかぶっているのは、じぶんだけじゃないんだと。みんな、ぼうしをもっていたのです。そのどれもが、それぞれちがったぼうしでした。

むこうから、おばあさんがやって来ました。おばあさんのぼうしは、くらくてさびしい水たまりでした。ミリーがおばあさんにほほえみかけると、ミリーのぼうしの中から　鳥や魚がとび出して、おばあさんのぼうしにとびうつりました。

ミリーはうれしくなって、歌を歌いました。すると、ぼうしもいっしょに歌いました。

〈きたむら　さとし「ミリーのすてきなぼうし」による〉

1 よく出る 「でも、なにかそうぞうしなくちゃ。」とありますが、なぜ、なにかそうぞうしないといけないのですか。

なにかそうぞうしないと、（　　　　）が見えないから。

ぼうしの形は、どうするとかわるんだったかな。

ア（　）みんな、それぞれそうぞうしていることがちがっていたから。

イ（　）ミリーが、みんなもいろいろなぼうしをかぶっていたら、たのしいと思ったから。

ウ（　）みんな、それぞれじぶんのすきなぼうしを、かぶっていたから。

5 むこうからやって来た　おばあさんのぼうしは、どんなぼうしでしたか。

（　　　　）のぼうし。

6 よく出る おばあさんにほほえみかけたとき、ミリーは、どんな気もちでしたか。

ミリーがほほえみかけて、おばあさんのぼうしは、どうかわったかな。

ア（　）ほかの人のぼうしも　じゆうにかえられるのか、ためしてみたい。

イ（　）ぼうしの中から　鳥や魚をとび出させて、おばあさんをおどろかせたい。

ウ（　）さびしそうなおばあさんの気もちを、たのしく元気にしてあげたい。

ものしりメモ

カレンダーでは、22日の上のだんにかならず15日があるね。これを「いちご（＝15）」がのっているみたいだと考えて、まい月22日を「ショートケーキの日」にすることにしたんだって。

まとめのテスト

ミリーのすてきなぼうし

教科書 上96〜113ページ　答え 10ページ

じかん 20ぷん

とく点　　/100点

おわったら シールを はろう

べんきょうした日　月　日

✖ 文しょうを読んで、こたえましょう。

　花やさんを通りすぎたとき、ミリーのぼうしは、花でいっぱいのぼうしになりました。

　公園では、ふんすいのぼうしです。

　そのときです。ミリーは、気がつきました。ぼうしをかぶっているのは、じぶんだけじゃないんだと。みんな、ぼうしをもっていたのです。そのどれもが、それぞれちがったぼうしでした。

　むこうから、おばあさんがやって来ました。おばあさんのぼうしは、くらくてさびしい水たまりでした。ミリーがおばあさんにほほえみかけると、ミリーのぼうしの中から　鳥や魚がとび出して、おばあさんのぼうしにとびうつりました。

　ミリーはうれしくなって、歌を歌いました。すると、ぼうしもいっしょに歌いました。

　そうしてミリーは、家にもどりました。でも、

2 ぼうしが、ミリーと同じ気もちになっていることは、どんなことからわかりますか。　一つ10〔20点〕

ミリーが（　　　　）なって、歌を歌うと、

ぼうしも（　　　　）に歌ったこと。

3 よく出る 「ミリーは、ちがったぼうしをそうぞうしてみました。」とありますが、なんのためにそうぞうしたのですか。　一つ5〔10点〕

（　　　　）の（　　　　）に入れるようにするため。

4 よく出る 「ママは、ちょっとびっくりしています。」とありますが、びっくりしたのは、なぜですか。　〔20点〕

（一つに○をつけましょう。）

ア（　）ミリーが、見たことのない新しいぼうしをかぶっていたから。

ことばのいみ プラス

15行 もどる…もとのところへかえる。 22行 だって…なぜって。なぜなら。

24行 〜ことにしました…〜するときめました。 27行 〜だって…〜も。

ぼうしが大きくなりすぎて、中に入れません。ミリーは、ちがったぼうしをそうぞうしてみました。

ミリーは、家に入ると言いました。

「ママ、わたしの新しいぼうし、見て。きれいでしょ。」

「新しいぼうし。」

ママは、ちょっとびっくりしています。だって、ぼうしなんかどこにも――。でも、ママは、こうこたえることにしました。

「まあ、すてきね。ママも、そんなぼうし、ほしいな。」

「ママだってもってるのよ、ほんとうは。そうぞうすればいいの。」

と、ミリー。

〈きたむら　さとし「ミリーのすてきなぼうし」による〉

1 おばあさんとあったとき、ミリーがかぶっていたのは、どんなぼうしでしたか。〔10点〕

ふんすいに、（　　　）がいる、あかるくてにぎやかなぼうし。

イ（　）ミリーが、家に入ってきて、いきなり新しいぼうしの話をしたから。

ウ（　）ミリーが、新しいぼうしを見てと言うけれど、ぼうしはどこにもなかったから。

チャレンジ!

5 「まあ、すてきね。ママも、そんなぼうし、ほしいな。」とありますが、ママがこうこたえることにしたのは、なぜですか。〔20点〕

ア（　）新しいぼうしをじまんする、ミリーの気もちをたいせつにしたいと思ったから。

イ（　）ふざけているミリーを見て、話をあわせてあげようと思ったから。

ウ（　）新しいぼうしがほしくて、ミリーがぼうしの話をしたと思ったから。

6 「ママだってもってるのよ、ほんとうは。」とありますが、こう言ったとき、ミリーは、どんな気もちでしたか。一つ10〔20点〕

ママも（　　　）すれば、（　　　）が見えることを知ってほしい。

ものしりメモ

ぼうしのまわりや前につき出たぶぶんを、「つば」というよ。むぎわらぼうしや、やきゅうぼうなど、日ざしをふせぐためのぼうしは、つばが広いんだ。

きほんのワーク

雨のうた
ことばでみちあんない

教科書 上114〜117ページ
答え 11ページ

べんきょうした日　月　日

もくひょう
●ことばのひびきをたのしみながら、詩のようすを思いうかべよう。
●ことばだけで分かりやすく、みちあんないしよう。

おわったらシールをはろう

新しいかん字

教科書 117ページ　◀れんしゅうしましょう。ひつじゅん 1 2 3 4 5

漢字	読み	画数	ひつじゅん
分	わかる	4画	分 八 分 分
回	カイ	6画	回 冂 冂 回 回 回

「分」の下のぶぶんは、「刀」だね。「力」と書かないようにしよう。

1 かん字の読み　読みがなを書きましょう。

① すぐに会える。（　　）
② 分かりやすく二回話す。（　　）（　　）（　　）

○新しくがくしゅうするかん字
●読み方が新しいかん字

2 かん字の書き　かん字を書きましょう。

① □（わ）かりやすさ
② □□（に かい）まがる。

ア（　）雨の音にあわせて　うたう人がいないと、うたにはならないから。
イ（　）雨がなにかにあたらないと、いろいろな音がしないから。
ウ（　）雨がたくさんふらないと、人に聞こえるような音がしないから。

2 「だれか」とは、だれのことですか。あげているものを　すべて書きましょう。

（　　　　　　　　）

3 つぎの①・②のうたは、どんなようすをあらわしていますか。

① やねのうた
雨が（　　　　　　）にあたって、
（　　　　　　）音がするようす。

3 ☆雨のうた

詩を読んで、こたえましょう。

雨のうた

つるみ まさお

あめは　ひとりじゃ　うたえない、
きっと　だれかと　いっしょだよ。
やねと　いっしょに　やねのうた
つちと　いっしょに　つちのうた
かわと　いっしょに　かわのうた
はなと　いっしょに　はなのうた。

あめは　だれとも　なかよしで、
どんな　うたでも　しってるよ。
やねで　とんとん　やねのうた
つちで　ぴちぴち　つちのうた
かわで　つんつん　かわのうた
はなで　しとしと　はなのうた。

1 よく出る● 「あめは　ひとりじゃ　うたえない」とありますが、それはなぜですか。（一つに○をつけましょう。）

「あめが　うたう」というのは、どんなようすか思いうかべてみよう。

2 つちのうた

雨が（　　）の上ではねて、（　　）音がするようす。

4 ☆ことばでみちあんない

まちあわせのばしょの　みちあんないをします。ちずを見て、あうことばを、□からえらんで書きましょう。

あいては、ちずを見ないで　聞いているよ。

まちあわせのばしょは、さる山の前（★）です。入り口（●）を入ったら、（　　）右にまがります。うさぎのおりをすぎるとわかれみちがありますが、（　　）すすみます。やぎのおりが（　　）にあるみちをそのまますすむと、（　　）にさる山があります。

右がわ　まっすぐ
左がわ　すぐ

ものしりメモ

雨のつぶは、２ミリくらいまではまん丸の形、４ミリくらいまでは下がたいらで上が丸い、まんじゅうみたいな形だよ。もっと大きくなると、形がくずれて、いくつかに分かれてしまうんだ。

きほんのワーク

みの回りのものを読もう
書いたら、見直そう ほか

教科書 上118～122ページ
答え 11ページ

べんきょうした日 月 日

もくひょう
●じょうほうのつたえ方を くふうしている ものをさがそう。
●書いた文しょうを見直して、まちがいを直そう。

かん字れんしゅうノート12～13ページ

おわったら シールを はろう

新しいかん字

教科書120ページ

漢字	読み	画数	ひつじゅん
直	なおす	8画	一 ｜ 亠 冇 冇 肓 直 直
紙	かみ	10画	𠃋 幺 糸 紅 紅 紙 紙
遠	エン	13画	土 吉 声 肓 袁 袁 遠 遠
友	とも	4画	一 ナ 方 友

▼れんしゅうしましょう。

1 かん字の読み 読みがなを書きましょう。

○新しくがくしゅうするかん字
●読み方が新しいかん字

① みの回りのもの。（り）

② 文しょうを見直す。（す）

③ 手紙を書く。

④ 遠足のバス。

⑤ 友だちとあそぶ。

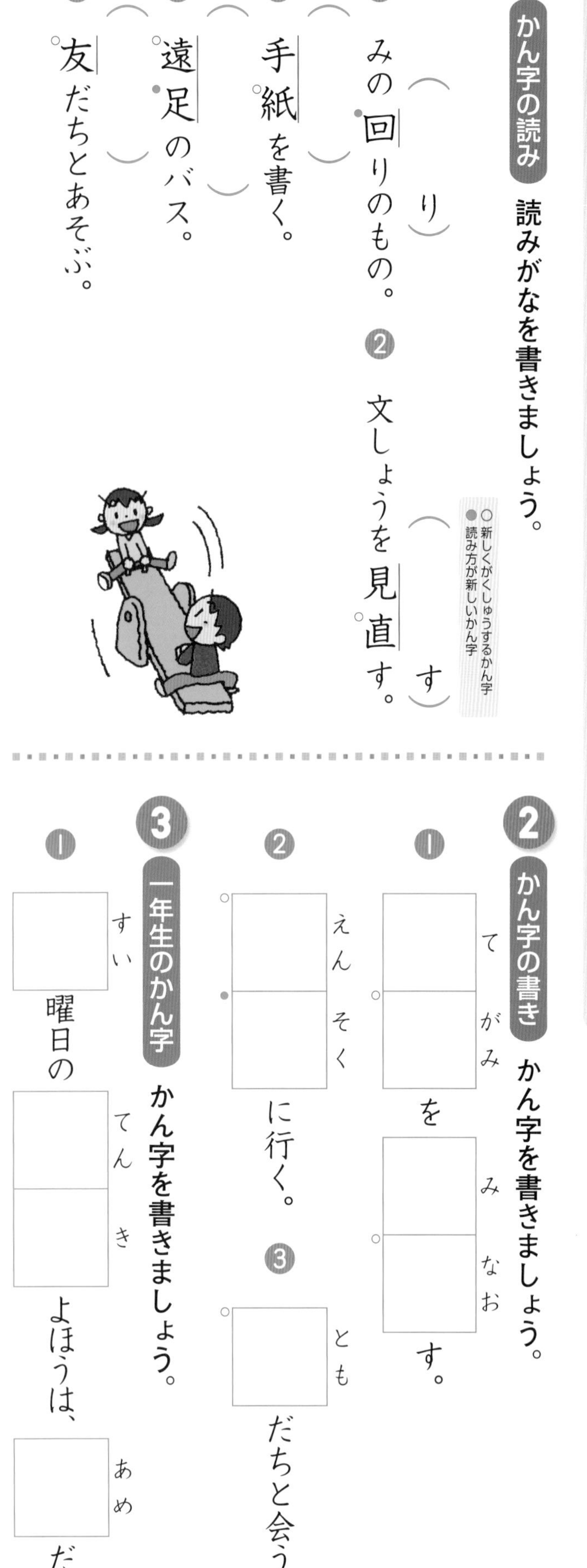

2 かん字の書き かん字を書きましょう。

① □□（てがみ）を□□（みなお）す。

② □□（えんそく）に行く。

③ □（とも）だちと会う。

「遠足」の「遠」と、「公園」の「園」をまちがえないようにしよう。

3 一年生のかん字 かん字を書きましょう。

① □（すい）曜日の□□（てんき）よほうは、□（あめ）だ。

4 ☆ みの回りのものを読もう

つぎのポスターは、どんなくふうがされていますか。あうことばを、［　］からえらんで書きましょう。

▲学校のろうかにはってあるポスター

❶ （　　　　）（　　　　）ということばを、（　　　　）で書いて、してはいけないことを、いちばん目立つようにしている。

❷ ろうかをはしると、どんなことがおきるのか、絵で（　　　　）をつたえている。

大きい文字	ろうかを
小さい文字	はしらないで！
たいせつさ	あぶなさ

5 ☆ 書いたら、見直そう

よく出る● つぎの文しょうのまちがいを直して、ますに書きましょう。

かぎをつけるところは、行をかえるよ。

きのうおじいさんの家で、絵おかきました、おじいさんが。絵がじょうずだねとほめてくれて、うれしかったです

- 点（、）を一つ、かぎ（「」）を一くみ、丸（。）を二つ、新しくつけます。
- 文字のまちがいを一つ、点や丸のつかい方がまちがっているところを二つ直します。

ものしりメモ　1しゅうかんのそれぞれの曜日のよび方は，日（たいよう）と月、火星（かせい）・水星（すいせい）・木星（もくせい）・金星（きんせい）・土星（どせい）の、七つの星（ほし）の名前からつけられたものだよ。

読んで考えたことを　話そう

きほんのワーク

どうぶつ園のじゅうい

教科書 ㊤123～134ページ

答え 12ページ

べんきょうした日　月　日

もくひょう
ひっしゃが、いつ、どんなしごとをしたのか、そのしごとをしたわけや、くふうしたことを　読みとろう。

おわったら シールを はろう

かん字れんしゅうノート13～14ページ

新しいかん字

◀れんしゅうしましょう。

ひつじゅん 1 2 3 4 5

教科書ページ	かん字	読み	画数	ひつじゅん
124	朝	あさ	12画	朝
125	顔	かお	18画	顔
125	毎	マイ	6画	毎
126	当	あてる	6画	当
126	間	あいだ ケン	12画	間
127	昼	ひる	9画	昼
127	半	ハン	5画	半
129	電	デン	13画	電
131	外	そと	5画	外

○新しくがくしゅうするかん字
●読み方が新しいかん字

1 かん字の読み　読みがなを書きましょう。

1 °朝、公園の中をはしる。（　）

2 °顔を見ることが●大●切だ。（　）（　）（　）

3 おなかに手を°当てる。（　てる）

4 お°昼°前までの°間にすること。（　）（　）（　）

5 りんごを°半●分に切る。（　）（　）

6 °毎日、°電話がかかってくる。（　）（　）

「大切」の「大」を、「おお」や「ダイ」と読まないようにしよう。

3 かたかな　つぎのひらがなを、かたかなで書きましょう。

1 ばなな（　）

2 わらびい（　）

⑦ （　　）人間のびょうきをなおす。

⑧ （　　）外に出た後（　　）、雨に気づく。

2 かん字の書き

かん字を書きましょう。

① □（かお）をおぼえる。

② ねている□（あいだ）。

③ お□□（ひるまえ）に出かける。

④ □□（でんわ）をかける。

ないようをつかもう！

☆どうぶつ園のじゅうい

ひっしゃが、毎日することのうち、朝することには○を、一日のしごとのおわりにすることには△を書きましょう。

教科書124～131ページ

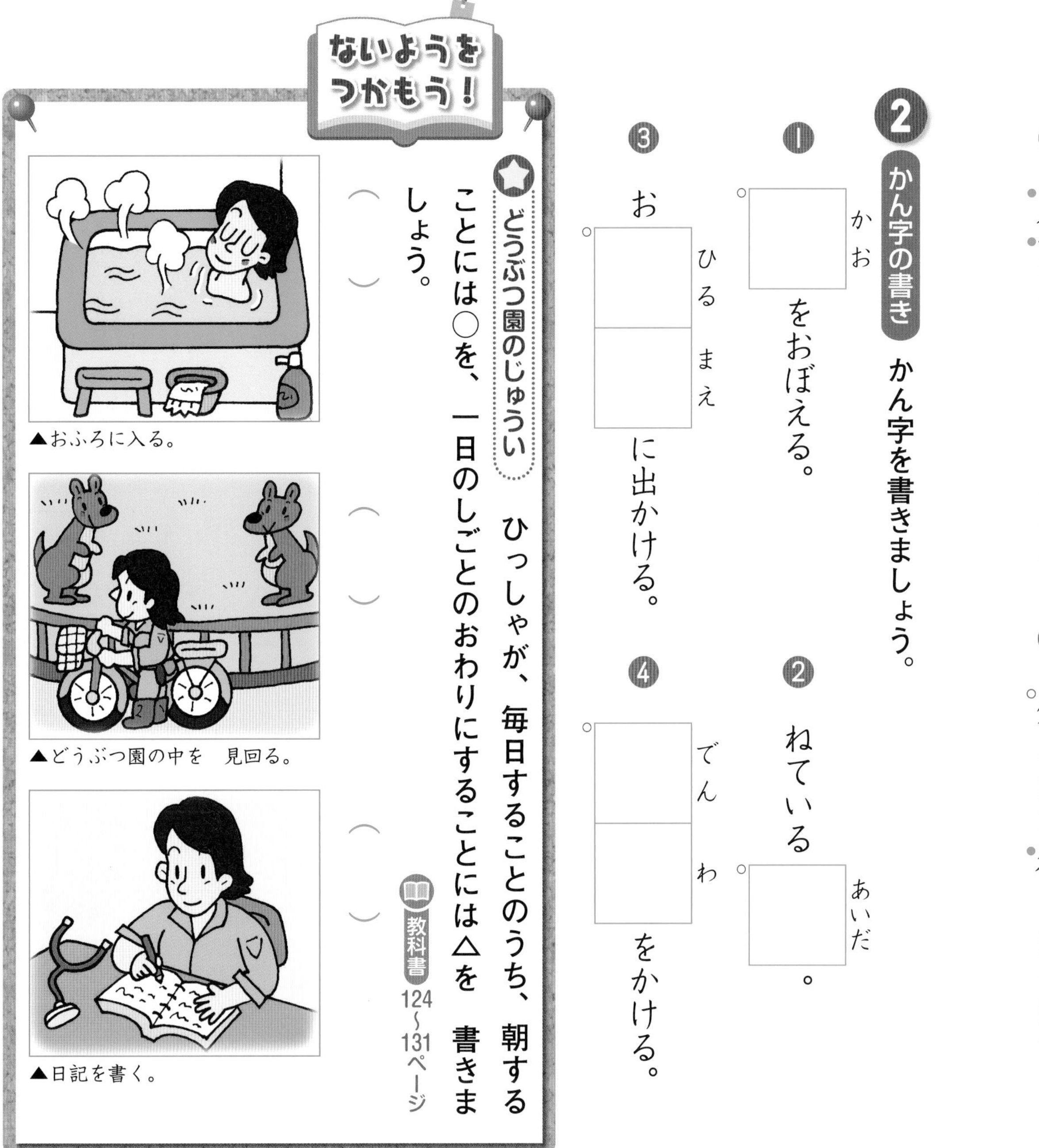

（　　）▲おふろに入る。

（　　）▲どうぶつ園の中を　見回る。

（　　）▲日記を書く。

③ ぺんぎん（　　　）

4 ことばのいみ

——のいみにあうほうに、○をつけましょう。

① 125ページ さるが、じゅういになれる。

ア（　）よく見て　たしかめる。

イ（　）なじんで、したしくなる。

② 126 ようすをさぐる。

ア（　）分からないことを、しらべる。

イ（　）人に聞いて、見つける。

③ 127 くすりのところだけをよける。

ア（　）べつにして、のこす。

イ（　）人に　あげてしまう。

④ 129 いのちにかかわる。

ア（　）ほかのものと入れかわる。

イ（　）つよいつながりが　ある。

⑤ 130 よりよいちりょうをする。

ア（　）もっとよい。

イ（　）同じくらいよい。

ものしりメモ

いのししの子どもは、「うりぼう」とよばれているよ。体にしまもようがあって、そのもようや体の形が、しょくぶつの「しまうり」ににているからなんだ。

読んで考えたことを　話そう

れんしゅうのワーク①

どうぶつ園のじゅうい

教科書　上123～134ページ　答え　12ページ

べんきょうした日　月　日

できるナビ
●ひっしゃが、毎朝するしごとと、そのしごとをするわけについて、読みとろう。

おわったらシールをはろう

文しょうを読んで、こたえましょう。

わたしは、どうぶつ園ではたらいている　じゅういです。わたしのしごとは、どうぶつたちが元気にくらせるように　することです。どうぶつがびょうきやけがを　したときには、ちりょうをします。ある日の　わたしのしごとのことを　書いてみましょう。

朝、わたしのしごとは、どうぶつ園の中を　見回ることからはじまります。なぜかというと、元気なときの　どうぶつのようすを　見ておくと、びょうきになったとき、すぐに気づくことができるからです。また、ふだんから　わたしの顔を見せて、なれてもらうという　大切なりゆうもあります。どうぶつたちは、よく知らない人には、いたいところや　つらいところをかくします。そこで、わたしの顔を　おぼえてもらって、あんしん

1　どうぶつ園ではたらく　じゅういのしごとは、なにをすることですか。

●どうぶつたちが（　　　　）ように　すること。

●どうぶつが（　　　　）を　したときには、（　　　　）をすること。

2　よく出る●　ひっしゃの一日のしごとは、いつ、なにをすることからはじまりますか。

（いつ　　　　）、（なにをする　　　　）こと。

一日のうちのいつか、じかんを　あらわすことばを　さがそう。

3　**2**のしごとをするのは、なぜですか。一つ目のりゆうをこたえましょう。

「また、……りゆうもあります。」は、二つ目のりゆうだね。

ことばのいみプラス
1行　じゅうい…どうぶつの　びょうきやけがをなおす　いしゃ。
4行　ちりょう…びょうきやけがの手当てをして、なおすこと。　11行　ふだん…いつも。

して　見せてくれるようにするのです。毎日、「おはよう。」と言いながら　家の中へ入り、声もおぼえてもらうように　しています。

〈うえだ　みや　「どうぶつ園のじゅうい」による〉

（　　　　　　）ときの　どうぶつのようすを見ておくと、（　　　　　　）とき、すぐに（　　　　　　）が　できるから。

4 どうぶつたちになれてもらうために、ひっしゃは、ふだんから　どうしていますか。（二つに○をつけましょう。）

ア（　）よく知らない人を　見せないようにする。

イ（　）顔を見せて、顔をおぼえてもらう。

ウ（　）どうぶつの家の中で、いっしょにねる。

エ（　）あいさつをして、声をおぼえてもらう。

5 よく出る　ひっしゃが、どうぶつたちになれてもらうのは、なんのためですか。（一つに○をつけましょう。）

ア（　）どうぶつたちが、じゅういと　よく知らない人とを、見分けられるようにするため。

イ（　）どうぶつたちが、いたいところや　つらいところを、あんしんして　見せてくれるようにするため。

ウ（　）どうぶつたちが、あんしんして　どうぶつ園にいられるようにするため。

ものしりメモ　カンガルーのなかまの中で、体の大きさが小さいしゅるいのものを「ワラビー」とよぶんだ。カンガルーのなかまだから、おなかにあるふくろの中で、子どもをそだてるよ。

読んで考えたことを　話そう

れんしゅうのワーク②

どうぶつ園のじゅうい

教科書 上123〜134ページ
答え 12ページ

できるナビ
●ひっしゃが、この日にだけ　したしごとについて、読みとろう。

べんきょうした日　月　日

おわったらシールをはろう

文しょうを読んで、こたえましょう。

見回りがおわるころ、しいくいんさんによばれました。いのししのおなかに　赤ちゃんがいるかどうか、みてほしいというのです。おなかの中のようすをさぐるためには、きかいを　おなかに当てなければなりません。いのししがこわがらないように、しいくいんさんがえさを食べさせ、その間に、そっと当ててみました。まちがいありません。おなかの中に、赤ちゃん

1　ひっしゃは、しいくいんさんによばれて、どんなことをたのまれましたか。

（　　　）に（　　　）がいるかどうか、みてほしいということ。

2　「おなかの中のようすをさぐる」について、こたえましょう。

(1)　どうやって、さぐるのですか。

（　　　）を（　　　）に当てる。

(2)　いのししがこわがらないように、どんなくふうをしましたか。

しいくいんさんが（　　　）、その間にさぐった。

いのししをおとなしくさせておくための　くふうだよ。

ことばのいみ プラス
2行　しいくいん…えさやりやそうじなど、どうぶつのせわをする人。
23行　はさむ…間に入れる。　25行　まぜる…ほかのものを入れて、いっしょにする。

がいました。
　お昼前に、どうぶつ園の中にある　びょういんにもどりました。すると、けがをしたにほんざるがくすりをのまないと、しいくいんさんがこまっていました。にほんざるは、にがいあじが大きらいです。えさの中に　くすりを入れて　のませようとしても、すぐに気づかれました。くすりをこなにして、半分に切ったバナナに　はさんでわたしました。すると、くすりのところだけをよけて、食べてしまいました。こなをはちみつにまぜたら、やっと、いっしょにのみこんでくれました。

〈うえだ　みや　「どうぶつ園のじゅうい」による〉

3　ひっしゃが、どうぶつ園の中にある　びょういんにもどったのは、いつでしたか。

じかんをあらわすことばをさがそう。

（　　　　　　　　）

4　よく出る　にほんざるが、くすりをのまなかったのは、なぜですか。（一つに○をつけましょう。）

ア（　）しいくいんさんが大きらいだから。
イ（　）びょういんが大きらいだから。
ウ（　）にがいあじが大きらいだから。

5　よく出る　にほんざるに、くすりをのませるほうほうについて、つぎのひょうにまとめましょう。

しっぱいしたほうほう	●えさの中に　くすりを入れて　のませる。 ●くすりをこなにして、（❶　　　）に　はさんで、のませる。
せいこうしたほうほう	●くすりをこなにして、（❷　　　）にまぜて　のませる。

ものしりメモ
「にほんざる」は、名前のとおり、日本にすむ　さるだよ。日本で、しぜんの中にすんでいるさるは、「にほんざる」１しゅるいだけなんだ。

きほんのワーク

かたかなのひろば　ことばあそびをしよう

教科書 ㊤135〜137ページ
答え 13ページ

べんきょうした日　月　日

もくひょう
●かたかなのことばを書いて、文の中でつかおう。
●ことばあそびの歌を音読して、ことばあそびの楽しさを見つけよう。

おわったら シールを はろう

かん字れんしゅうノート15ページ

新しいかん字

◀れんしゅうしましょう。

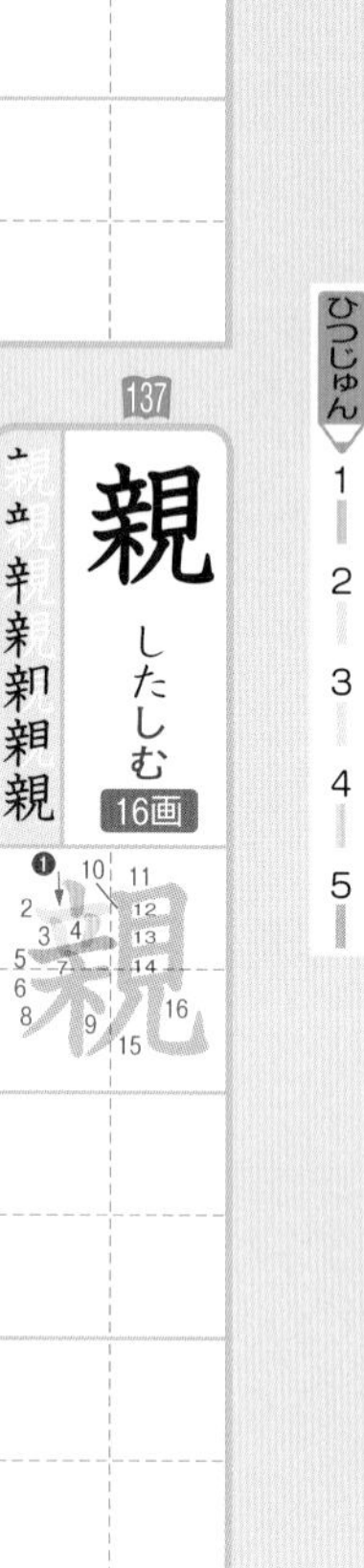

「楽」の上のぶぶんは、まん中の「白」を先に書くよ。

1 かん字の読み　読みがなを書きましょう。

○新しくがくしゅうするかん字
●読み方が新しいかん字

① ことばあそびを○楽しむ。（　　しむ）

② ●数え歌をおぼえる。（　　え）

③ ふるい歌に○親しむ。（　　しむ）

「数え歌」の「数」を、「かず」と読まないようにしよう。

2 かん字の書き　かん字を書きましょう。

① つりを○□（たの）しむ。

② ●□（かぞ）え歌を歌う。

③ かるたに○□（した）しむ。

3 一年生のかん字　かん字を書きましょう。

① 四十七□□（もじ）のひらがな。

② ゆうめいな人をとり□（あ）げる。

4 かたかなのひろば

つぎの絵にあうことばを、かたかなで書き、文をつくりましょう。

かたかなでは、長くのばす音を、「ー」であらわすんだったね。

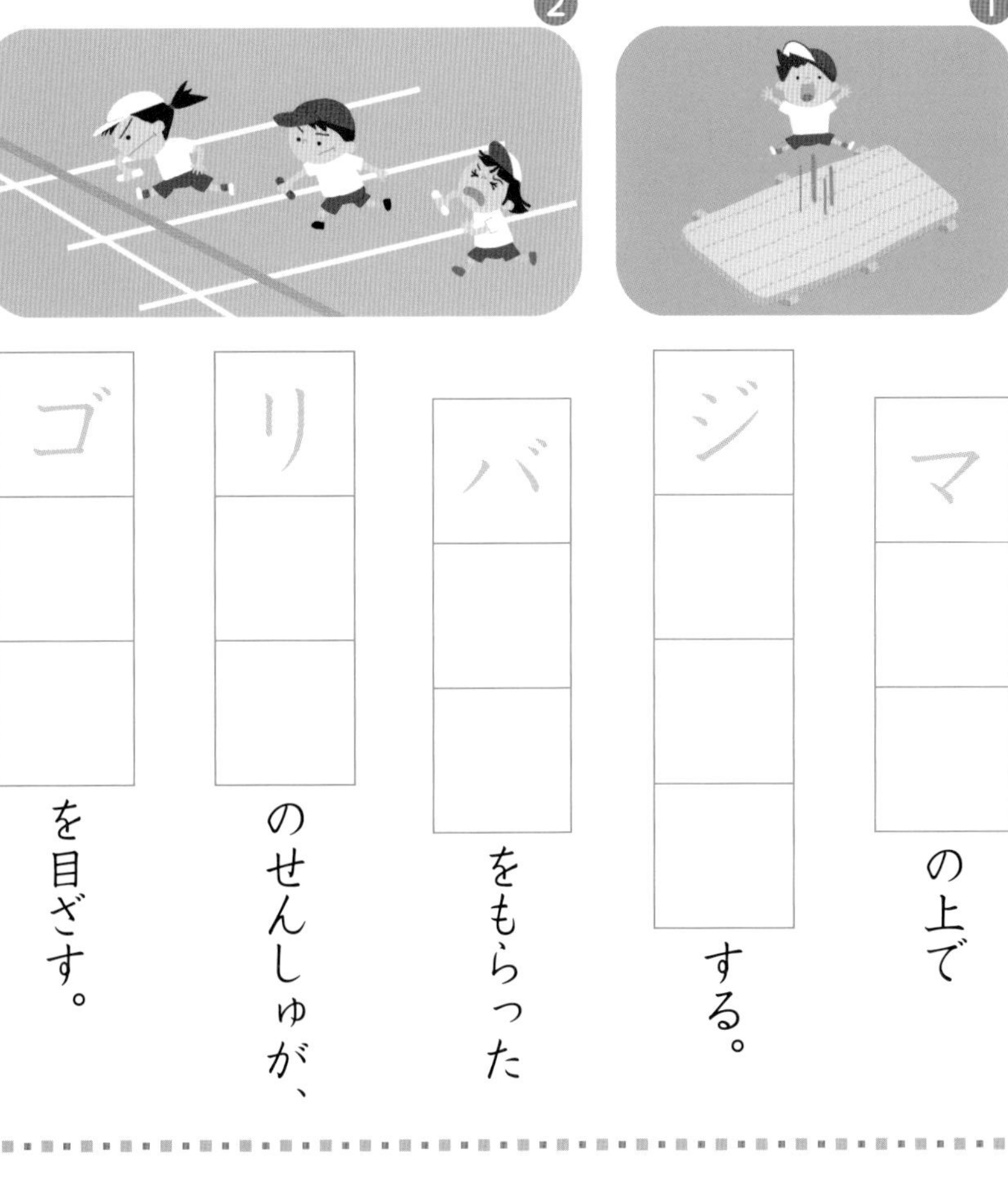

1 マ□□□の上で ジ□□□□する。

2 バ□□□をもらった リ□□□のせんしゅが、ゴ□□□を目ざす。

5 ことばあそびをしよう

つぎの文は、とちゅうで三回、くぎって読みます。くぎるところに、／を書きましょう。

にわとりがにわににわにわいる。

6

「いろは歌」の あいているところに、あうひらがなを書きましょう。

い○□に□□と
ち○ぬ○を
わかよたれそ
つねならむ

○には「ら行」、□には「は行」のひらがなが入るよ。

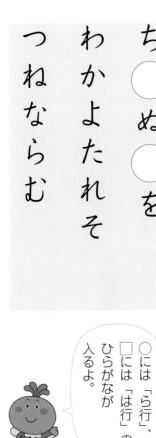

ものしりメモ

「いろは歌」は、むかし、ひらがなのれんしゅうにつかわれたよ。そのはじめの３文字からできたことば「いろは」は、「ものごとのはじめにならうぶぶん」といういみをあらわすんだ。

きほんのワーク

なかまのことばとかん字
かん字のひろば3 一年生でならったかん字

教科書 上138〜140ページ
答え 13ページ

べんきょうした日　月　日

もくひょう
●なかまのことばと、それをあらわすかん字を知ろう。
●なかまのことばやかん字をあつめたり、なかま分けしたりしよう。

おわったらシールをはろう

かん字れんしゅうノート15〜17ページ

新しいかん字

◀れんしゅうしましょう。

教科書ページ

ページ	かん字	読み	画数
138	父	ち　ち	4画
138	母	はは	5画
138	兄	あに	5画
138	弟	おとうと	7画
138	午	ゴ	4画
138	夜	よる	8画
139	科	カ	9画
139	国	コク	8画
139	語	ゴ	14画
139	算	サン	14画
139	活	カツ	9画
139	工	コウ	3画

ひつじゅん 1 2 3 4 5

1 かん字の読み　読みがなを書きましょう。

○新しくがくしゅうするかん字
●読み方が新しいかん字

① 親と出かける。（　）

② 午前と午後の天気。（　）（　）（　）

③ 算数と生活、音楽と図工のじかんがある。（　）（　）（　）（　）（　）（　）

④ 体育がすきだ。（　）

⑤ 小学校でならう教科。（　）（　）

2 かん字の書き　かん字を書きましょう。

① □（ちち）と□（はは）。

② □（あに）と□（おとうと）。

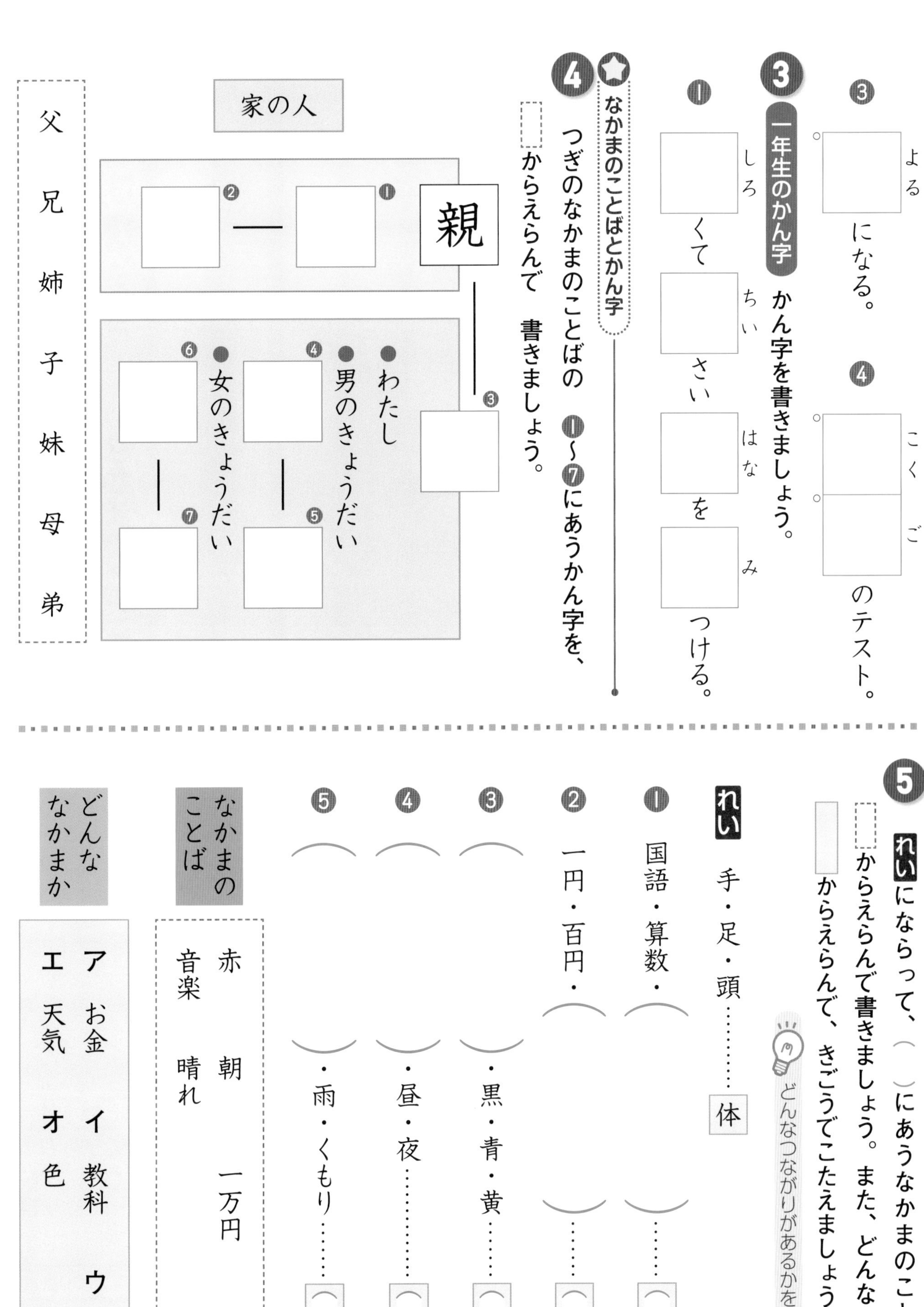

❸ （よる）□になる。

❹ （こくご）□□のテスト。

3 一年生のかん字　かん字を書きましょう。

❶ （しろ）□くて（ちい）□さい（はな）□を（み）□つける。

4 ☆なかまのことばとかん字

つぎのなかまのことばの❶～❼にあうかん字を、□からえらんで書きましょう。

家の人

親 ❶□―❷□

―❸□

●わたし

●男のきょうだい ❹□―❺□

●女のきょうだい ❻□―❼□

父　兄　姉　子　妹　母　弟

5

れいにならって、（　）にあうなかまのことばを、□からえらんで書きましょう。また、どんななかまか、□からえらんで、きごうでこたえましょう。

どんなつながりがあるかを考えよう。

れい　手・足・頭……体

❶ 国語・算数・（　）・（　）……（　）

❷ 一円・百円・（　）・（　）……（　）

❸ （　）・（　）・黒・青・黄……（　）

❹ （　）・（　）・昼・夜……（　）

❺ （　）・（　）・雨・くもり……（　）

なかまのことば

赤　朝　一万円
音楽　晴れ

どんななかまか

ア お金　イ 教科　ウ 一日
エ 天気　オ 色

ものしりメモ

「昼の12時（じ）＝正午」だけど、「午前」と「午後」は、どこでかわる？　12時ちょうどは「午前12時」、12時を1びょうでもすぎると、「午後」になるよ。「午後０時０分（ぷん）1びょう」だ。

まとめのテスト

どうぶつ園のじゅうい
なかまのことばとかん字

教科書 上123〜140ページ　答え 14ページ

じかん20ぷん

とく点　/100点

おわったらシールをはろう

べんきょうした日　月　日

1 文しょうを読んで、こたえましょう。

ア　夕方、しいくいんさんから　電話がかかってきました。ペンギンが、ボールペンを　のみこんでしまったというのです。ペンギンは、水中で魚をつかまえて、丸ごとのむので、えさとまちがえたのでしょう。いのちにかかわる　たいへんなことです。大いそぎでびょういんにはこびました。そして、そっとボールペンをとり出しました。早めに手当てができたので、ペ

2 チャレンジ！ 「いのちにかかわる　たいへんなことです。」から、ひっしゃのどんな気もちが　分かりますか。

（一つに○をつけましょう。）〔10点〕

ア（　）こまった、なおすほうほうが分からない。

イ（　）だいじょうぶ、しばらくようすを見よう。

ウ（　）たいへんだ、すぐに手当てをしなければ。

3 ペンギンは、あすには元気になるだろうと、ひっしゃがひとあんしんしたのは、なぜですか。〔10点〕

（　　　　）ので。

4 よく出る　ひっしゃが日記を書くのは、いつですか。〔10点〕

（　　　　）

5 書いてみよう！　日記には、どんなことを書きますか。二つに分けて書きましょう。一つ10〔20点〕

（　　　　）

（　　　　）

ことばのいみプラス

7行　丸ごと…そのままぜんぶ。　14行　早め…ふつうより、すこし早いこと。

17行　ひとあんしん…いったん　あんしんすること。

ンギンは、あすには元気になるでしょう。ひとあんしんです。

イ 一日のしごとのおわりには、きょうあったできごとや、どうぶつを見て気がついたことを、日記に書きます。毎日、きろくをしておくと、つぎに同じような　びょうきやけがが　あったとき、よりよいちりょうをすることができるのです。

〈うえだ　みや　「どうぶつ園のじゅうい」による〉

1 しいくいんさんから　ひっしゃに、いつ、どんな電話がかかってきましたか。　一つ4〔12点〕

① いつ（　　　　）

② どんな電話

ペンギンが、（　　　　）を（　　　　）しまったという電話。

6 よく出る　日記を書くことは、どう　やくに立ちますか。　一つ4〔8点〕

つぎに同じような（　　　　）が　あったとき、（　　　　）を　することができる。

（　　　　）

7 ひっしゃが毎日するしごとは、ア・イのどちらに書いてありますか。きごうでこたえましょう。　〔12点〕

（　　　　）

2 つぎのなかまのことばを、[　]から二つずつえらんで、かん字に直して書きましょう。　一つ3〔18点〕

① 色……　□・□

② 一日……　□・□

③ 家の人…　□・□

あめ	くろ
ひる	あね
あお	ひゃく
ちち	あさ

ものしりメモ　ペンギンでいちばん体が大きいのは、「コウテイペンギン（エンペラーペンギン）」というしゅるいだよ。体の長さは、100～130センチメートル。小学２年生のみんなと　同じくらいかな。

きほんのワーク

お手紙

教科書 下13〜28ページ
答え 14ページ

べんきょうした日 月 日

もくひょう
●がまくんとかえるくんの間に、どんなことがおこるかに気をつけて、読もう。

おわったら シールを はろう

新しいかん字

◀れんしゅうしましょう。

教科書 13ページ

ページ	かん字	読み	画数	ひつじゅん
13	自	ジ	6画	自 自 白 白 自 自
15	時	ジ とき	10画	時 時 日 日 日 日 時 時 時 時
17	帰	かえる	10画	帰 帰 帰 帰 帰 帰 帰 帰 帰 帰
17	何	なに	7画	何 何 何 何 何 何 何
18	合	あう	6画	合 合 合 合 合 合

ひつじゅん 1 2 3 4 5

かん字れんしゅうノート18ページ

1 かん字の読み 読みがなを書きましょう。

○新しくがくしゅうするかん字
●読み方が新しいかん字

①（　　）自分とくらべる。

②とてもかなしい（　　）時。

③手紙をまつ（　　）時間。

④いそいで（　　）帰る。

⑤紙に（　　）何かを書く。

⑥知り（　　）合いに会う。

⑦（　　）親愛（あい）なる 友だち。

⑧（　　）親友ができる。

「親」には、「親（した）しむ」、「親（おや）」という読み方もあるね。

3 ことばのいみ ——のいみに合うほうに、○をつけましょう。

① 19ページ まつことにあきあきする。

ア（　）あきて、すっかりいやになる。

イ（　）かなしくて、なきたくなる。

② 23 親愛なる おばあさん。

ア（　）大すきで、やさしい。

イ（　）大すきで、なかよしの。

2 かん字の書き　かん字を書きましょう。

① じぶん［　］［　］の家。

② 楽しい　じかん［　］［　］。

③ 家へ　かえ［　］る。

④ なに［　］か食べたい。

⑤ ぼくの知り　あ［　］い。

⑥ しんゆう［　］［　］とあそぶ。

ないようをつかもう！

★ お手紙　お話のじゅんになるように、○に１～５を書きましょう。

教科書 14～25ページ

ウ　ア

エ　イ

オ

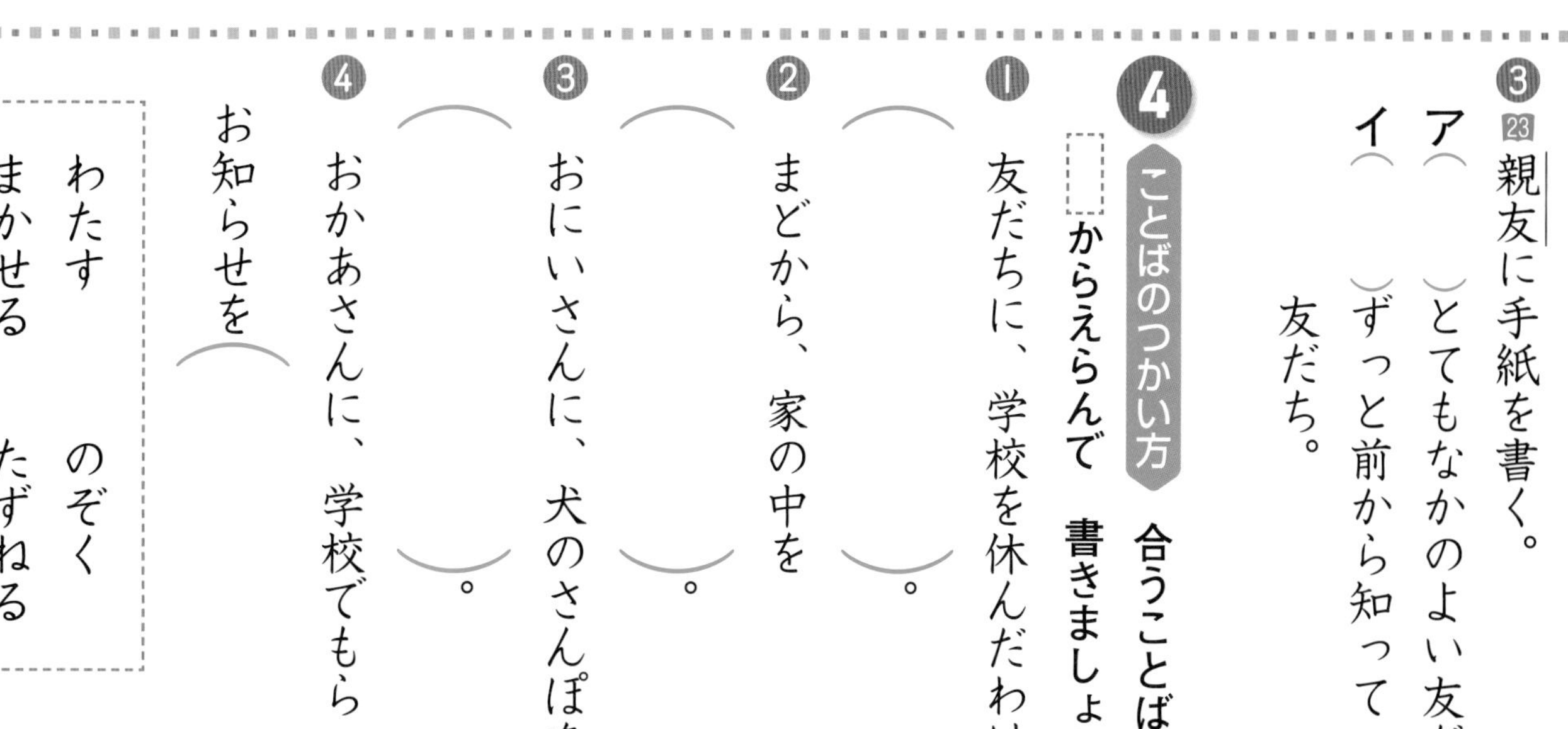

③ 23 親友に手紙を書く。

ア（　　）とてもなかのよい友だち。

イ（　　）ずっと前から知っている友だち。

4 ことばのつかい方　［　］からえらんで　合うことばを、書きましょう。

① 友だちに、学校を休んだわけを（　　　）。

② まどから、家の中を（　　　）。

③ おにいさんに、犬のさんぽを（　　　）。

④ おかあさんに、学校でもらったお知らせを（　　　）。

［ わたす　のぞく　まかせる　たずねる ］

ものしりメモ　「お手紙」は、「ふたりはともだち」という本に、のっているお話だよ。「がまくん」と「かえるくん」がとうじょうするお話のシリーズの一つなんだ。

れんしゅうのワーク①

お手紙

できるナビ
がまくんとかえるくんの会話やようすに気をつけて、ふたりのしたことや気もちを　読みとろう。

べんきょうした日　月　日

おわったら シールを はろう

文しょうを読んで、こたえましょう。


がまくんは、げんかんの前に　すわっていました。

かえるくんがやって来て、言いました。

「どうしたんだい、がまがえるくん。きみ、かなしそうだね。」

「うん、そうなんだ。」

がまくんが言いました。

「今、一日のうちの　かなしい時なんだ。つまり、お手紙をまつ時間なんだ。そうなると、いつもぼく、とても　ふしあわせな気もちに　なるんだよ。」

「そりゃ、どういうわけ。」

かえるくんがたずねました。

「だって、ぼく、お手紙もらったこと　ないんだもの。」

がまくんが言いました。

1 がまくんは、どこにすわっていましたか。

「どこに」ときかれたときは、「……に」とばしょが書いてあるところにちゅうもくしよう。

がまくんの家の（　　　　）。

2 がまくんのところへやって来たのは、だれですか。

（　　　　）

3 よく出る 「どうしたんだい、がまがえるくん。」とありますが、このことばには、どんな気もちがこもっていますか。（一つに○をつけましょう。）

「かなしそう」ながまくんを見て、かえるくんはしんぱいしているよ。


ア（　）がまくん、びっくりするかなあ。

イ（　）がまくん、だいじょうぶかなあ。

ウ（　）がまくん、よろこんでくれるかなあ。

ことばのいみ プラス
9行　ふしあわせ…しあわせではないこと。　24行　気分…気もち。
25行　こしを下ろす…すわる。

「いちどもかい。」

かえるくんがたずねました。

「ああ。いちども。」

がまくんが言いました。

「だれも、ぼくに　お手紙なんか　くれたことがないんだ。毎日、ぼくのゆうびんうけは、空っぽさ。お手紙を　まっているときが　かなしいのは、そのためなのさ。」

ふたりとも、かなしい気分で、げんかんの前にこしを下ろしていました。

〈アーノルド＝ローベル　さく／みき　たく　やく「お手紙」による〉

4　「今、一日のうちの　かなしい時なんだ。」について　こたえましょう。

(1)　一日のうちで、がまくんがかなしいのは、どんな時間ですか。

（　　　　）を（　　　　）時間。

(2)　**よく出る●**　がまくんがかなしいのは、なぜですか。

「だって」と、がまくんは「かなしい」わけをこたえているね。

だれからも、（　　　　）も
手紙を（　　　　）ことがないから。

5　がまくんの話を聞いて、かえるくんはどんな気分になりましたか。

□□□□気分。

がまくんの話を聞いた
かえるくんも、がまくんと
同じ気分になったんだね。

ものしりメモ　アーノルド＝ローベルさんは、どうぶつが出てくるお話を　たくさん書いているよ。「どろんここぶた」「ふくろうくん」「きりぎりすくん」「ルシールはうま」など、読んでみよう。

れんしゅうのワーク②

お手紙

できるナビ
かえるくんのしたことを読みとって、その時の気もちを思いうかべよう。

べんきょうした日　月　日

おわったらシールをはろう

文しょうを読んで、こたえましょう。


「ああ。いちども。」

がまくんが言いました。

「だれも、ぼくに　お手紙なんか　くれたことがないんだ。毎日、ぼくのゆうびんうけは、空っぽさ。お手紙を　まっているときが　かなしいのは、そのためなのさ。」

ふたりとも、かなしい気分で、げんかんの前にこしを下ろしていました。

すると、かえるくんが言いました。

「ぼく、もう家へ帰らなくっちゃ、がまくん。しなくちゃいけないことが　あるんだ。」

かえるくんは、大いそぎで家へ帰りました。えんぴつと紙を見つけました。紙に何か書きました。紙をふうとうに入れました。ふうとうに　こう書きました。

2 「しなくちゃいけないことが　あるんだ。」についてこたえましょう。

(1) 「しなくちゃいけないことが　あるんだ。」と言ったときのかえるくんは、どんなようすでしたか。（一つに○をつけましょう。）

ア（　）こころをきめて、はりきっているようす。

イ（　）こまったなと、いやがっているようす。

ウ（　）どうしようか、まよっているようす。

(2) よく出る 「しなくちゃいけないこと」とは、どんなことですか。

「えんぴつと紙を見つけました。」から「がまがえるくんへ」までが、かえるくんが家へ帰ってしたことだよ。

家へ帰って、（だれ　　　）へ（何　　　）を書いて、出すこと。

ことばのいみプラス
12行 大いそぎで…とても　いそいで。　14行 ふうとう…手紙などを入れる紙のふくろ。
24行 まかせる…人にたのんで、やってもらう。

「がまがえるくんへ」

かえるくんは、家からとび出しました。知り合いのかたつむりくんに会いました。

「かたつむりくん。」

かえるくんが言いました。

「おねがいだけど、このお手紙を　がまくんの家へ　もっていって、ゆうびんうけに　入れてきてくれないかい。」

「まかせてくれよ。」

かたつむりくんが言いました。

「すぐやるぜ。」

〈アーノルド＝ローベル　さく／みき　たく　やく「お手紙」による〉

1 よく出る 「毎日、ぼくのゆうびんうけは、空っぽさ。」とありますが、それはなぜですか。

だれも、がまくんに［　　　］を［　　　］ことがないから。

かえるくんは、何をするつもりなのかをがまくんに言わないんだね。

3 かえるくんは、かたつむりくんに、どんなことをたのみましたか。

（　　　）を（　　　）の（　　　）に　入れてくること。

4 かたつむりくんのことばを文しょうから二つさがして、――をひきましょう。

かえるくんのおねがいごとを、気もちよく聞き入れていることばをさがそう。

5 **4**のかたつむりくんのことばから、どのような気もちが分かりますか。

ア（　）ほんとうはじしんがない。

イ（　）すこしめんどうくさい。

ウ（　）とてもはりきっている。

ものしりメモ 「お手紙」を日本語にやくした　みき　たくさんは、自分でもお話を書いているんだ。くまの親子のお話「えいっ」や、小学２年生の男の子のお話「イトウくん」などがあるよ。

きほんのワーク

主語と述語に 気をつけよう

教科書 下29〜30ページ

答え 15ページ

もくひょう
●主語と述語が どう つながっているかに 気を つけて、文を読んだり書 いたりしよう。

おわったら シールを はろう

べんきょうした日 月 日

かん字れんしゅうノート19ページ

新しいかん字

◀れんしゅうしましょう。

ひつじゅん 1 2 3 4 5

里 さと	週 シュウ	番 バン
一口日甲里里	ﾉ月月月周调週週	一ﾛﾛ平来番番番
7画	11画	12画

画 ガ	用 ヨウ	角 カク
一ﾛ币而而画画画	ﾉ刀月月用	ﾉ ﾉ ﾉ 角角角角
8画	5画	7画

交 コウ	明 あかるい	星 ほし
一六六亠交交	一ﾛﾛ日日明明明	一ﾛﾛ日尸尸尸早星
6画	8画	9画

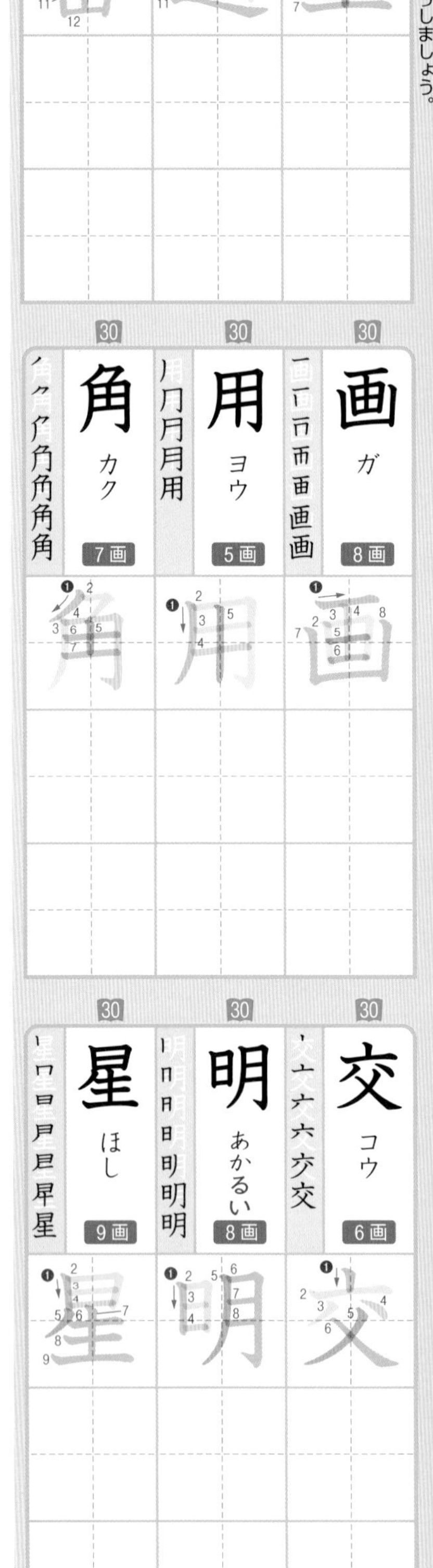

1 かん字の読み

読みがなを書きましょう。

○新しくがくしゅうするかん字
●読み方が新しいかん字

① 述語の「何だ」。

② ぼくが今週の当番だ。

③ 画用紙をおる。

④ 三角の形。

⑤ 交通あんぜんの話。

⑥ 風車をもつ。

⑦ 明るく光る星。

2 かん字の書き　かん字を書きましょう。

1 □（さと）いもを食べる。

3 つぎの文の〰〰の述語は、何に当たることばですか。□からえらんで、きごうでこたえましょう。

1 子ねこは　元気だ。（　）
2 ほんださんが　わらう。（　）
3 おにいさんは　三年生だ。（　）

ア　どうする
イ　どんなだ
ウ　何だ

「新しい」「きれいだ」などのようすをあらわすことばが、「どんなだ」に当たるよ。

4 れいにならって、つぎの文の主語（しゅ）には──を、述語には〰〰をひきましょう。

れい　わたしが　手紙を　書く。
1 先生が　ぼくの　名前を　よぶ。
2 外は　とても　しずかだ。
3 それは　ぼくの　本だ。

5 れいにならって、□から主語をえらんで、絵に合う1・2の形の文をつくりましょう。

れい　だれ（何）が（は）―どうする
（男の人がはしる。）

1 だれ（何）が（は）―どうする
（　）

2 だれ（何）が（は）―どんなだ
（　）

空
花
犬
からす
男の子
女の子
男の人
ぼうし
たいよう

ものしりメモ　「犬をなでる。」は、今のことをあらわしているね。きのうのことをあらわすなら、「犬をなでた。」となり、述語（じゅつご）の形がかわることに気をつけよう。

きほんのワーク

かん字の読み方
きせつのことば3　秋がいっぱい

教科書　下31〜35ページ
答え　16ページ

べんきょうした日　月　日

もくひょう
●同じかん字でもちがう読み方があることを知り、正しく読み分けよう。
●秋をかんじることばをあつめてみよう。

おわったらシールをはろう

かん字れんしゅうノート20〜22ページ

新しいかん字

◀れんしゅうしましょう。

教科書ページ

ページ	かん字	読み	画数	ひつじゅん
32	東	トウ	8画	一 丨 冂 日 申 東 東 東
32	京	キョウ	8画	京 京 京 京 京 京 京 京
32	古	ふるい	5画	古 古 古 古 古
32	寺	てら	6画	寺 寺 寺 寺 寺 寺
32	西	にし	6画	一 丆 西 两 西 西
33	止	とまる	4画	丨 卜 止 止
32	道	みち	12画	道 道 道 道 首 首 道 道
32	野	の	11画	野 野 甲 里 野 野 野
32	原	はら	10画	原 原 厂 厂 原 原 原 原
32	台	ダイ	5画	台 台 台 台 台
33	船	ふね	11画	船 舟 舟 舟 舡 船 船
33	米	こめ	6画	米 米 半 米 米
34	秋	あき	9画	秋 秋 千 禾 秋 秋 秋

「野」のさいごに書く「予」は、まっすぐ下ろした後に、しっかりはねよう。

1 かん字の読み　読みがなを書きましょう。

○新しくがくしゅうするかん字
●読み方が新しいかん字

❶ 東京にすむ。（　　）

❷ 金魚ばちをおく。（　　）

❸ 空きばこをすてる。（　き）

❹ 古いお寺がある。（　い）（　）

❺ 西日がさす。（　　）

❻ 夜が明ける。（　ける）

⑦ 下山する。（　　）

⑧ 車が止まる。（　　まる）

⑨ さか道を下る。（　　）（　　）

⑩ ふみ台にのる。（　　）（　　）

⑪ 新しい船。（　　）

⑫ お米を買う。（　　）

2 かん字の書き　かん字を書きましょう。

① さか［みち］がつづく。

② ［のはら］

③ 大きな［ふね］。

④ ［あき］になる。

3 ☆かん字の読み方　――のかん字の読み方を書きましょう。

①
- 山のちょう上。（　　）
- 川上でおよぐ。（　　）
- 二かいに上がる。（　　がる）
- 石だんを上る。（　　る）

②
- さかを下る。（　　）
- 川下へながれる。（　　）
- ねだんを下げる。（　　げる）
- 一かいに下りる。（　　りる）

4 ――のかん字の読み方を書きましょう。

① むこうの山は、火山だ。（　　）（　　）

② 金魚ぐらいの大きさの魚。（　　）（　　）

③ 木の下で、にもつを下ろす。（　　）（　　ろす）

5 ☆きせつのことば3　秋がいっぱい
①～③に合うものを、下の絵からすべてさがして、名前を書きましょう。

① 秋をかんじる草花（　　）

② 秋をかんじる食べもの（　　）

③ 秋をかんじる虫（　　）

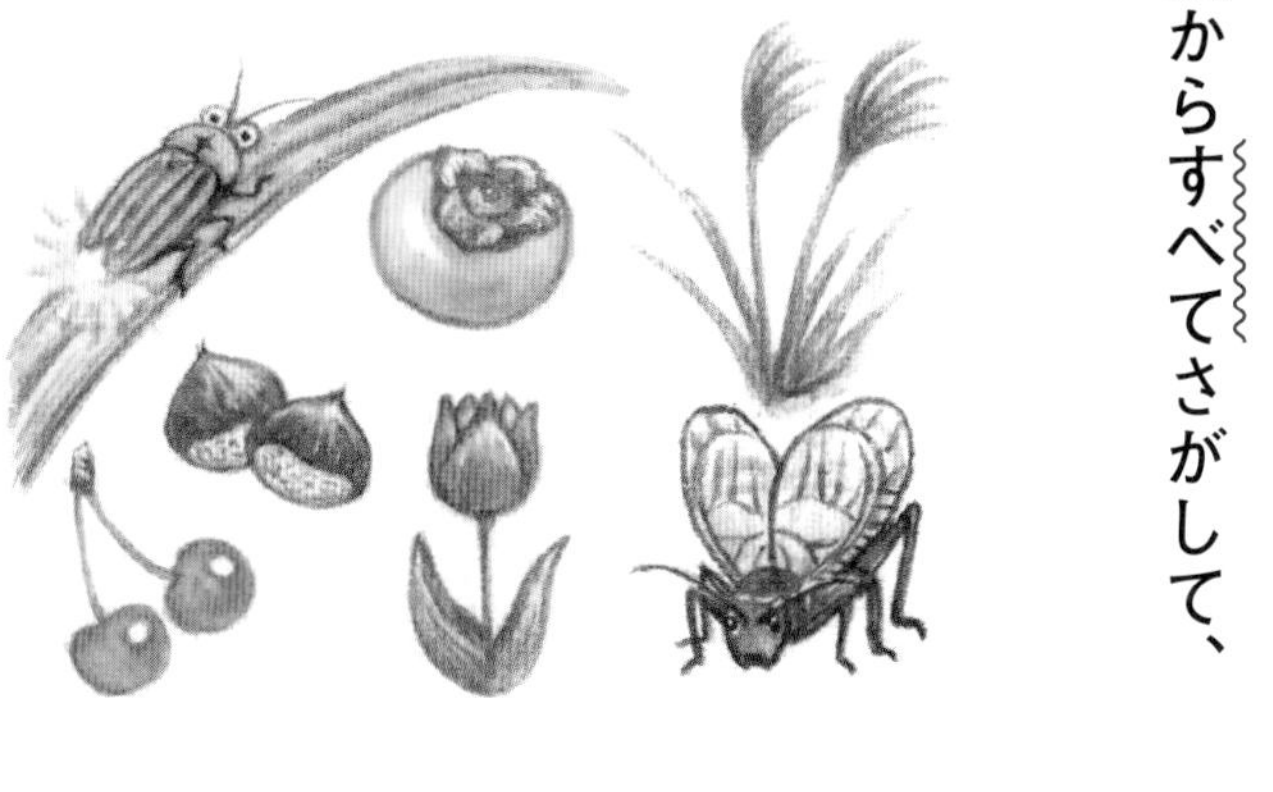

③は、「リーンリン」というなき声を出す虫だよ。

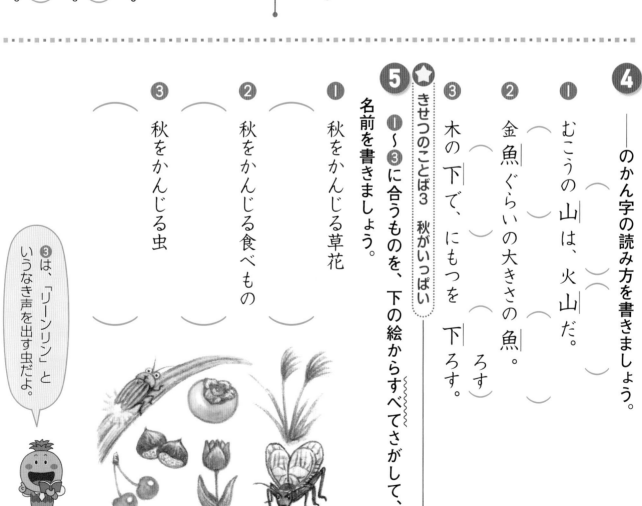

ものしりメモ　秋になると、色が赤や黄色にかわる木のはがあるよね。山などに出かけて、そのけしきを見て楽しむことを、「もみじがり」というよ。

まとめのテスト

お手紙
かん字の読み方

教科書 ㊦13～35ページ　答え 16ページ

時間 20分　とく点 /100点

おわったら シールを はろう

べんきょうした日　月　日

1 文しょうを読んで、こたえましょう。

「かえるくん、どうして、きみ、ずっと　まどの外を　見ているの。」

がまくんがたずねました。

「だって、今、ぼく、お手紙をまっているんだもの。」

かえるくんが言いました。

「でも、来(き)やしないよ。」

がまくんが言いました。

「きっと来るよ。」

かえるくんが言いました。

「だって、ぼくが、きみに　お手紙出したんだもの。」

「きみが。」

がまくんが言いました。

「お手紙に、なんて書いたの。」

かえるくんが言いました。

「ぼくは、こう書いたんだ。『親愛(あい)なる　がまが

---

1 よく出る 「きっと来るよ。」とありますが、かえるくんがこう言ったのは、なぜですか。　一つ5〔15点〕

自分が［　　　　］に［　　　　］を［　　　　］から。

2 「お手紙」の中の「ぼく」と「きみ」は、それぞれだれのことですか。　一つ10〔20点〕

ぼく（　　　　）

きみ（　　　　）

3 よく出る 「ああ。」から、がまくんのどんな気もちが分かりますか。（一つに○をつけましょう。）〔10点〕

ア（　）聞かなければよかったなあ。

イ（　）なんだか　むずかしいお手紙だなあ。

ウ（　）とても　いいお手紙だなあ。

ことばのいみ プラス　6行 来(き)やしない…ぜったいに来ない。

えるくん。ぼくは、きみが　ぼくの親友であることを、うれしく思っています。きみの親友、かえる。』」

「ああ。」

がまくんが言いました。

「とても　いいお手紙だ。」

それから、ふたりは、げんかんに出て、お手紙の来るのを　まっていました。

ふたりとも、とても　しあわせな気もちで、そこにすわっていました。

長いこと　まっていました。

四日たって、かたつむりくんが、がまくんの家につきました。

そして、かえるくんからのお手紙を、がまくんにわたしました。

お手紙をもらって、がまくんは、とてもよろこびました。

〈アーノルド＝ローベル　さく／みき たく　やく「お手紙」による〉

4 げんかんに出て、手紙が来るのを　まっていたふたりは、どんな気もちでしたか。〔10点〕

（　　　　）な気もち。

5 手紙が来たのは、どのくらいたってからですか。〔10点〕

（　　　　）たってから。

チャレンジ!

6 かえるくんとがまくんは、どんな友だちですか。かん字二字で書きましょう。〔15点〕

□□

2 ——のかん字の読み方を書きましょう。一つ5〔20点〕

① 入り口をさがして、中に入る。

（　　り）（　　る）

② つのが生えている生きもの。

（　　えて）（　　き）

ものしりメモ

「生」は、たくさんの読み方のあるかん字だよ。小学校では「セイ・ショウ・いきる・いかす・いける・うまれる・うむ・はえる・はやす・なま」の、10とおりの読み方をならうよ。

きほんのワーク

そうだんにのってください

教科書 下36〜40ページ
答え 17ページ

べんきょうした日　月　日

もくひょう
●友だちと自分の考えをくらべよう。
●自分の考えを言ったり友だちにしつもんしたりして、話をつなげよう。

おわったらシールをはろう

かん字れんしゅうノート22ページ

1 かん字の読み　読みがなを書きましょう。

① パンを作る。
② 理由を言う。

○新しくがくしゅうするかん字

2 かん字の書き　かん字を書きましょう。

① 文を［つく］る。
② ［り］由をきく。

3 つぎのグループの話し合いを読んで、こたえましょう。

にしさん　こんど、町たんけんでパンやさんに行きますが、何をきいたらいいでしょうか。そうだんにのってください。

たむらさん　ぼくは、パンやさんが、朝何時からはたらいているかを　きくのがいいと思います。

1 この「話し合い」で、みんなにそうだんをしている人は、だれですか。

（　　　　）さん

2 「どうしてかというと」とありますが、たむらさんがこのような言い方をしているのは、なぜですか。

（一つに○をつけましょう。）

わださん　それは、どうしてですか。

たむらさん　どうしてかというと、いつも朝早く、パンがお店にならんでいるので、パンやさんは何時からはたらいているのか、ずっと知りたいと思っていたからです。

わださん　きくのは、はたらきはじめる時間だけでよいでしょうか。

たむらさん　何時まではたらいているのかも、きこうと思います。そのほうが、パンやさんの一日のしごとがよく分かりそうですね。

すずきさん　たむらさんとわださんの話につけ足します。はたらいている時間と、パンやさんになろうと思ったわけも　きいたらいいと思います。

こやまさん　いいですね。パンやさんがどんなことを思いながら、パンを作っているかが　分かるかもしれません。

にしさん　みんな、わたしのそうだんにのってくれてありがとうございました。だんだん考えがまとまってきました。

ア（　）わださんと同じ考えだと話すため。
イ（　）わださんにしつもんをするため。
ウ（　）自分の考えの理由を話すため。

たむらさんは、この言い方のおわりのほうで、「思っていたからです」と言っているよ。

3　この「話し合い」で、つぎのようにして、話をつなげている人は、だれですか。

❶ ほかの人の言ったことにしつもんをしている。

（　　　　）さん

❷ ほかの人の言ったことに、自分の考えをつけくわえている。

（　　　　）さん

4　どんな点に気をつけて、話し合いをするとよいですか。

ア（　）人の話をよく聞いて、自分の考えも言う。
イ（　）人にきかれたときだけ、自分の考えを言う。
ウ（　）自分の考えは、何回もくりかえして言う。

ものしりメモ

パンは、こむぎこ、バターやたまごなどのざいりょうをまぜた後、それを休ませてから、パンのもとになる形を作り、さいごにやきあげてしあげるよ。作るのに、とても時間がかかるんだ。

せつめいのしかたに　気をつけて読み、それをいかして書こう

きほんのワーク

紙コップ花火の作り方
おもちゃの作り方をせつめいしよう　ほか

教科書 下41～53ページ

答え 17ページ

べんきょうした日　月　日

もくひょう
だいじなことばや文をさがしながら読もう。
しゃしんが、どのことばや文をあらわしているかを考えよう。

おわったら シールを はろう

かん字れんしゅうノート22～23ページ

新しいかん字

▼れんしゅうしましょう。

ひつじゅん 1 2 3 4 5

教科書 43ページ　少（すこし・すくない）4画

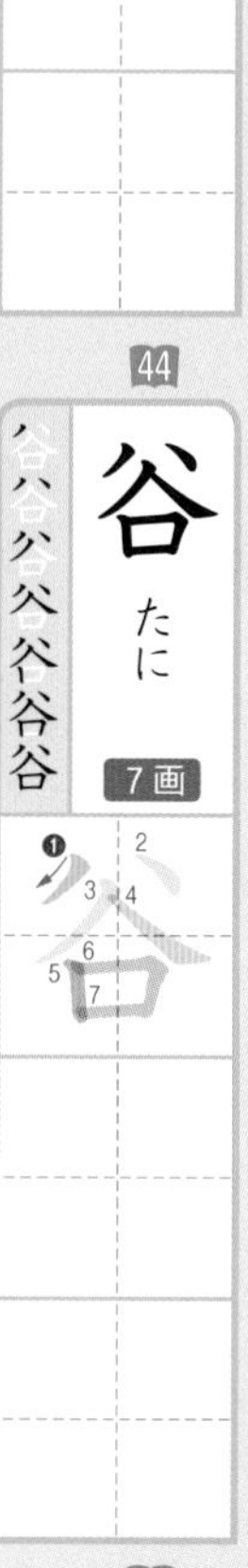
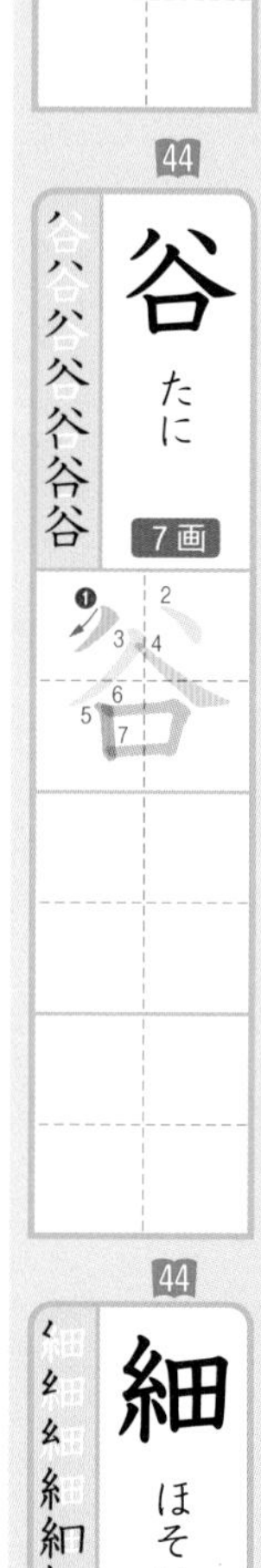

44　谷（たに）7画

44　細（ほそい）11画

○ 新しくがくしゅうするかん字
● 読み方が新しいかん字

1 かん字の読み　読みがなを書きましょう。

① 細い長方形になる。（　　）（　　）

② 紙コップの内がわ。（　　）

③ 黒板に新聞をはる。（ばん）（　　）（　　）

④ 人数が少ない。（　　ない）

2 かん字の書き　かん字を書きましょう。

① □（すこ）し大きい。

② □（たに）おりにする。

③ はばが□（ほそ）い。

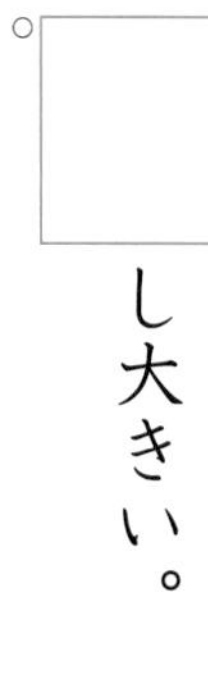

「谷」の「合」を、「合」と書かないように気をつけよう。

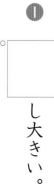

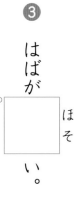

4 ことばのいみ　――のいみに合うほうに、○をつけましょう。

① 44ページ 切った紙を、手前からおる。

ア（　）自分に近いほう。

イ（　）自分からとおいほう。

★ にたいみのことば、はんたいのいみのことば

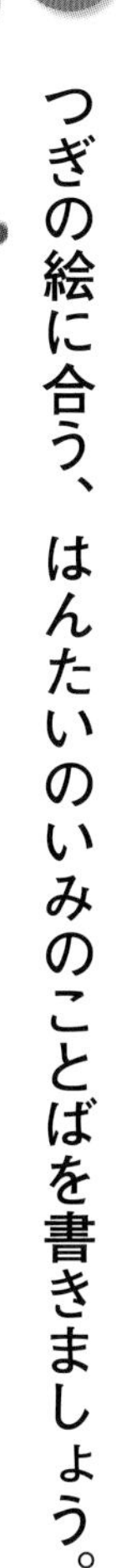

3 つぎの絵に合う、はんたいのいみのことばを書きましょう。

1 くつ下を（　　　）。⇔ くつ下を **ぬぐ**。

2 かめは、足が **おそい**。⇔ うさぎは、足が（　　　）。

ないようをつかもう！

★ 紙コップ花火の作り方

紙コップ花火の作り方のじゅんになるように、○に1～4を書きましょう。

教科書 42～45ページ

○ ○ ○ ○

山おり　谷おり　1cm

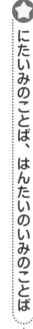

2 44 谷おり、山おりのじゅんに、おっていく。

ア（　）おった線が、外がわになるようにおること。

イ（　）おった線が、内がわになるようにおること。

5 ことばのつかい方　合うことばを、□からえらんで書きましょう。

1 紙のかさなるところを、のりで（　　　）。

2 二まいの紙で、わりばしを（　　　）。

3 紙にえんぴつをさして、あなを（　　　）。

空ける　入れる
はさむ　つける

ものしりメモ　はんたいのいみのことばは、一つとはかぎらないよ。たとえば、「高い」ということばは、「（ねだんが）高い」なら「やすい」、「（山が）高い」なら「ひくい」がはんたいのいみのことばだね。

れんしゅうのワーク

紙コップ花火の作り方

おもちゃの作り方をせつめいしよう

教科書 下41～53ページ

答え 18ページ

べんきょうした日 月 日

できるナビ
じゅんじょが分かることばやしゃしんに目をむけて、せつめいのくふうを見つけよう。

おわったらシールをはろう

1 文しょうを読んで、こたえましょう。

まず、花火のぶぶんになる紙をじゅんびします。紙をよこむきにおいて、色えんぴつで、いろいろな線やもようをかきましょう。たくさんの色をつかうと、きれいな花火になります。かきおわったら、紙を半分に切り分けましょう。

つぎに、花火のぶぶんを作ります。半分に切った紙を、一センチメートルのはばで、手前からおります。このとき、谷おり、山おりのじゅんに、くりかえしておりましょう。はばが細すぎると、花火がう

①

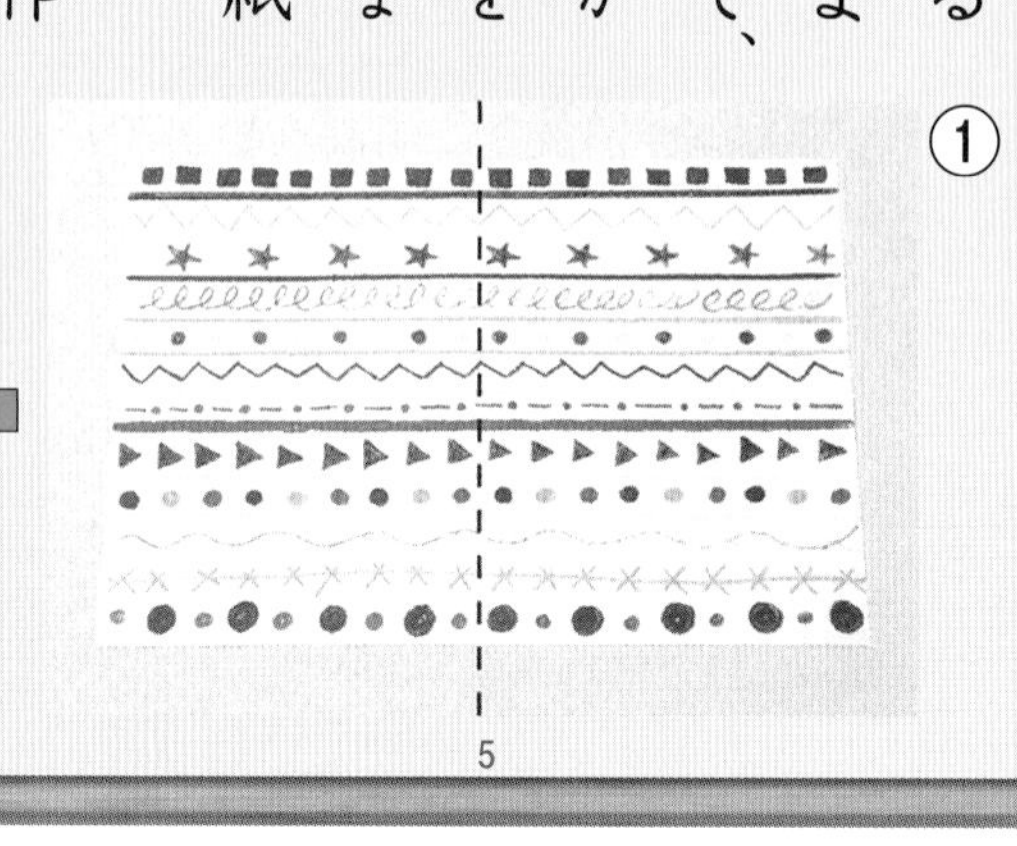

②

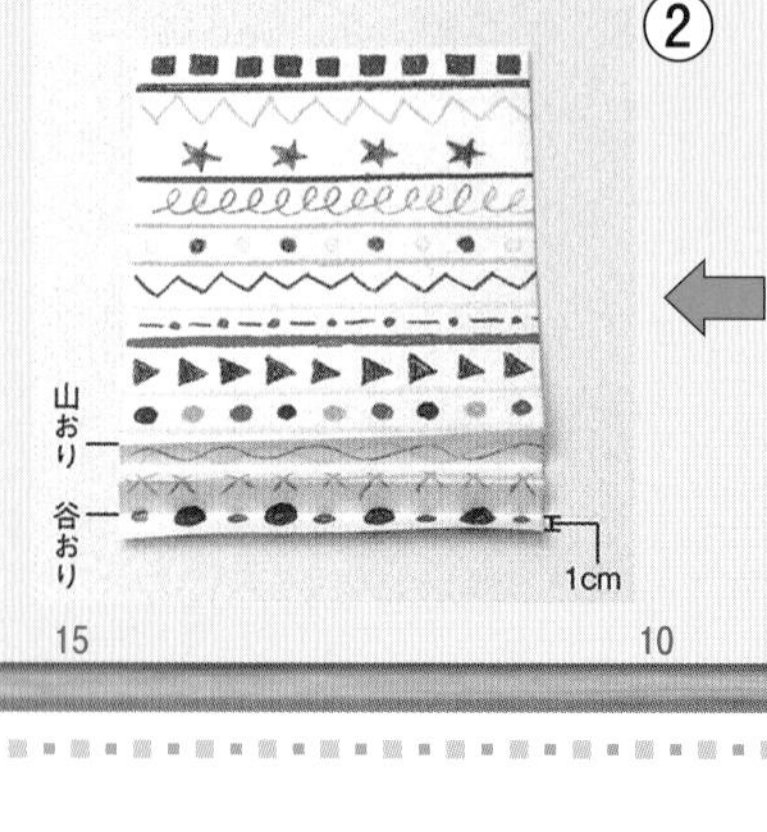

1 いちばんはじめにすることを、せつめいするときにつかうのは、どんなことばですか。（一つに○をつけましょう。）

ア（　）さいごに
イ（　）まず
ウ（　）つぎに

「はじめに」と同じようないみをあらわすことばだよ。

2 よく出る ①のしゃしんの黒い点線は、どんなことをあらわしていますか。

ア（　）紙の半分にあなを空けること。
イ（　）紙を半分になるようにおること。
ウ（　）紙を半分に切り分けること。

線やもようをかきおわった後にすることだよ。

3 「一センチメートルのはばで、手前からおります」とありますが、どのようにおるのですか。

谷おり、（　　　　）の（　　　　）に、くりかえしておる。

ことばのいみプラス
2行 よこむき…長いほうがよこにたいらになるむき。11行 はば…よこのはしからはしまで。
13行 山おり…おった線が外がわになるようにおること。

まくひらかないので、気をつけましょう。さいごまでおると、細い長方形になります。

〈まるばやし　さわこ「紙コップ花火の作り方」による〉

4 紙をさいごまでおると、何になりますか。

□□□□□

②のしゃしんを見ながら文しょうを読むと、紙のおり方が分かりやすいね。

2 けん玉の作り方についての文しょうを読んで、こたえましょう。

まず、毛糸のはしを、まつぼっくりにまきつけます。そして、とれないように、きつくむすびます。

□、毛糸のはんたいがわのはしを、ガムテープで、紙コップのそこにつけます。

それから、その毛糸をはさむようにして、もう一つの紙コップをのせます。コップのそことそこをぴったり合わせて、ガムテープでしっかりとめます。

紙コップに、カラーペンできれいなもようをつけて、できあがりです。

〈「おもちゃの作り方をせつめいしよう」による〉

1 □に合うことばは、どれですか。

「二番目に」と同じようないみをあらわすことばだよ。

ア（　）さいしょに

イ（　）つぎに

ウ（　）おわりに

2 よく出る● 作り方のじゅんになるように、○に1〜3を書きましょう。

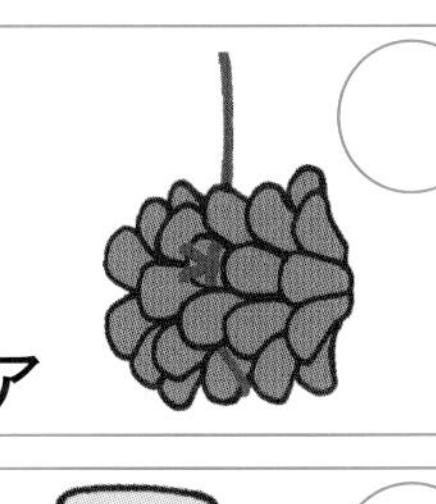
ア ○

イ ○

ウ ○

3 作り方のせつめいがおわることを、どんなことばであらわしていますか。

□□□□□□□

ものしりメモ

まつぼっくりのかさ（一まい一まいひらくぶぶん）の間には、たねが入っているよ。たねには、はねのようなものが　ついていて、たんぽぽのわた毛みたいに風でとんでいくよ。

まとめのテスト

紙コップ花火の作り方
にたいみのことば、はんたいのいみのことば

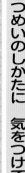

教科書 ㊦41～53ページ　答え 18ページ

時間 20分　とく点 /100点　おわったらシールをはろう

べんきょうした日　月　日

1 文しょうを読んで、こたえましょう。

〈作り方〉

［1］、花火のぶぶんになる　紙をじゅんびします。紙をよこむきにおいて、色えんぴつで、いろいろな線やもようを　かきましょう。たくさんの色をつかうと、きれいな花火になります。かきおわったら、紙を半分に切り分けましょう。

［2］、花火のぶぶんを作ります。半分に切った紙を、一センチメートルのはばで、手前からおります。このとき、谷おり、山おりのじゅんに、くりかえしておりましょう。はばが細すぎると、花火がうまくひらかないので、気をつけましょう。さいごまでおると、細い長方形になります。それを、長さが半分になるように　おり

③

④

1 よく出る ――（［1］～［3］）に合うことばを、・――・でむすびましょう。 一つ10〔30点〕

［1］・　　・つぎに

［2］・　　・まず

［3］・　　・または

　　　　　・さいごに

2 よく出る 「はばが細すぎると、花火がうまくひらかない」とありますが、どのぐらいの「はば」でおるとよいのですか。〔10点〕

（　　　　　）のはばでおる。

3 「それを、長さが半分になるように　おります。」とありますが、何を半分になるようにおるのですか。〔10点〕

［　］［　］［　］［　］［　］の紙。

ことばのいみ プラス

7行 ぶぶん…ぜんたいを作っているものの一つ一つ。

22行 さかさま…上と下がはんたいになっていること。

ます。かさなるところを、のりでつけて、しゃしん④のような形にしましょう。もう一まいの紙も、同じ形にします。二つできたら、わりばしの　太いほうの先に、のりでつけます。わりばしをはさむようにして、つけましょう。

　それから、花火のぶぶんを、紙コップに入れます。紙コップをさかさまにおき、まん中にえんぴつをさして、あなを空けます。そのあなに、わりばしの細いほうを、紙コップの内がわからさしこみます。

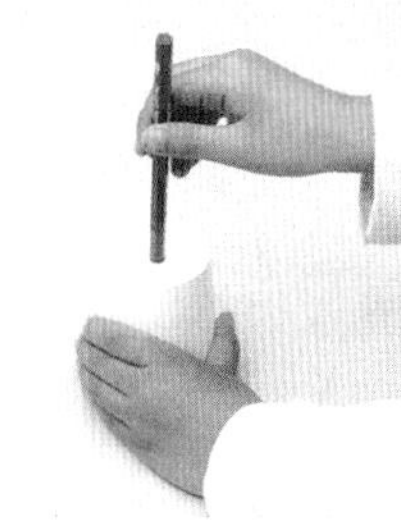

　［３］、花火のぶぶんと紙コップを　くっつけます。セロハンテープで、花火のぶぶんのはしを紙コップの外がわにとめます。はしの一まいだけを　とめるようにしましょう。

　これで、紙コップ花火のできあがりです。

〈楽しみ方〉

　紙コップをもって、わりばしを上におすと、花火がひらき、下に引くと、花火がとじます。

〈まるばやし　さわこ「紙コップ花火の作り方」による〉

チャレンジ！

4　「わりばしをはさむようにして」とありますが、これに合う絵は、どちらですか。（一つに○をつけましょう。）〔15点〕

ア
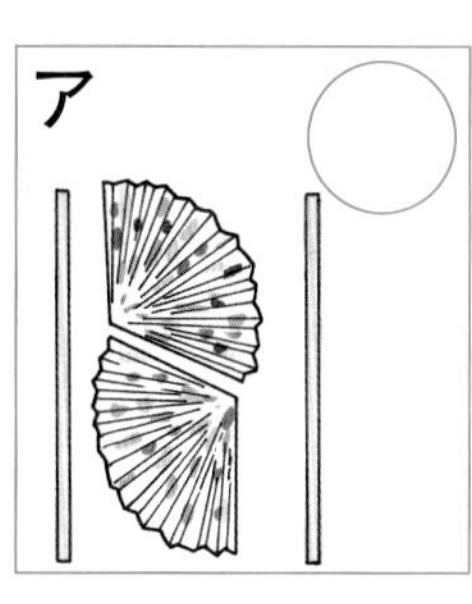

イ
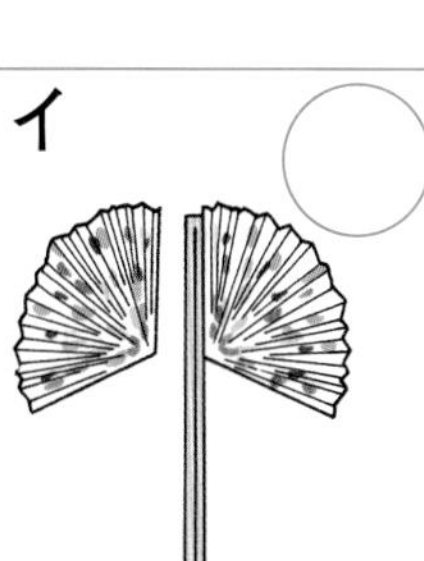

5　「セロハンテープで、花火のぶぶんのはしを　紙コップの外がわにとめます。」とありますが、どのようにとめますか。〔15点〕

（　　　　）

2　——のことばと　にたいみのことばを、［　］からえらんで書きましょう。一つ10〔20点〕

①　りっぱな家ができた。（　　　）

②　思いやりのある人だ。（　　　）

［小さな　やさしい　かわいい　みごとな］

ものしりメモ　紙コップのはじまりは、1900年だいはじめのアメリカといわれているよ。日本では、1964年の東京オリンピックで、のみもの用として　広くつかわれるようになったそうだよ。

きほんのワーク

せかい一の話
かん字のひろば4　一年生でならったかん字

教科書 ㊦54〜56／150〜155ページ
答え 19ページ

べんきょうした日　月　日

もくひょう
●むかし話を聞いたり読んだりして、いちばんおもしろいと　思うところをさがそう。

おわったらシールをはろう

かん字れんしゅうノート23ページ

1 一年生のかん字　かん字を書きましょう。

⑴ □□□（ひゃくえんだま）をさいふにしまう。

⑵ □（ご）ひきの□（いぬ）。

⑶ だいこんを□□（いっぽん）買う。

2 ☆せかい一の話　「せかい一の話」を読んで、こたえましょう。　教科書150〜155ページ

1 大わしは、じぶんよりずっと大きい、だれに会いましたか。　152ページ

（　　　　　　　　）

2 でかえびは、大わしにかわって、どうしましたか。　152〜153ページ

□□□□□□に出かけようと、東の海へ　およいでいった。

3 つぎの絵を見て、小さいものからじゅんになるように、○に1〜5を書きましょう。　152〜154ページ

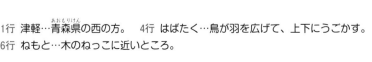

ア　イ　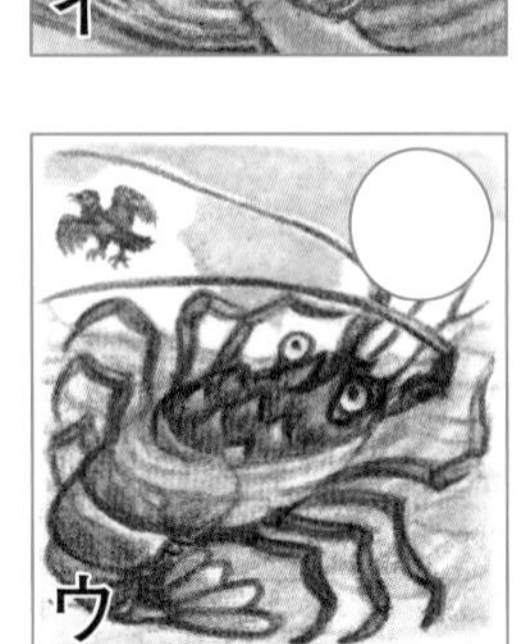

エ　オ

ことばのいみプラス
1行　津軽…青森県（あおもりけん）の西の方。　4行　はばたく…鳥が羽を広げて、上下にうごかす。
6行　ねもと…木のねっこに近いところ。

3 文しょうを読んで、こたえましょう。

むかしむかし、津軽(つがる)の国(くに)の、
八甲田山(はっこうださん)の てっぺんに、
でっかい(大きい)わしが すんでたと。
バホラと一ぺん はばたけば、
まるで大風 ふいたよう。
山の大木(ぼく)は ねもとから、
ボッキボッキと おれとぶし、
谷(たに)川の水は さかさまに、
上(かみ)へながれて いくんだと。

「せかいは広いと 聞くけれど、
でっかいことなら、おいらが一番(ばん)。
これからたびに 出かけていって、
みんなにいばって やるべかな。」
でっかいわしは、のび上がり、
ながあい羽を ゆさぶって、
バホラバホラ、バホラバホラと、
東(ひがし)の海へ とんでった。

〈きた しょうすけ「せかい一の話」による〉

1 むかし話でよくつかわれる出だしのことばは、上の文しょうでは、何と書かれていますか。

2 「まるで大風 ふいたよう」とありますが、どんなときに、こうなるのですか。

でっかい（　　　　）が

一ぺん はばたいたとき。（　　　　）と

「大風」をおこすほど、大きくて長い羽をもっているのは、だれかな？

3 よく出る 「みんなにいばって やるべかな」とありますが、でっかいわしは、どんなことをいばろうと思ったのですか。（一つに○をつけましょう。）

ア（　）自分がいちばんとおくまでとべること。
イ（　）自分がいちばん力もちであること。
ウ（　）自分がいちばん体が大きいこと。

4 「東の海へ とんでった」とありますが、でっかいわしは、何をするのですか。

（　　　　）に出かける。

でっかいわしが言っていることば（「　」）に気をつけよう。

ものしりメモ
ワシの中でも「オオワシ」は、つばさを広げると2メートルいじょうにもなるよ。たたみ１まいよりも大きいんだ。

思いうかべたことをもとに、お話をしょうかいしよう

きほんのワーク

みきのたからもの

教科書 ㊦57～73ページ

答え 19ページ

べんきょうした日　月　日

もくひょう

●ようすを思いうかべながら、お話を読もう。
●おこったできごとをたしかめて、あらすじを読みとろう。

おわったら シールを はろう

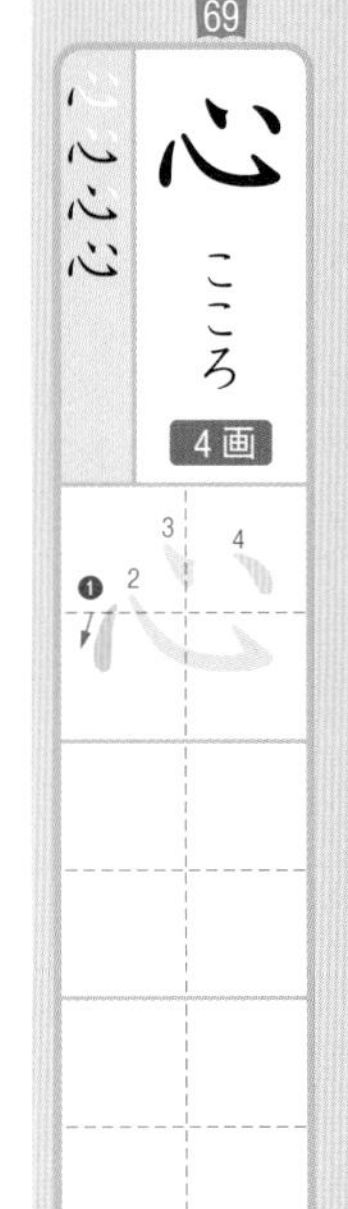

新しいかん字

教科書62ページ

◀れんしゅうしましょう。

首（くび）9画
鳴（なく）14画　68
心（こころ）4画　69

ひつじゅん 1 2 3 4 5

かん字れんしゅうノート24ページ

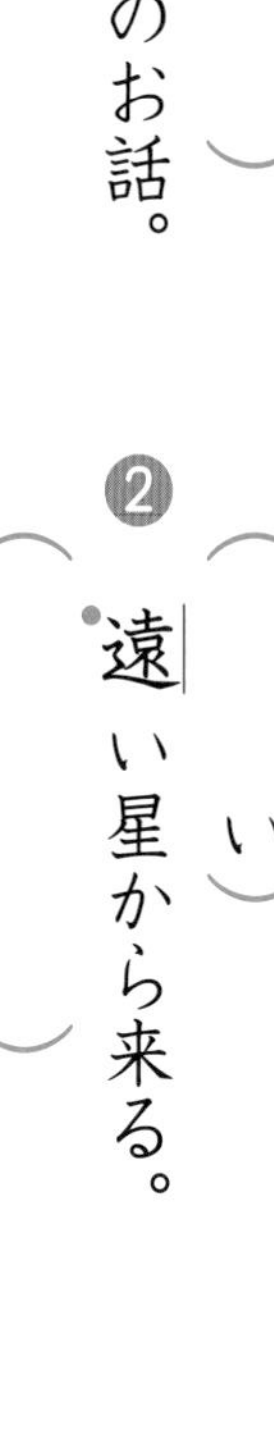

○新しくがくしゅうするかん字
●読み方が新しいかん字

1 かん字の読み　読みがなを書きましょう。

① アンデルセン作（　）のお話。

② 遠（　）い星から来る。

③ 首（　）をかしげる。

④ 一生（　）けんめい見つめる。

⑤ カア、カア、と鳴（　）く。

⑥ 心（　）の中にしまう。

2 かん字の書き　かん字を書きましょう。

① はちかいさん［さく］の話。

② ［とお］い星へ帰る。

「鳴」は「灬」の四つの点のむきをたしかめて、書こう。

3 かたかな　つぎのひらがなを、かたかなで書きましょう。

① まよねーず（↑のばす音）

② ぽけっと

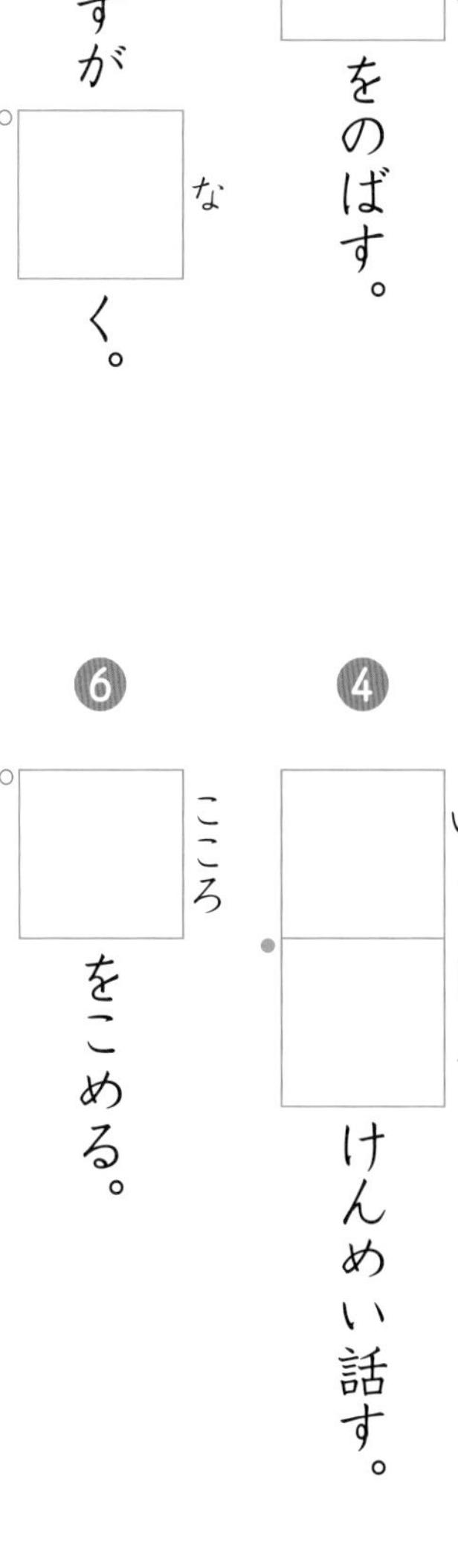

③ くび［　　］をのばす。

④ いっしょう［　　］けんめい話す。

⑤ からすが［な　］く。

⑥ こころ［　　］をこめる。

ないようをつかもう！

★みきのたからもの

お話のじゅんになるように、○に2～5を書きましょう。

教科書 58～69ページ

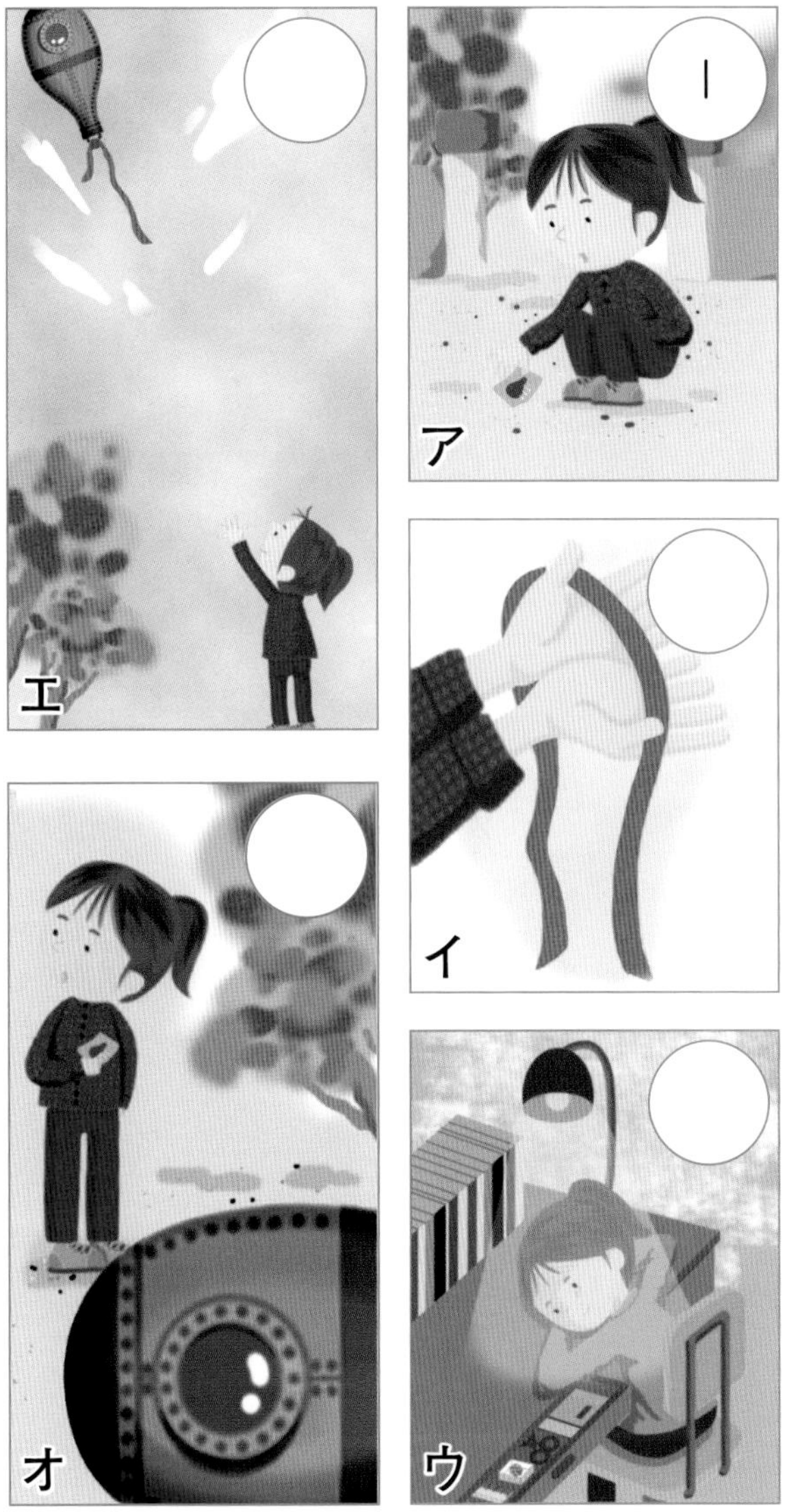

ア　（1）

イ　（　）

ウ　（　）

エ　（　）

オ　（　）

4 ことばのいみ

――のいみに合うほうに、○をつけましょう。

① 60ページ 少しきんちょうする。

ア（　）気もちがひきしまる。

イ（　）気もちがゆるむ。

② 68ページ しょうらいのゆめを話す。

ア（　）今よりむかし。

イ（　）今から先。

5 ことばのつかい方

合うことばを、［　］からえらんで書きましょう。

① はじめてのしつもんに、むねが（　　）する。

② リボンが、風にのって（　　）する。

③ ロケットが、空に（　　）すいこまれる。

［ぎゅっと　ぐんぐんと　どきどき　ひらひら］

ものしりメモ 日本人のうちゅうひこうしが、はじめてうちゅうに行ったのは、1990年だよ。1961年に、その時のソ連やアメリカがうちゅうひこうをした29年後で、せかいでは21番目なんだって。

思いうかべたことをもとに、お話をしょうかいしよう

れんしゅうのワーク①

みきのたからもの

教科書 ㊦57～73ページ　答え 20ページ

べんきょうした日　月　日

できるナビ
みきがしたことや言ったことにちゅうもくして、そのようにした理由を考えよう。

おわったらシールをはろう

文しょうを読んで、こたえましょう。

公園の入り口に、トランプのカードのようなものが、おちていました。

「あれ。なんだろう。」

通りかかったみきは、かがんでそれをひろいました。

さがしている人が　いるかもしれないと、カードをもって、公園に入っていきました。そこで、みきは、何なのかよく分からないものを　見つけたのです。

おそるおそる近よると、それは、マヨネーズのようきみたいな形でした。でも、マヨネーズのようきよりも　ずっと大きくて、どっしりとおもそうでした。

「すみません、そのカード。」

後ろで声がしました。ふりかえると、いつのまに

1 よく出る　みきが公園に入っていったのは、なぜですか。（一つに○をつけましょう。）

ア（　）ひろったカードのほかにも、カードがおちているかもしれないと思ったから。

イ（　）カードをおとしてさがしている人に、ひろったカードをわたしたいと思ったから。

ウ（　）ひろったカードをつかってのれる、楽しいのりものがあるかもしれないと思ったから。

みきは、「さがしている人が　いるかもしれない」と思ったから、公園に入っていったんだね。

2 「何なのかよく分からないもの」とありますが、これは、どのようなものですか。

（　　　　）のようきみたいな形だが、大きくて、どっしりと（　　　　）なもの。

ことばのいみプラス

4行　かがむ…ひざやこしをまげて、体をひくくする。　10行　おそるおそる…こわがりながら。

19行　目を丸くする…びっくりして、目を大きくひらく。

か、見なれない生きものが　立っていました。

「遠い星から来ました。わたしは、ナニヌネノンン。」

と、その生きものは言いました。

みきは、おどろいて　目を丸くしました。

「わたし、みき。」

と、少しきんちょうしながら言いました。

「みきちゃんが、手にもっている、そのカード、わたしのです。それがないと、のりものがうごかないのです。どこかで、なくして、とてもこまっていたのです。」

「えっ。これ。」

みきは、ナニヌネノンンにカードをわたしました。

「見つけてくれて、ありがとう。たすかりました。わたしは、これから、自分の星に帰ります。」

と言いながら、ナニヌネノンンは、マヨネーズのようきみたいな　形のものに、近づいていきました。

〈はちかい　みみ「みきのたからもの」による〉

3 「すみません、そのカード。」と言ったのは、だれですか。

遠い（　　　）から来た、（　　　）という名前の生きもの。

4 「わたし、みき。」とありますが、みきは、どのように言いましたか。（一つに○をつけましょう。）

ア（　）はりきって元気に。

イ（　）おこりだしたように。

ウ（　）おちつかなさそうに。


みきは、少しきんちょうしながら、言っているね。

5 よく出る　ナニヌネノンンが、「たすかりました。」と言っているのは、なぜですか。

みきが見つけてくれた（　　　）でのりものをうごかして、自分の（　　　）に帰れるから。

ナニヌネノンンが、みきに何と言っているかにちゅうもくしよう。

ものしりメモ　きっぷを買わずに電車やバスにのることができるＩＣ（アイシー）カード（Suica（スイカ）など）を知っているかな？今では一日で1000万けんをこえるほど、たくさんつかわれているんだって。

れんしゅうのワーク②

みきのたからもの

教科書　㊦57～73ページ
答え　20ページ

べんきょうした日　月　日

できるナビ
●ばめんのようすを思いうかべながら、みきの気もちを読みとろう。

おわったらシールをはろう

文しょうを読んで、こたえましょう。


「いいこと考えた。」

　みきは、ポケットから、一本のリボンを　するするととり出しました。あざやかなオレンジ色のリボンです。

「のりものの後ろに、このリボンをむすびつけて。」

と、みきはリボンをわたしました。

「どうしてですか。」

と、ナニヌネノンは首をかしげました。

「これから、空へむかってとぶでしょう。そうしたら、きっと、つけたリボンがひらひらするでしょう。リボンが見えなくなるまで、ここで見おくりたいの。」

「ああ、ありがとう。」

と、ナニヌネノンはうれしそうに言いました。

1 (1) 「いいこと考えた。」についてこたえましょう。
みきは、どんなことを考えたのですか。
ナニヌネノンの（　　　）の後ろに、
一本の（　　　）をむすびつけること。

(2) みきから「いいこと」を聞いて、ナニヌネノンは、どんなようすでしたか。（一つに○をつけましょう。）
ア（　）かんしんしているようす。

イ（　）ふしぎに思っているようす。

ウ（　）いやがっているようす。


ナニヌネノンは、「どうしてですか。」とみきにきいて、「首をかしげ」ているよ。

2 よく出る● 「ああ、ありがとう。」とナニヌネノンが言ったのは、なぜですか。

ことばのいみプラス
2行　するすると…ものがすべるように、うごくようす。　3行　あざやかな…色などがはっきりしていて、目だつようす。　26行　こめる…ある気もちを、その中に入れる。

「だれかに、見おくってもらうなんて、はじめてです。だから、うれしいです。」

それから、ナニヌネノンは、のりものの後ろのところに、リボンをむすびつけました。

「そうだ。これ。」

ナニヌネノンは、みきに、小さな石をわたしました。

「これ、なあに。」

と、みきはたずねました。

「ポロロン星の石です。きっとまた会えますように、というねがいを　こめています。」

「ありがとう。」

みきは、目をかがやかせて、石をうけとりました。きれいな青い石です。ビー玉ぐらいの大きさでした。

〈はちかい　みみ「みきのたからもの」による〉

「うれしそうに言いました」の後の、ナニヌネノンのことばにちゅうもくしよう。

（　　　　）もらうことは、はじめてで、（　　　　）から。

3 「そうだ。これ。」と言って、ナニヌネノンは、みきに、何をわたしましたか。

□□□□星のきれいな□□石。

4 よく出る！ ナニヌネノンから石をもらったとき、みきは、どんな気もちでしたか。

「目をかがやかせて」には、よろこびや、そうなってほしい、という気もちがあらわれているよ。

ア（　）すてきな石に　わくわくするし、また会いたいという気もちも、うれしいなあ。

イ（　）へんな石には　いらいらするし、また会うことなんて、むりなのになあ。

ウ（　）かわいい石に　どきどきするけど、また会うのは、ぜったいにいやだなあ。

ものしりメモ

「オレンジリボン運動」を知っているかな。子どもをまもろうとよびかけている運動で、オレンジ色のリボンをシンボルにしているよ。リボンには、人と人とをむすぶいみがあるんだ。

まとめのテスト

みきのたからもの

教科書 ㊦57～73ページ　答え 20ページ

べんきょうした日　月　日

時間 20分

とく点　/100点

おわったらシールをはろう

文しょうを読んで、こたえましょう。

「どうしたら、ポロロン星に行けるの。」

と、みきはしつもんしました。

「ええと、そうですね。うちゅうに行けば、その石が　教えてくれます。ポロロン星まで、あんないしてくれるはずです。」

「どうやって、うちゅうに行けばいいのかな。ええと、あ、分かった。うちゅうひこうしになればいいよね。」

「いつか、きっと、また会いましょう。そろそろ、わたしは、しゅっぱつします。」

と、ナニヌネノンは、少しいそぐように言いました。

「さようなら。」

と、みきは言いました。きゅうに、さびしい気もちになりました。

「さようなら。またいつか。」

1 「どうしたら、ポロロン星に行けるの。」というしつもんに、ナニヌネノンは、どうこたえていますか。　一つ10〔20点〕

（　　　　）に行けば、あげた石がポロロン星まで（　　　　）してくれるはずだ。

2 よく出る　みきは、うちゅうに行くために、どうすればいいと思っていますか。〔15点〕

（　　　　）になればいい。

3 「さようなら。」と言ったとき、みきは、どんな気もちになりましたか。〔15点〕

□□□□気もち。

ことばのいみプラス

4行 あんない…場しょが分からない人をつれて行くこと。　9行 そろそろ……間もなく。
18行 するりと…体をすべらすようにうごくようす。

と、ナニヌネノンも言いました。

そして、マヨネーズのようきみたいな形の　のりものに、するりとのりこみました。

みきは、なんども手をふりました。ナニヌネノンも、のりものの中から　手をふりました。

グイーン、と音を立てて、のりものは、空高くとんでいきました。そして、ぐんぐんと　空にすいこまれていったのです。

みきは、ひらひらとうごくリボンを、目でおいかけました。見うしなわないように、一生けんめい見つめました。リボンは、だんだん見えなくなりました。

もらった小さな石を、ぎゅっとにぎったまま、みきは、ナニヌネノンが　きえていった空を　見上げていました。

〈はちかい　みみ「みきのたからもの」による〉

4 「またいつか。」と言ったとき、ナニヌネノンは、どう思っていましたか。（二つに○をつけましょう。）〔15点〕

ア（　）みきちゃんにはもう会えないけれど、たすけてもらったことは　わすれません。

イ（　）みきちゃんは、うちゅうひこうしになれないと思うから、わたしが会いにきます。

ウ（　）おとなになったみきちゃんと、ポロロン星で会えるのを、楽しみにしています。

チャレンジ！

5 「ぐんぐんと　空にすいこまれていったのです」とありますが、この後、のりものがもっと高くとんでいっていることが、よく分かる文をさがして、書きましょう。〔15点〕

（　　　　）

書いてみよう！

6 みきは、ナニヌネノンを見おくりながら、どう思っていましたか。〔20点〕

うちゅうひこうしになって、

（　　　　）から、

ナニヌネノン、まっていてね。

ものしりメモ

日本では2020年に、うちゅうをみはる「宇宙作戦隊（うちゅうさくせんたい）」が新しくできたよ。うちゅうのごみが、人工えい星（せい）にぶつからないための　みはりなどのしごとをするんだ。

きほんのワーク

お話のさくしゃになろう
きせつのことば4　冬がいっぱい

教科書 下74～81ページ
答え 21ページ

月　日

もくひょう
●だれが何をしたのかがよく分かるように、お話を書こう。
●冬をかんじることばをあつめてみよう。

おわったらシールをはろう

かん字れんしゅうノート24ページ

「春・夏・秋・冬」きせつをあらわすかん字は四つあるね。まとめておぼえておこう。

新しいかん字

◀れんしゅうしましょう。

教科書 80ページ

冬　ふゆ　5画

ひつじゅん 1 2 3 4 5

○新しくがくしゅうするかん字

1 かん字の読み　読みがなを書きましょう。

① はくさいは冬（　　）にとれる。

2 かん字の書き　かん字を書きましょう。

① □（ふゆ）になる。

「冬」の四かく目と五かく目の点のむきをまちがえないように書こう。

3 きせつのことば4　冬がいっぱい　①～③に当たることばを、□から一つずつえらんで書きましょう。

① 冬をかんじる花（　　）
② 冬をかんじる鳥（　　）
③ 冬をかんじるくだもの（　　）

ぶどう　はくちょう　ひまわり
すいせん　みかん　ひばり

4 お話のさくしゃになろう

【お話のれい】を読んで、こたえましょう。

【お話のれい】

ねずみのちゅうたは、野原をさんぽしていました。風がピューッとふきました。ちゅうたは、いそいでぼうし□おさえましたが、ぼうし□、遠くの方□とんでいってしまいました。

そこへ、ねこのにゃあこがやって来ました。にゃあこは、ちゅうたに［　　］。

「こんにちは。何をしているの？」

「ぼうしをさがしているんだ。」

と、ちゅうたはこたえました。

「わたしもさがしてあげる。」

と、にゃあこは言いました。

ふたりがあるいて行くと、高い木に、ぼうしがひっかかっていました。

「わたしがとってあげる。」

にゃあこは木にのぼり、ぼうしをとりました。

「はい、どうぞ。」

にゃあこは、わたしました。

1 ――の□に、「は・を・へ」のうち、正しいものを書きましょう。

ちゅうたは、いそいでぼうし［　］おさえましたが、ぼうし［　］、遠くの方［　］とんでいってしまいました。

2 ［　］に合うことばは、どれですか。（一つに○をつけましょう。）

ア（　）教えました

イ（　）たずねました

ウ（　）こたえました

にゃあこは、ちゅうたに「何をしているの？」ときいているよ。

3 よく出る 「にゃあこは、わたしました。」とありますが、だれに、何をわたしたのですか。

にゃあこは、（だれ　　）に、（何　　）をわたしました。

4 このお話の「おわり」は、どうなると思いますか。じゆうに書いてみましょう。

書いてみよう！

（　　　　）

ものしりメモ　ねこは、木のぼりがとくいだよ。むかしから高い木にのぼって、てきや、えさとなる生きもののうごきをたしかめたり、ノミやダニなどから自分のみをまもったりして、くらしていたそうだよ。

きほんのワーク

ねこのこ／おとのはなびら／はんたいことば

教科書 下82～83ページ　答え 21ページ

もくひょう
●詩にあらわされているようすを思いうかべよう。
●詩のことばのひびきやリズムを楽しもう。

べんきょうした日　月　日

おわったらシールをはろう

1 詩を読んで、こたえましょう。

ねこのこ

おおくぼ　ていこ

あくび　ゆうゆう
あまえて　ごろごろ
たまご　ころころ
けいと　もしゃもしゃ
かくれても　ちりん
しかられて　しゅん
よばれて　つん
ミルクで　にゃん

1 よく出る● この詩を声に出して読むと、どんなかんじがしますか。（一つに○をつけましょう。）

ア（　）さびしい
イ（　）楽しい
ウ（　）うるさい

「ちりん」「しゅん」「つん」「にゃん」と、「ん」がつづいて、明るいリズムだね。

2 つぎのことばは、どんなようすをあらわしていますか。合うものを・――・でむすびましょう。

① ごろごろ　・　　・ア　すずがなっている。
② ちりん　・　　・イ　ねこのこが知らんぷりしている。
③ しゅん　・　　・ウ　ねこのこが、しょんぼりかなしんでいる。
④ つん　・　　・エ　ねこのこがあまえている。

3 書いてみよう! この詩を読んで、どんなねこのこが思いうかびますか。

（　　　　　　　　）ねこのこ。

ことばのいみ プラス
92ページ1行　ゆうゆう…ゆったりとおちついているようす。
92ページ6行　しゅん…元気をなくしているようす。

2 詩を読んで、こたえましょう。

おとのはなびら

のろ さかん

ピアノのおとに　いろがついたら
ポロン　ピアノが　なるたびに
ポロン　ピアノが　なるたびに
おとのはなびら　へやにあふれて
　　　　　　　　にわにあふれて
おとのかだんを　つくるかしら

1 「ポロン」は、どんな音ですか。

（　　　　）がなる音。

---

2 この詩を声に出して読むと、どんなかんじがしますか。

ア（　）かなしい
イ（　）こわい
ウ（　）やさしい

「ポロン」というひびきや、「つくるかしら」から、やわらかいかんじがするよ。

3 この詩でくりかえされている一行を、書きましょう。

「ポロン」というピアノの音が、何回もなっているようすをあらわしているよ。

（　　　　　　　　）

4 よく出る　この詩のおもしろさは、どんなところにありますか。

「ポロン」を、音の（　　　　）に見立てて、たくさんの「ポロン」から　音の（　　　　）をそうぞうしているところ。

ものしりメモ　何かを何かに見立てることを、「たとえ」というよ。たとえには、「～ような」をつかうとき（れい「はなびらのようなおと」）と、つかわないとき（れい「おとのはなびら」）があるよ。

きほんのワーク

かたかなで書くことば ことばを楽しもう

教科書 ㊦84～86ページ

答え 22ページ

べんきょうした日 月 日

もくひょう
●かたかなで書くことばのしゅるいを知り、正しく書けるようにしよう。
●ことばのおもしろさを見つけよう。

おわったら シールを はろう

かん字れんしゅうノート25ページ

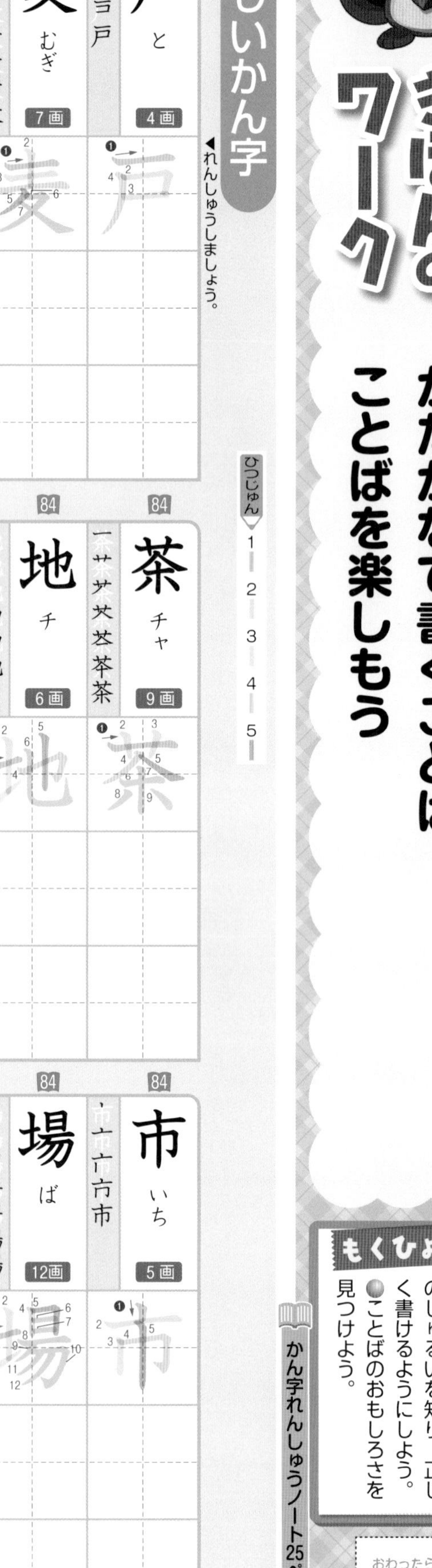

新しいかん字

◀れんしゅうしましょう。

教科書 84ページ

	戸	麦	茶	地	市	場
ページ	84	84	84	84	84	84
読み	と	むぎ	チャ	チ	いち	ば
画数	4画	7画	9画	6画	5画	12画

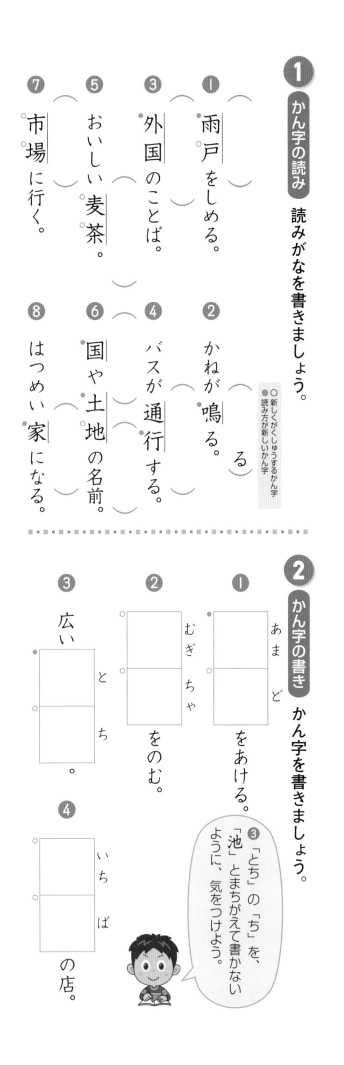

1 かん字の読み

読みがなを書きましょう。

○新しくがくしゅうするかん字
●読み方が新しいかん字

①（　）雨戸をしめる。

②かねが鳴（　）る。

③（　）外国のことば。

④バスが通行（　）する。

⑤おいしい麦茶（　）。

⑥国や土地（　）の名前。

⑦（　）市場に行く。

⑧はつめい家（　）になる。

2 かん字の書き

かん字を書きましょう。

①［あまど］をあける。

②［むぎちゃ］をのむ。

③広い［とち］。

④［いちば］の店。

③「とち」の「ち」を、「池」とまちがえて書かないように、気をつけよう。

3 ☆ かたかなで書くことば

つぎの1〜4は、かたかなで書くことばです。それぞれに当たることばを［　］から二つずつえらんで、かたかなで書きましょう。

1 どうぶつの鳴き声（　　）（　　）

2 いろいろなものの音（　　）（　　）

3 外国から来たことば（　　）（　　）

4 外国の、国や土地、人の名前（　　）（　　）

めだる　えじそん
いんど　わんわん
にゃあお　がたんごとん
こっぷ　びゅうびゅう

4

かたかなで書くことばを 二つずつさがして、かたかなに直して書きましょう。

1 おむれつにけちゃっぷをかけて、たべる。（　　）（　　）

2 ぼくは、あいすくりいむ、おとうとは、ちょこれえとが、だいすきだ。（　　）（　　）

5 ☆ ことばを楽しもう

つぎのことばが、上から読んでも下から読んでも同じ読みになるように、（　）に合うひらがなを書きましょう。

（　）のすぐ上のひらがなが、上下のまん中になるよ。

1 ダンスが（　　）

2 たけやぶ（　　）

3 たいやき（　　）

4 わたしまけ（　　）

ものしりメモ　かたかなは、かん字の一ぶぶんをもとにして作られた文字だよ。たとえば、「ハ」は「八（はち）」から、「ト」は「止（と）」から作られたと言われているよ。

だいじなことばに気をつけて読み、分かったことを知らせよう

きほんのワーク

ロボット SDGs
ようすをあらわすことば

教科書 ㊦87〜101ページ

答え 23ページ

べんきょうした日　月　日

もくひょう
- だいじなことばは何かを考えながら読もう。
- ようすをあらわすことばのつかい方を学ぼう。

おわったら シールを はろう

かん字れんしゅうノート26ページ

新しいかん字

○新しくがくしゅうするかん字
●読み方が新しいかん字

1 かん字の読み 読みがなを書きましょう。

① しつもんに答える。（　　える）

② 道を歩く。（　　く）

2 かん字の書き かん字を書きましょう。

① 「はい。」と［こた］える。

② 公園まで［ある］く。

③ パン［こうじょう］を見学（けんがく）する。

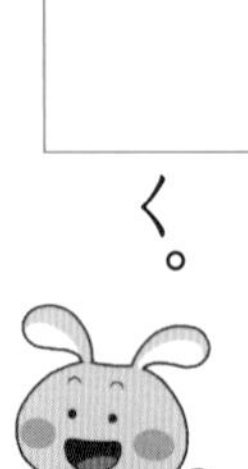

「止」まらず「少」しずつ「歩く」とおぼえよう。

4 ことばのいみ ――のいみに合うほうに、○をつけましょう。

① 88ページ ロボットは、かしこいきかいだ。

ア（　）親切な。

イ（　）頭がよい。

② 92 川の水のようすをたしかめる。

ア（　）はっきりしないことをはっきりさせる。

イ（　）どうしたらよいのかをよく考える。

3 （　）に合うようすをあらわすことばを、□からえらんで書きましょう。

① 子犬が、（　　）ねむっている。

② けむりが、（　　）出ている。

③ りんごが、木に（　　）なっている。

④ 体が、（　　）ふるえている。

でこぼこ	ぶるぶる	ぐっすり
もくもく	どっさり	ひんやり

ないようをつかもう！

★ロボット しょうかいされている三つのロボットが出てくるじゅんになるように、□に1～3を書きましょう。

教科書 88～93ページ

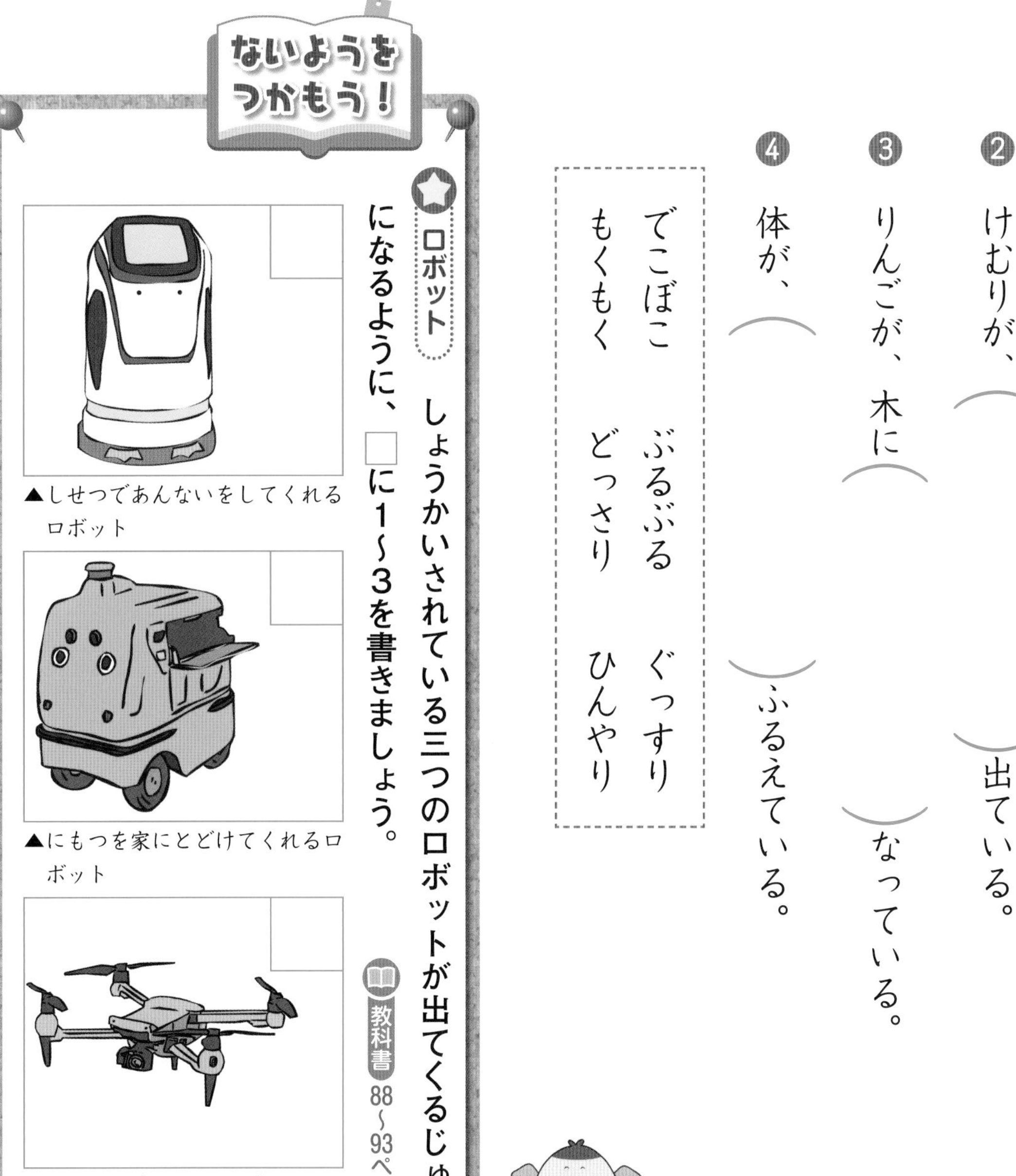

□ ▲しせつであんないをしてくれるロボット

□ ▲にもつを家にとどけてくれるロボット

□ ▲空をとんで、あぶないばしょのようすを見に行ってくれるロボット

③ 97 ロボットがかつやくする。

ア（　）めずらしいはたらきをする。

イ（　）すばらしいはたらきをする。

5 ことばのつかい方 合うことばを、□からえらんで書きましょう。

① ロボットは、わたしたちをたすけて（　　）。

② すぐにしつもんすることが（　　）。

③ ぼくはロボットについて考えて（　　）。

みる	できる
なる	くれる

ものしりメモ

2022年の時点で、はたらくロボットの数が多い五つの国は、中国、日本、かんこく、アメリカ、ドイツだよ。日本は、はたらくロボットが二番目に多い国なんだ。

れんしゅうのワーク

ロボット

SDGs

教科書 ㊦87～101ページ

答え 23ページ

べんきょうした日　月　日

できるナビ
どんなロボットがあり、どのように人をたすけてくれるのかを読みとろう。

おわったらシールをはろう

文しょうを読んで、答えましょう。

ロボットは、人をたすけてくれる、かしこいきかいです。人のかわりにそうじをするロボットや、ペットのかわりになるロボットなど、いろいろなものが作られてきました。今も、新しいロボットが考えられています。そして、わたしたちのみの回りでつかわれはじめています。どんなロボットがあるのでしょう。どんなときに、たすけてくれるのでしょう。

新しく考えられているロボットの一つに、にもつを家にとどけてくれるものがあります。このロボットは、ひとりでどうろをはしって、人の家まで、にもつをはこびます。にもつをまっている人

1 この文しょうでは、何についてせつめいしていますか。

人を□□□□くれる□□□□について。

2 今まで作られてきたロボットとして、どのようなロボットをあげていますか。（二つに○をつけましょう。）

ア（　）水ぞくかんであんないをするロボット。
イ（　）ペットのかわりになるロボット。
ウ（　）にもつを家にとどけるロボット。
エ（　）人のかわりにそうじをするロボット。

今まで作られてきたロボットと、新しく考えられているロボットを、分けて考えよう。

ことばのいみプラス
10行 にもつ…もってはこんだり、おくったりするしなもの。
21行 しせつ…何かをするためにつくられた、たてもの。

は、とどける人が足りなかったら、何日もまつことになるかもしれません。このロボットがあれば、とどける人が足りないときでも、にもつをうけとることができます。

また、水ぞくかんのようなしせつで、あんないをしてくれるロボットもあります。このロボットは、人のしつもんを聞いて、答えたり、道あんないをしたりします。たとえば、水ぞくかんには、水そうがたくさんあります。見たい生きものの水そうまで、どう行けばいいか分からないこともあるでしょう。でも、教えてくれる人が、近くにいないかもしれません。このロボットがあれば、知りたいことがあるときに、すぐにしつもんすることができます。

〈さとう ともまさ「ロボット」による〉

3 よく出る 「にもつを家にとどけてくれるもの」とありますが、このロボットについて答えましょう。

(1) このロボットは、どんなことをしますか。

ひとりで（　　　）をはしって、

（　　　）までにもつをとどける。

(2) このロボットがないと、どうなるかもしれませんか。

「とどける人が足りなかったら」の後にちゅうもくしよう。

にもつをとどける人が足りなかったら、にもつをまっている人が、何日も

（　　　）かもしれない。

4 よく出る 「見たい生きものの水そうまで、どう行けばいいか分からないこともあるでしょう。」とありますが、このようなときに、人は、どうすることができますか。

水ぞくかんの（　　　）をしてくれる

（　　　）に、水そうまでの行き方を

（　　　）することができる。

ものしりメモ 日本では、車を作る工場で、多くのロボットがしごとをしているよ。車に色をぬるほかに、てつのいたをとかしてくっつけたり、ぶひんをはこんだり、組み立てたりしているんだ。

まとめのテスト

ロボット SDGs

教科書 下87〜101ページ　答え 23ページ

べんきょうした日　月　日

時間 20分

とく点　/100点

おわったらシールをはろう

文しょうを読んで、答えましょう。

[1]新しく考えられているロボットの一つに、にもつを家にとどけてくれるものがあります。このロボットは、ひとりでどうろをはしって、人の家まで、にもつをはこびます。にもつをまっている人は、とどける人が足りなかったら、何日もまつことになるかもしれません。このロボットがあれば、とどける人が足りないときでも、にもつをうけとることができます。

[2]また、水ぞくかんのようなしせつで、あんないをしてくれるロボットもあります。このロボットは、人のしつもんを聞いて、答えたり、道あんないをしたりします。たとえば、水ぞくかんには、水そうがたくさんあります。見たい生きものの水そうまで、どう行けばいいか分からないこともあるでしょう。でも、教えてくれる人が、近くにいないかもしれません。このロボットがあれば、知

1 [1]では、どんなロボットについてせつめいしていますか。　一つ10〔20点〕

（　　　　）を家に（　　　　）くれるロボット。

2 よく出る [1]でせつめいされているロボットは、どんなことができますか。（二つに○をつけましょう。）　一つ5〔10点〕

ア（　）人の家までにもつをはこべる。
イ（　）人の話を聞いて答えられる。
ウ（　）ひとりでどうろをはしれる。
エ（　）空をとんで遠くまで行ける。

3 [1]でせつめいされているロボットは、どんなときに人をたすけますか。〔10点〕

ことばのいみ プラス
24行 どうが…うごきのある画ぞう。　24行 じしん…じめんがゆれてうごくこと。
24行 こうずい…雨などで川の水がふえて、外にあふれ出ること。

りたいことがあるときに、すぐにしつもんすることができます。

[3]ほかに、空をとんで、あぶないばしょのようすを見に行ってくれるロボットもあります。このロボットは、ほかのものにぶつからないようにしながら、きめられたばしょまでとんでいきます。そして、体についているカメラで、空からしゃしんやどうがをとります。じしんやこうずいがおきたら、たてものがこわれていないかや、川の水がどれぐらいふえているかを、たしかめなければなりません。でも、歩いてしらべに行くと、とちゅうで道がくずれたり、水がながれてきたりして、けがをしてしまうかもしれません。このロボットがあれば、あぶないばしょに近づけないときに、ロボットがとったしゃしんやどうがを見て、ようすを知ることができます。

〈さとう　ともまさ「ロボット」による〉

にもつをとどける人が（　　　　）とき。

4 [2]でせつめいされているロボットができることを、二つに分けて書きましょう。　一つ10〔20点〕

❶ 人の（　　　　）を聞いて、答える。

❷ 人の（　　　　）をする。

5 [3]では、どんなロボットについてせつめいしていますか。〔10点〕

（　　　　）

チャレンジ!

6 「じしんやこうずい」のとき、[3]でせつめいされているロボットは、どのようにして人をたすけますか。　一つ10〔30点〕

人が（　　　　）をしないように、人のかわりにあぶないばしょまでとんで行き、（　　　　）からしゃしんや（　　　　）をとる。

ものしりメモ　目やまぶた、まゆ毛などをうごかせたり、わらったりできるロボットを作ろうというけんきゅうがすすめられているよ。親しみがもてるね。

きほんのワーク

見たこと、かんじたこと
カンジーはかせの大はつめい

教科書 下102〜105ページ
答え 24ページ

べんきょうした日　月　日

もくひょう
●詩のよいところや、おもしろさを見つけよう。
●二つのかん字で、どんなかん字やことばができるか考えよう。

おわったらシールをはろう

新しいかん字

◀れんしゅうしましょう。

教科書104ページ

かん字	読み	画数	ひつじゅん	教科書
才	サイ	3画	一 十 才	104
門	モン	8画	丨 ｢ ｣ 門 門 門 門 門	104
弓	ゆみ	3画	㇆ ㇆ 弓	105
矢	や	5画	丿 𠂉 ⺈ 午 矢	105

「才」の三かく目は、右に少し出るように書くよ。「矢」の四かく目は、上につき出さないように気をつけよう。

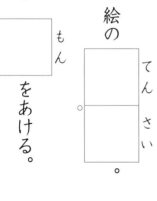

かん字れんしゅうノート26ページ

1 かん字の読み　読みがなを書きましょう。

○新しくがくしゅうするかん字
●読み方が新しいかん字

1. はつめいの天才。(　　)
2. かん字を合体させる。(　　)
3. 門をしめる。(　　)
4. おもちゃの弓矢。(　　)

2 かん字の書き　かん字を書きましょう。

1. 絵の［てんさい］。
2. ［もん］をあける。
3. むかしの［ゆみや］。

3 見たこと、かんじたこと

詩を読んで、答えましょう。

バラのまつぼっくり

くぼ　マリア

休み時間に
四年生のいぶきちゃんと
りのちゃんのお店で
バラの花みたいな
まつぼっくりを買ったよ。
はっぱのお金で買ったよ。
すごくきれいなまつぼっ
くり
たからものにするよ。

〈「見たこと、かんじたこと」による〉

1 「まつぼっくり」を、何にたとえていますか。

□□□□

2 どんな「まつぼっくり」ですか。

すごく（　　　　）まつぼっくり。

3 くぼさんが「まつぼっくり」をだいじに思っていることがよく分かることばを、書きましょう。

（　　　　）

---

4 カンジーはかせの大はつめい

つぎの二つのかん字を合体させてできるかん字を、□に書きましょう。

① 刀＋八 → □

② 日＋立 → □

5

つぎの▒のかん字を作るためには、どんなかん字を合体させますか。□に入るかん字を書きましょう。

① □＋日 → 晴

② □＋石 → 岩

6

二つのかん字でことばを作ります。□に合うかん字を、┆┆からえらんで書きましょう。

① □中

② □空

③ □日

④ □社

水　会　青　曜

ものしりメモ

まつぼっくりのかさは、しめっているときは とじて、かわいているときは ひらくよ。
北アメリカのまつぼっくりは、細長い形で、長さが50センチメートルになることもあるんだって。

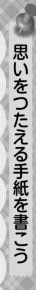

きほんのワーク

すてきなところをつたえよう

教科書 下106～110ページ
答え 24ページ

べんきょうした日　月　日

もくひょう
- 読む人に思いがつたわる手紙を書こう。
- ないようのまとまりに気をつけて、分かりやすく書こう。

おわったらシールをはろう

かん字れんしゅうノート26ページ

新しいかん字

◀れんしゅうしましょう。

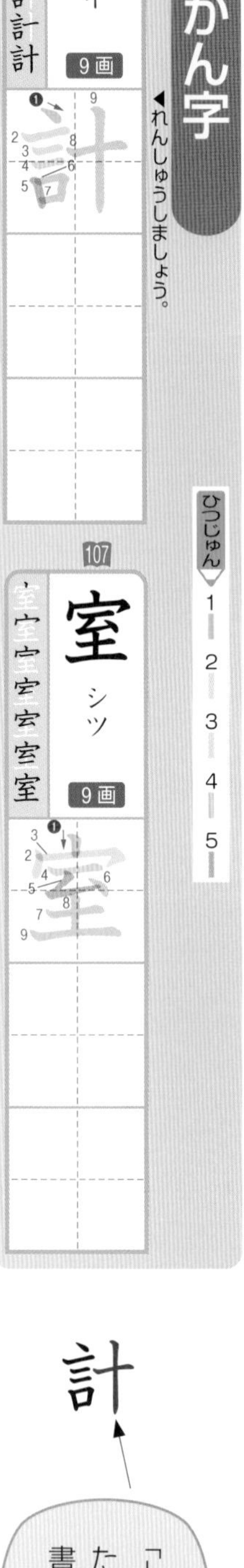

教科書107ページ	計	ケイ	9画
107	室	シツ	9画

ひつじゅん 1 2 3 4 5

「十」をたてに長く書くよ。

1 かん字の読み　読みがなを書きましょう。

① 計算（　　）を教えてもらう。
② ほけん室（　　）につれていく。

○新しくがくしゅうするかん字

2 かん字の書き　かん字を書きましょう。

① 正しく［けいさん］する。
② ほけん［しつ］で休む。

3 つぎの【おおかわさんの手紙】と【はやしさんのへんじ】を読んで、もんだいに答えましょう。

【おおかわさんの手紙】

はやし　たいき　さん

1 よく出る【おおかわさんの手紙】について、合うものを二つえらんで、○をつけましょう。

ア（　）おおかわさんのしたいことを書いている。
イ（　）はやしさんのすてきなところを書いている。
ウ（　）さいごは、よびかけることばで書いている。

たいきさんのすてきなところは、いつもやさしいところです。

ろう下で一年生がころんだとき、たいきさんは、すぐに声をかけて、ほけん室につれていってあげていました。わたしは、どうしようと思いながら見ているだけだったので、すてきだなと思いました。

これからも、やさしいたいきさんでいてくださいね。

おおかわ　はな

〈「すてきなところをつたえよう」による〉

【はやしさんの へんじ】

おおかわ　はな　さん

お手紙をありがとうございます。

はなさんは、いつも元気な声であいさつしているところがすてきです。

はやし　たいき

〈「すてきなところをつたえよう」による〉

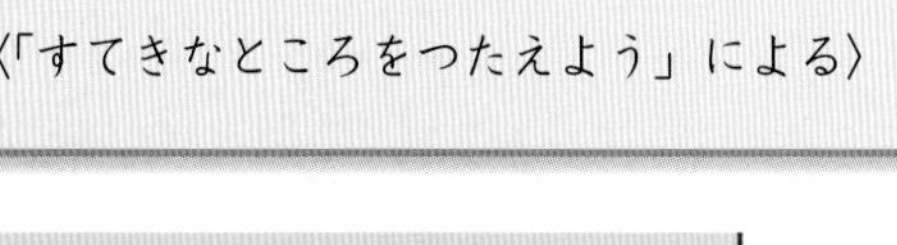

エ（　　）はやしさんがすきなものを書いている。

2 **【おおかわさんの手紙】**では、おおかわさんが見た「できごと」と、そのときに「思ったこと」を分けて書いています。「思ったこと」に当たる文を書きぬきましょう。

（　　　　　　　　）

3 **【おおかわさんの手紙】**は、どんなことばで書かれていますか。

ア（　　）ふつうのことば。

イ（　　）らんぼうなことば。

ウ（　　）ていねいなことば。

4 **【はやしさんの へんじ】**で、はやしさんは、どのように書いていますか。

「お手紙をありがとうございます。」につづけて、「はなさんは、～ところがすてきです。」と書いているよ。

はじめに、おおかわさんの（　　　　）へのおれいを書き、つぎに、おおかわさんの（　　　　）なところを書いている。

ものしりメモ

ゆうびんの「〒」のきごうは、かたかなの「テ」からできたといわれているよ。よび方には、「ゆうびんきごう」「ゆうびんマーク」「ポストマーク」などがあるよ。

きほんのワーク

スーホの白い馬

教科書 下111〜130ページ

答え 25ページ

べんきょうした日 月 日

もくひょう
じんぶつのようすがあらわれていることばに気をつけてお話を読み、自分のかんそうをつたえよう。

おわったら シールを はろう

かん字れんしゅうノート27〜28ページ

新しいかん字

◀れんしゅうしましょう。

ひつじゅん 1 2 3 4 5

教科書112ページ

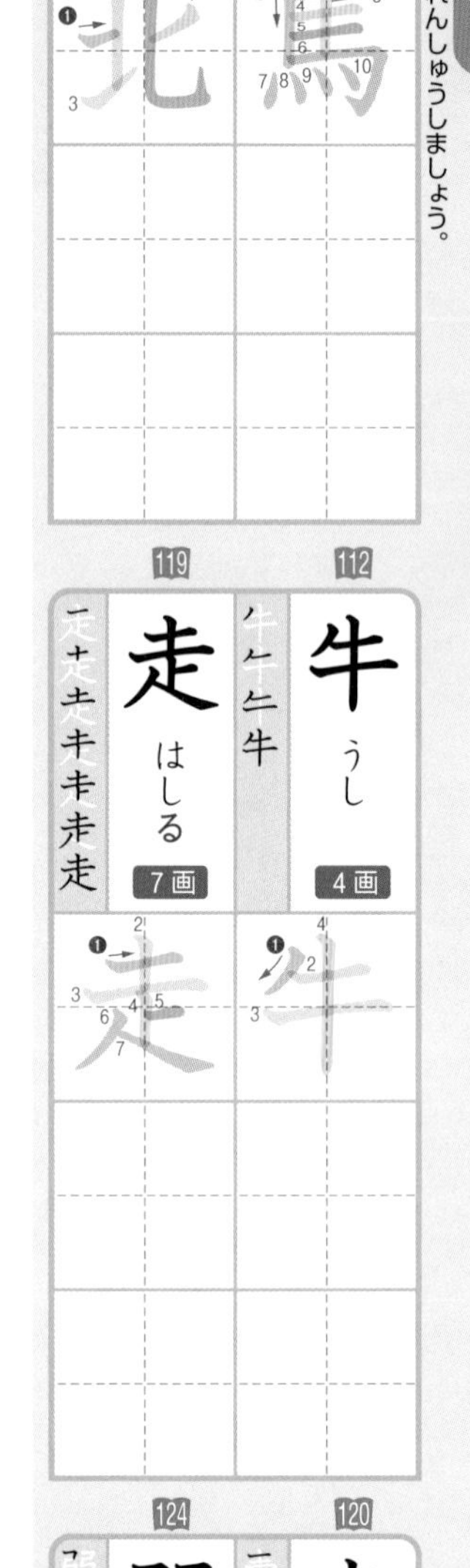

馬 バ うま 10画
北 きた 5画
牛 うし 4画
走 はしる 7画

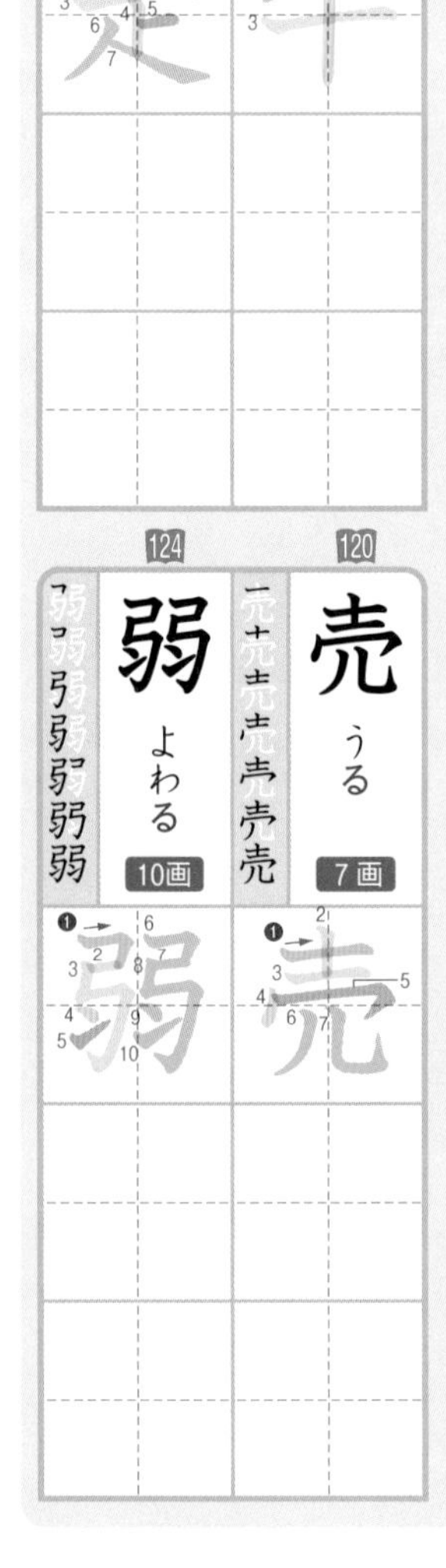

売 うる 7画
弱 よわる 10画

1 かん字の読み 読みがなを書きましょう。

○新しくがくしゅうするかん字
●読み方が新しいかん字

1. 白い馬にのる。
2. 草原にすむ少年。
3. 北の地方で牛をかう。
4. 二十頭あまりのひつじ。
5. おおかみに食われる。
6. 兄弟で話をする。
7. けいば馬の大会。
8. 先頭を走る。

「牛」と「午」のちがいを、しっかりおぼえよう。たて画が上につき出るほうが、「うし」だよ。

3 ことばのいみ ――のいみに合うほうに、○をつけましょう。

1 118ページ たくましいわかもの。
ア（ ）つよそうな。
イ（ ）やさしそうな。

9 馬を売りに行く。（　　り）

10 とのさまの家来。（　　）

11 白馬（しろうま）が弱りはてる。（　　り）

12 がっきの音が心にひびく。（　　）

2 かん字の書き かん字を書きましょう。

1 □（うし）をそだてる。

2 体が□（よわ）りはてる。

ないようをつかもう！

スーホの白い馬 お話のじゅんになるように、○に2～6を書きましょう。

教科書112～127ページ

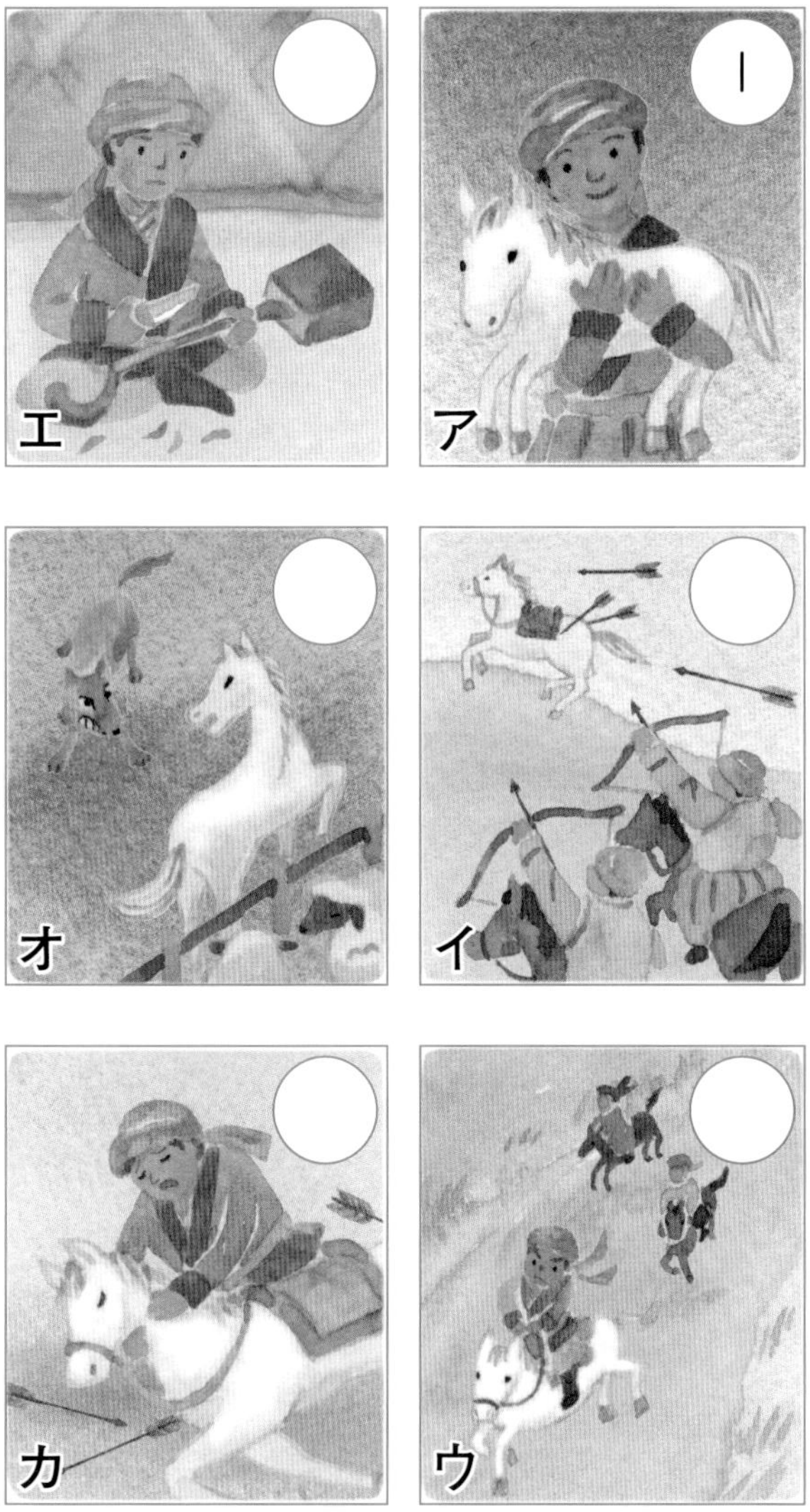

ア 1

イ

ウ

エ

オ

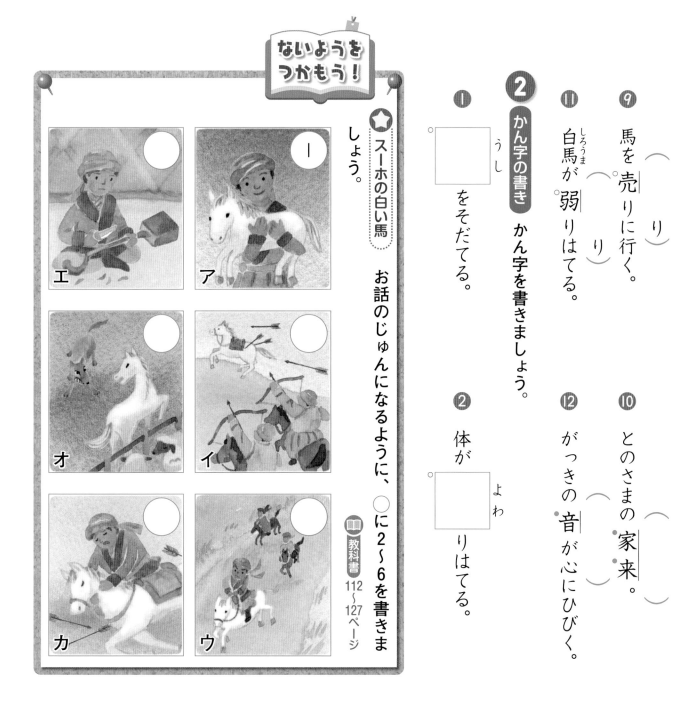

カ

---

2 120 かっとなって、言いかえす。

ア（　　）かなしくなって。

イ（　　）おこって。

4 ことばのつかい方 □からえらんで書きましょう。合うことばを、

1 子馬が、（　　）のようにかけだす。

2 白馬のあせが、（　　）のようにながれおちる。

3 子馬の体は、（　　）のように白い。

たき	牛	風
雪	血（ち）	

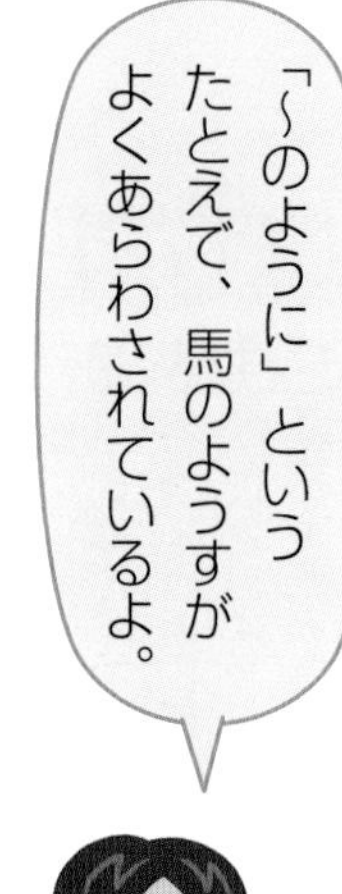

「～のように」というたとえで、馬のようすがよくあらわされているよ。

ものしりメモ モンゴルは、日本の4ばいくらいの大きさの国だよ。さばく・山・森などもあるけれど、草原はとても広くて、国の広さの半分いじょうもあるんだって。

読んで、かんじたことをつたえ合おう

れんしゅうのワーク1

スーホの白い馬

教科書 下111～130ページ

答え 25ページ

できるナビ
スーホはどんな少年か、また、スーホと白馬（しろうま）との出会いはどのようなものだったかを読みとろう。

べんきょうした日 月 日

おわったらシールをはろう

文しょうを読んで、答えましょう。

むかし、モンゴルの草原に、スーホという、まずしいひつじかいの少年がいました。スーホは、年とったおばあさんとふたりきりで、くらしていました。スーホは、おとなにまけないくらい、よくはたらきました。毎朝、早くおきると、スーホは、おばあさんをたすけて、ごはんのしたくをします。それから、二十頭あまりのひつじをおって、広い広い草原に出ていきました。

スーホは、とても歌がうまく、ほかのひつじかいたちにたのまれて、よく歌を歌いました。スーホのうつくしい歌声は、草原をこえ、遠くまでひびいていくのでした。

ある日のことでした。日は、もう遠い山のむこうにしずみ、あたりは、ぐんぐんくらくなってくるのに、スーホが帰ってきません。おばあさんは、しんぱいになってきました。近

1 よく出る スーホは、どんな少年で、どのようにくらしていましたか。

（　　　　）の草原にすむ、まずしい（　　　　）の少年で、（　　　　）とふたりきりでくらしていた。

2 スーホがはたらきものだということは、どんなことから分かりますか。（二つに○をつけましょう。）

ア（　）朝早くおきて、ごはんのしたくをすること。
イ（　）二十頭あまりのひつじのせわをすること。
ウ（　）くらくなっても、家に帰ってこないこと。
エ（　）ほかのひつじかいたちにたのまれて、歌を歌うこと。

スーホは、おとなにまけないくらい、よくはたらく少年だったんだね。

ことばのいみ プラス
2行 ひつじかい…ひつじをかって生活している人。
33行 もがく…手や足をばたばたさせる。

くにすむひつじかいたちも、どうしたのだろうと、さわぎはじめました。

　みんながしんぱいでたまらなくなったころ、スーホが、何か白いものをだきかかえて、帰ってきました。

　みんながそばにかけよってみると、それは、生まれたばかりの、小さな白い馬でした。

　スーホは、にこにこしながら、みんなにわけを話しました。

「帰るとちゅうで、子馬を見つけたんだ。これが、じめんにたおれて、もがいていたんだよ。あたりを見ても、もちぬしらしい人もいないし、おかあさん馬も見えない。ほうっておいたら、夜になって、おおかみに食われてしまうかもしれない。それで、つれてきたんだよ。」


〈大塚（おおつか）勇三（ゆうぞう）　再話「スーホの白い馬」（福音館書店刊）による〉

3 「おばあさんは、しんぱいになってきました。」とありますが、なぜですか。

（　　　　）から。

4 書いてみよう! 「みんながしんぱいでたまらなくなった」とありますが、「みんな」とはだれのことですか。

（　　　　）と（　　　　）。

5 スーホがだきかかえてきたものは、何でしたか。

（　　　　）

6 よく出る スーホが、子馬をつれてきたのは、なぜですか。

スーホが話したわけを、じゅんをおってまとめよう。

子馬がじめんに（①　　　　）けれど、あたりには（②　　　　）も（③　　　　）もいなくて、ほうっておいたら、（④　　　　）かもしれないと思ったから。

ものしりメモ　おおつか ゆうぞうさんが書いた外国のむかし話には、「プンクマインチャ（ネパール）」「石のししのものがたり（チベット）」「まじょのひ（パプアニューギニア）」などがあるよ。

れんしゅうのワーク②

スーホの白い馬

教科書 下111～130ページ　答え 26ページ

できるナビ
●白馬がしたことや、スーホが言ったことに気をつけて、気もちを読みとろう。

べんきょうした日　月　日

おわったらシールをはろう

文しょうを読んで、答えましょう。

日は、一日一日とすぎていきました。スーホが、心をこめてせわしたおかげで、子馬は、すくすくとそだちました。体は雪のように白く、きりっと引きしまって、だれでも、思わず見とれるほどでした。

あるばんのこと、ねむっていたスーホは、はっと目をさましました。けたたましい馬の鳴き声と、ひつじのさわぎが聞こえます。スーホは、はねおきると外にとび出し、ひつじのかこいのそばにかけつけました。見ると、大きなおおかみが、ひつじにとびかかろうとしています。そして、わかい白馬が、おおかみの前に立ちふさがって、ひっしにふせいでいました。

スーホは、おおかみをおいはらって、白馬のそばにかけよりました。白馬は、体中あせびっしょ

1 スーホのせわでそだった白馬は、どんなようすでしたか。

体は（　　　　　　）いた。

2 よく出る 「はっと目をさましました」とありますが、スーホは、外でどんなようすを見ましたか。

「馬の鳴き声」と「ひつじのさわぎ」とあるよ。これらは、「おおかみ」がいたからだったんだね。

（　　　　）がひっしになって、
大きな（　　　　）から
（　　　　）をまもっているようす。

ことばのいみプラス
7行 けたたましい…とても大きな音がするようす。　12行 立ちふさがる…前に立って、じゃまをする。　27行 おさめる…上に立って、みんなの生活をとりきめる。

りでした。きっと、ずいぶん長い間、おおかみとたたかっていたのでしょう。

スーホは、あせまみれになった白馬の体をなでながら、兄弟に言うように話しかけました。

「よくやってくれたね、白馬。本当にありがとう。これから先、どんなときでも、ぼくはおまえといっしょだよ。」

月日は、とぶようにすぎていきました。

ある年の春、草原いったいに、知らせがつたわってきました。このあたりをおさめているとのさまが、町でけい馬の大会をひらくというのです。そして、一等になったものは、とのさまのむすめとけっこんさせるというのでした。

この知らせを聞くと、なかまのひつじかいたちは、スーホにすすめました。

「ぜひ、白馬にのって、けい馬に出てごらん。」

そこでスーホは、白馬にまたがり、ひろびろとした草原をこえて、けい馬のひらかれる町へむかいました。

〈大塚勇三 再話「スーホの白い馬」（福音館書店刊）による〉

3 **よく出る** 「よくやってくれたね、……おまえといっしょだよ。」とありますが、スーホは、白馬にどんな気もちで声をかけたのですか。（二つに○をつけましょう。）

ア（　）おまえのことを、ずっと大切にするよ。

イ（　）これからは、ぼくだけをまもっておくれ。

ウ（　）ずっといっしょに、あそんでくらそう。

エ（　）ひつじをまもってくれて、ありがとう。

白馬はあせびっしょりになって、ひつじをまもってくれたんだね。

4 スーホは、白馬のことをどのように思っていますか。

［　　　　］のように思っている。

5 スーホは、なかまのひつじかいたちにすすめられて、どうしましたか。

（　　　　）といっしょに

（　　　　）の大会に出るために、

（　　　　）へ出かけた。

ものしりメモ モンゴルでは、「ナーダム」という国のおまつりのときに、けい馬、すもう、弓がおこなわれる。けい馬では、おおぜいの子どもが馬にのって、とても長いきょりの草原を走るそうだよ。

れんしゅうのワーク③

スーホの白い馬

教科書 ㊦111〜130ページ　答え 26ページ

べんきょうした日　月　日

できるナビ
●ばめんのようすをそうぞうして、スーホと白馬の、おたがいにたいする気もちを読みとろう。

おわったらシールをはろう

✿ 文しょうを読んで、答えましょう。

とのさまは、おき上がろうともがきながら、大声でどなりちらしました。

「早く、あいつをつかまえろ。つかまらないなら、弓でいころしてしまえ。」

家来たちは、いっせいにおいかけました。けれども、白馬にはとてもおいつけません。家来たちは、弓を引きしぼり、いっせいに矢をはなちました。矢は、うなりを立ててとびました。白馬のせには、つぎつぎに、矢がささりました。それでも、白馬は走りつづけました。

そのばんのことです。スーホがねようとしていたとき、ふいに、外の方で音がしました。

「だれだ。」

ときいてもへんじはなく、カタカタ、カタカタと、もの音がつづいています。ようすを見に出ていっ

1 とのさまが、ひどくおこっていたことは、どんなことから分かりますか。

白馬が（　　　　）なら、（　　　　）と、家来たちにめいれいしたこと。

家来たちは、白馬にむけて矢をはなっているね。

2 「外の方で音がしました」とありますが、何の音でしたか。

（　　　　）が立てた音。

3 よく出る● おばあさんのさけび声を聞いたスーホは、どんなふうにして外へ出ていきましたか。

（　　　　）

ことばのいみプラス　8行　うなり…いきおいよくものがとんでいくときの音。

たおばあさんが、さけび声を上げました。

「白馬だよ。うちの白馬だよ。」

スーホははねおきて、かけていきました。見ると、本当に、白馬はそこにいました。けれど、その体には、矢が何本もつきささり、あせが、たきのようにながれおちています。白馬は、ひどいきずをうけながら、走って、走って、走りつづけて、大すきなスーホのところへ帰ってきたのです。

スーホは、はを食いしばりながら、白馬にささっている矢をぬきました。きず口からは、血がふき出しました。

「白馬、ぼくの白馬、しなないでおくれ。」

〈大塚勇三　再話「スーホの白い馬」（福音館書店刊）による〉

4 帰ってきた白馬の体は、どんなようすでしたか。

（　　　　　）いるようす。

5 白馬は、どんな気もちで走りつづけてきたと考えられますか。

（　　　　　）へ帰りたい。

6 よく出る スーホは、白馬にささっている矢をぬいているとき、どんな気もちでしたか。

（二つに○をつけましょう。）

ア（　）白馬に、なんとかたすかってほしい。

イ（　）白馬がもどってきてくれて、うれしいな。

ウ（　）白馬に、こんなひどいことをした人間は、ゆるせない。

エ（　）白馬は、いったいどのくらいの時間走りつづけてきたのだろう。

「はを食いしばる」は、くるしみやかなしみ、くやしさなどをがまんするようすをあらわすよ。

ものしりメモ　馬がぜんそくりょくで走ると、1時間に70キロメートルもすすむはやさで走れるよ。ふつうの道を走っている車より、ずっとはやいんだ。

まとめのテスト

スーホの白い馬

教科書 下111〜130ページ　答え 27ページ

時間20分

とく点　/100点

べんきょうした日　月　日

おわったらシールをはろう

文しょうを読んで、答えましょう。

そして、つぎの日、白馬は、しんでしまいました。かなしさとくやしさで、スーホは、いくばんもねむれませんでした。でも、やっとあるばん、とろとろとねむりこんだとき、スーホは、白馬のゆめを見ました。スーホがなでてやると、白馬は、体をすりよせました。そして、やさしくスーホに話しかけました。

「そんなにかなしまないでください。それより、わたしの ほねやかわや、すじや毛をつかって、がっきを作ってください。そうすれば、わたしは、いつまでもあなたのそばにいられますから。」

スーホは、ゆめからさめると、すぐ、そのがっきを作りはじめました。ゆめで、白馬が教えてくれたとおりに、ほねやかわや、すじや毛を、むちゅうで組み立てていきました。

1 白馬がしんでしまったときのスーホのようすが、よく分かる文をさがして、書きましょう。〔20点〕

（　　　　　　　　）

2 よく出る　ゆめの中で、白馬が話したことについて、答えましょう。

(1) 白馬は、スーホに何をたのみましたか。一つ5〔10点〕

自分の（　　　　）を

つかって、（　　　　）を作ること。

(2) どんな気もちで、(1)のことをたのんだのですか。〔20点〕

書いてみよう！

（　　　　　　　　）という気もち。

ことばのいみ プラス

6行 すりよせる…体にふれるほど近くによる。

9行 すじ…きんにくの中にある細い糸のようなもの。

がっきはできあがりました。これが馬頭琴です。スーホは、どこへ行くときも、この馬頭琴をもっていきました。それをひくたびに、スーホは、白馬をころされたくやしさや、白馬にのって草原をかけ回った楽しさを思い出しました。そして、スーホは、自分のすぐわきに白馬がいるような気がしました。そんなとき、がっきの音は、ますますうつくしくひびき、聞く人の心をゆりうごかすのでした。

やがて、スーホの作り出した馬頭琴は、広いモンゴルの草原中に広まりました。そして、ひつじかいたちは、夕方になると、よりあつまって、そのうつくしい音に耳をすまし、一日のつかれをわすれるのでした。

〈大塚勇三 再話「スーホの白い馬」（福音館書店刊）による〉

3 スーホは、がっきをどんなようすで作っていましたか。〔15点〕

[　　　　] で作っていた。

4 よく出る スーホが、どこへ行くときも馬頭琴をもっていったのは、どんな気もちからですか。〔15点〕（一つに○をつけましょう。）

ア（　）めずらしいがっきを、みんなにじまんしたいという気もち。

イ（　）白馬といつでもいっしょにいたいという気もち。

ウ（　）いつか白馬をころした人に見せて、あやまってほしいという気もち。

チャレンジ!

5 「がっきの音は、ますますうつくしくひびき、聞く人の心をゆりうごかす」のは、なぜですか。〔20点〕

ア（　）聞く人が、うつくしい音で、一日のつかれをわすれたいとねがっていたから。

イ（　）スーホが、どこへ行くときもがっきをもっていき、たくさんれんしゅうしていたから。

ウ（　）スーホが、白馬のことを大切に思う気もちが、音にあらわれていたから。

ものしりメモ 「馬頭琴」は、「モリンホール」ともよばれているんだ。モンゴル語で、「馬の楽器」といういみだよ。

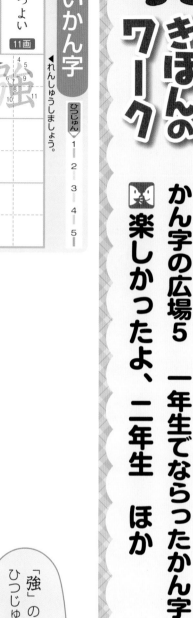

組み立てを考えて、はっぴょうしよう

きほんのワーク

かん字の広場5 一年生でならったかん字
楽しかったよ、二年生 ほか

教科書 ㊦131〜136ページ

答え 27ページ

べんきょうした日 月 日

もくひょう
●話すことをきめたら、組み立てや話し方を考えて、はっぴょうしよう。

おわったら シールを はろう

かん字れんしゅうノート28ページ

新しいかん字

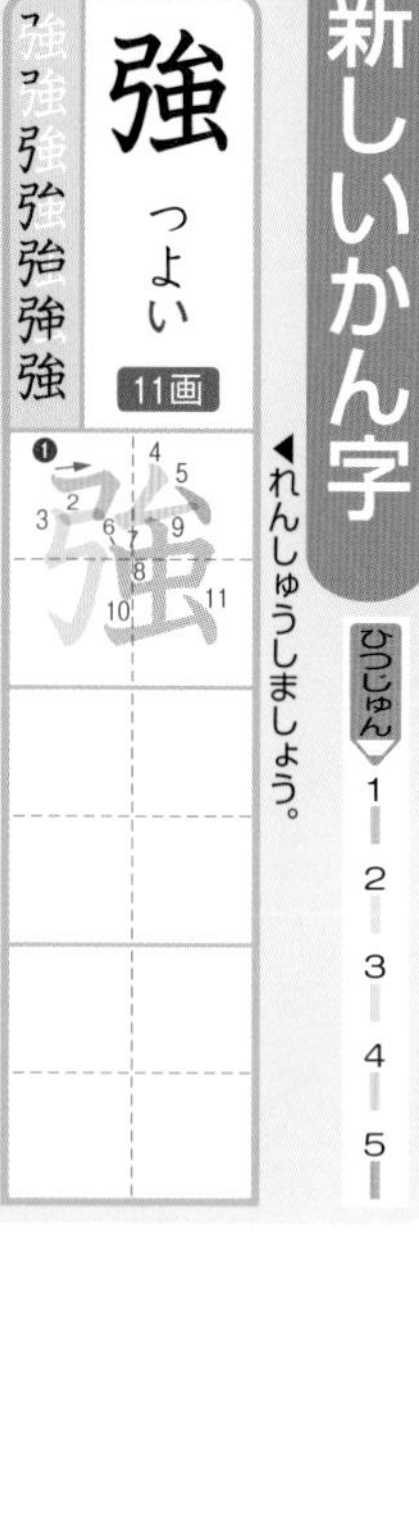

「強」の「弓」は、三画で書くよ。ひつじゅんに気をつけよう。

1 かん字の読み 読みがなを書きましょう。

○新しくがくしゅうするかん字

① ドッジボールの強（　）いボール。

「強い」のはんたいのいみのことばは、「弱い」だよ。

2 かん字の書き かん字を書きましょう。

① 風が□（つよ）い。

「強」の九画目のたて画は、つき出して、「ム」につけて書くよ。

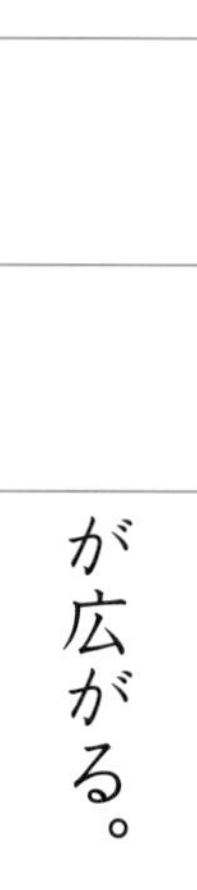

3 一年生のかん字 かん字を書きましょう。

① □（みぎ）と□（ひだり）。 ② □（おんな）の□（こ）。

③ □□（たけうま）にのる。

④ 木の□（した）で□（やす）む。

⑤ □□（あおぞら）が広がる。

4 ☆ 楽しかったよ、二年生

つぎの【カード】と【はっぴょうのれい】を読んで、答えましょう。

●うんどう会の大玉ころがしで、ゆうしょうできた。

【カード】

ア「声をかけ合おう。」と言った。

イ かけ声は、だいじだ。

ウ 大玉ころがしのれんしゅうをした。

エ がんばれて、よかった。

【はっぴょうのれい】

ぼくは、うんどう会の大玉ころがしでゆうしょうできたことが、心にのこっています。

れんしゅうをしたとき、友だちのしんいちさんが、「一、二。一、二。声をかけ合おう。」と言いました。そして、みんなで声をかけ合うと、大玉をころがすスピードがはやくなり、本番でも、れんしゅうどおりうまくできました。

かけ声は、とてもだいじだと思いました。みんなで心を一つにしてがんばれて、本当によかったです。

□。

---

1 つぎの①〜③に当たるないようが書かれているのは、ア〜エのどのカードですか。すべてえらんで、きごうで答えましょう。

① 自分がしたこと（　　）

② 自分が思ったこと（　　）

③ 友だちが言ったこと（　　）

2 「一、二。一、二。声をかけ合おう。」は、どのように話すとよいですか。（一つに○をつけましょう。）

ア（　）小さな声で、いそいで。

イ（　）大きな声で、元気よく。

ウ（　）ふつうの声で、しずかに。

3 よく出る● はっぴょうする人は、どこを見て話すとよいですか。

ア（　）教室のいちばん後ろ。

イ（　）自分の手もと。

ウ（　）聞いている人の方。

聞いている人によく聞こえるようにするよ。

4 はっぴょうのまとめのことばが、□に入ります。合うことばを考えて、書きましょう。

これで、ぼくの（　　　）を（　　　）ます。

ものしりメモ　「ドッジボール」はえい語だよ。「ドッジ」には、「すばやく体をかわす」といういみがあるんだ。

まとめのテスト おちば

教科書 下 142～149ページ　答え 28ページ

時間 20分

とく点　　/100点

おわったら シールを はろう

べんきょうした日　月　日

1 文しょうを読んで、答えましょう。

十月。

木のはは みんなちってしまい、じめんにつもりました。

「ぼく、がまくんちへ行こうっと。にわのしばふのおちばを、かきあつめてあげよう。がまくん、おどろくだろうなあ。」

と、かえるくんが言いました。

かえるくんは、ものおきから くまでをとり出しました。

がまくんは、まどから顔を出しました。

「どこもかも おちばだらけだよ。」

と、がまくんは言って、もの入れから くまでをとり出しました。

「ぼく、かえるくんちへ行こう。おちばをかきあ

---

1 よく出る 「ぼく、がまくんちへ行こうっと。」とありますが、何をするために行くのですか。　一つ5〔10点〕

がまくんの家の（　　　）のしばふにつもった（　　　）をかきあつめるため。

2 「もの入れから くまでをとり出しました」について答えましょう。

(1) がまくんがくまでをとり出したのは、何のためですか。（一つに○をつけましょう。）〔10点〕

ア（　）自分の家のにわでつかうため。

イ（　）かえるくんの家のにわでつかうため。

ウ（　）かえるくんに かしてあげるため。

(2) よく出る くまでをとり出した後、がまくんはかえるくんの気もちを、どのようにそうぞうしていますか。〔10点〕

（　　　　　　　　）

ことばのいみプラス

12行 どこもかも…どこもかしこも。どこもすべて。

26行 おちばかき…おちばを一つのところにかきあつめること。

つめてやるんだ。かえるくん、とてもよろこぶだろうなあ。」

かえるくんは、森をかけていったので、がまくんと会いませんでした。

がまくんは、ふかい草原（くさはら）をかけていったので、かえるくんと会いませんでした。

かえるくんは、がまくんのうちにつきました。まどからのぞきこみました。

「ようし。がまくん、いないぞ。だれがおちばかきしたか、ぜったいに分からないよ。」

と言いました。

〈アーノルド＝ローベル　作／みき　たく　やく「おちば」による〉

チャレンジ！

3 かえるくんとがまくんが、道で会わなかったのは、なぜですか。　一つ10〔20点〕

かえるくんは（　　　　）いって、

がまくんは（　　　　）

から。

4 「ようし。」とかえるくんが言ったのは、なぜですか。　一つ10〔20点〕

だれが（　　　　）をしたのか、

がまくんはぜったいに分からないから、

きれいなにわを見て、がまくんは、

（　　　　）

と思ったから。

ものしりメモ

「くまで」は、竹をまげてくまの手のような形に作ったどうぐで、おちばをかきあつめるためにつかうよ。しあわせをかきあつめるいみをこめた、かざりのついた「くまで」もあるよ。

2 文しょうを読んで、答えましょう。

風です。

じめんをふきまくりました。

かえるくんの作ったはっぱの山は、風にまい、ちりぢりになってしまいました。

がまくんの作ったはっぱの山は、風にまい、ちりぢりになってしまいました。

うちに帰ったかえるくんは、言いました。

「ぼくんちのしばふ、はっぱだらけだなあ。あしたは、ぼくんちのおちばかきをするよ。それにしても、がまくん、びっくりしているだろうなあ。」

うちに帰ったがまくんは、言いました。

「ぼくんちのはっぱのちらかったにわ、あしたはなんとかして、すっかりきれいにするよ。それにしても、きっとかえるくん、びっくりしているだろうなあ。」

そのばん、明（あ）かりをけして、それぞれがおふとんに入ったとき、かえるくんもがまくんも、しあわせでした。

〈アーノルド＝ローベル 作／みき たく やく「おちば」による〉

1 「風です。」について答えましょう。

(1) **よく出る** この「風」は、かえるくんの家のしばふや、がまくんの家のにわをどうしましたか。 一つ5〔10点〕

また、（　　）だらけの

（　　）にわにしてしまった。

(2) あいての家のにわが、(1)のようになったことを、かえるくんやがまくんは知っていますか。〔10点〕

ア（　）ふたりとも知らない。

イ（　）ふたりとも知っている。

ウ（　）かえるくんだけが知っている。

チャレンジ!

2 かえるくんとがまくんは、どんなところが同じですか。〔10点〕

ア（　）親友にびっくりさせられて、つかれている。

イ（　）親友のためにがんばって、しあわせである。

ウ（　）自分のわがままで、しっぱいしている。

ことばのいみ プラス

3行 まう…空中（くうちゅう）をひらひらととぶ。

4行 ちりぢり…まとまっていたものが、ばらばらになるようす。

教科書ワーク

答えとてびき

「答えとてびき」は、とりはずすことができます。

光村図書版

国語2年

使い方

まちがえた問題は、もういちどよく読んで、なぜまちがえたのかを考えましょう。正しい答えを知るだけでなく、なぜそうなるかを考えることが大切です。

ふきのとう

2・3ページ　きほんのワーク

❶ ❶よ　❷おんどく　❸ゆき　❹こえ　❺い　❻い　❼みなみ

❷ ❶音読　❷雪　❸声　❹言　❺行　❻南

❸ ❶ア　❷ア　❸イ　❹イ

❹ ❶まだ　❷もう

✪ ないようをつかもう！（上からじゅんに）4→2→3→1

てびき

❸ ❸「しんと」を強調した言葉に、「しいんと」があります。❹「ふんばる」は、「ふむ＋張る」→「ふみ張る」から、音が変化してできた言葉です。「ふんで、（足を）張る」を動作で試し、言葉の意味を確かめましょう。

❹ 「まだ」は、「まだ……ない」の形で、あることがその時点で実現していないことを表します。「もう」は「ある時間や状態が終わっている様子」を表します。それぞれの文の終わりの言葉（「やまない」「やんだ」）に着目して考えましょう。

4・5ページ　れんしゅうのワーク

1 (1) ふきのとう　(2) 雪

2 どけよう〈またはどかそう〉

3 よいしょ、よいしょ。

4 ア

5 イ

てびき

1 「よいしょ、よいしょ。おもたいな。」が、「小さな　声」の内容です。

(1) 声の主については、そのすぐ後に書かれています。「……と言いました。」の形になっていない場合は、会話文の前後をよく読んで、会話主をとらえます。

(2) 声の主がいた場所は、ただの「竹やぶのそば」ではなく、「雪の　下」であることもおさえておきます。

2・3 「ふんばる」は、「足に力を入れて、たおれないようにする」ことです。「よいしょ、よいしょ。」とかけ声をかけて力を入れ、雪をどけようとしているのです。**3**は、「ふんばって　いる　ようすが　よく　わかる、ふきのとうの　ことば」を答えることに注意しましょう。「おもたいな。」「そとが　見たいな。」は、「よいしょ、よいしょ。」と力を入れた後で、ふきのとうが思ったことを言った言葉なので、かけ声の部分だけを答えます。

4 雪は、ふきのとうの頭の上にのっています。自分がとけないせいで、ふきのとうが外を見

ることができないので、申し訳ないと謝って(あやま)いるのです。

5　雪は、「早く　とけて　水に　なり、とおくへ　行って　あそびたい」と言っています。とけるためにはお日さまの光が必要なのですが、竹やぶのかげでは日が当たりません。それで、「ざんねんそう」に上（＝空）を見上げているのです。

図書館(かん)たんけん　きせつの　ことば1　春が　いっぱい

6・7ページ　きほんのワーク

❶ ❶としょ　❷ちゅう　❸か　❹かた　❺えほん　❻し　❼はる　❽は

❷ ❶図書・絵本　❷方　❸知　❹春

❸ ❶ウ　❷ア　❸イ

❹ （右からじゅんに）1→4→2→3

❺ ❶れんげそう　❷うぐいす　❸もんしろちょう

❻ れい かたばみ・さくら・すみれ・たんぽぽ・なの花

てびき

❸ 図書館によって分類を示す言葉が異なる場合がありますが、ア～ウの分類にふくまれる内容（「おんがく」「こうさく」など）を手がかりに考えましょう。

❹ 題名の最初の文字に着目して、五十音順に並べかえます。分かりにくければ、最初の文字を丸で囲むとよいでしょう。

❺ 春に花をさかせる草花や、春に姿を見せる鳥や虫を選びます。「せみ・ほたる」は夏を感じる虫、「すすき」は秋を感じる草花、「あさがお」は夏を感じる草花です。「にわとり」は、特に姿を多く見かける季節や活発になる季節がないので、季節感のない鳥に当たります。

❻ れいで挙げた以外のものでも、春に花をさかせる植物であれば正解です。

ふきのとう

8・9ページ　まとめのテスト

1　ねぼうして・こまって

2　ウ

3　ア

4　（はるかぜは、）むね　いっぱいに　いきを　すい、ふうっと　いきを　はきました（。）

5　もっこり

6　ウ

てびき

1　「そこで、南を　むいて　言いました。」とあるので、その前のお日さまの言葉の内容が、はるかぜを起こした理由に当たります。「はるかぜが　ねぼうして　いる」せいで、春にならなくて、「みんな　こまって　いる」のです。

2　南を向いて言った言葉が、「おうい、はるかぜ。おきなさい。」であることをおさえましょう。はるかぜに向かって言っている言葉なので、はるかぜは南の方にいるのだと読み取ることができます。

3　「はるかぜは、大きな　あくび。それから、せのびして　言いました。」から、少しもあわてず、のんびりしている様子が感じられます。はるかぜののんびりした様子が伝わるように音読しましょう。あわてたり、おどろいたりしている様子はないので、イ・ウはまちがいです。

4　はるかぜがふかせる風を、はるかぜの「いき」にたとえています。3の、のんびりした様子とはちがって、大きく空気を吸いこみ、力強く風をはき出す様子が思いうかびます。

5　「こんにちは。」とまちがえないようにします。「とうとう　かおを　出した　ときのようす」を表す言葉を答えることに注意しましょう。「こんにちは。」は、ふきのとうが顔を出したときに言った言葉です。

6　ふきのとうは、ふんばってふんばって、とうとう顔を出しました。待ちわびていた春の世界に出られたのですから、喜びでいっぱいです。その喜びいっぱいの気持ちを表すように、「うれしそうに、げん気よく」音読します。

日記を　書こう

10・11ページ　きほんのワーク

❶ ❶おも　❷にっき　❸にちようび　❹にく

❷ ❶日記・思　❷日曜日　❸肉

❸
1　夕方・おかあさん・コロッケ
2　おてつだいをすることにしました
3　（右からじゅんに）3→2→1
4　イ

てびき

❸ 1　「いつ」「だれと」は、最初の文から分かります。「なにを　した」かは、どんなお手伝いをしたか、具体的に答えます。

2　日記は、その日の出来事を思い出して書くので、出来事を表す文の文末は、基本的には終わったことを表す言い方になります。「……します」を「……しました」と直しましょう。

3　2行目から6行目まで、7行目から12行目まで、13行目から16行目までの三つのまとまりに分けられます。お母さんの手伝いをしたことについて、出来事が起きた順に書いています。

4　「おいしかった」と、コロッケを味見したときの感想を書いている最後の一文が、思ったことを書いている文です。〰〰の文と最後の一文以外は、事実を書いている文です。

ともだちは　どこかな　声の　出し方に　気を　つけよう

12・13ページ　きほんのワーク

❶ ❶はな　❷き　❸おんせい

❷ ❶話　❷聞

❸ （じゅんじょなし）イ・ウ

❹
・ほし・（はん）ズボン〈またはパンツ〉
・めがね・ひこうき

❺ れい 白にみどりの水玉もようのワンピースをきて、赤いくつをはいています。

❻ ❶あめ　❷はし　❸しろ

てびき

❸ 囲みの中の説明は、二人の男の子に共通している特徴（ちょう）なので、この特徴だけでは見分けることができません。ちがっている特徴の、ぼうしの色、またはシャツの模様を説明に付け加えます。ア「くつの　いろ」は、二人とも同じなので、見分ける特徴にはなりません。エ「かばんの　なかみ。」は、見ただけでは分からないので不要です。

❹ 絵を見ずに、耳で聞いただけで分かるように伝えます。次の点に着目して、服装や持ち物の特徴を正確に答えましょう。
・服装―どんなマークが付いたシャツか、赤い何をはいているか。
・持ち物―何をかけているか、何を持っているか。

❺ 色や模様、形など、服装の特徴を伝えます。設問に「どんな　ワンピースを　きて、どんな　くつを　はいて　いるか」とあるので、次の二点を説明します。
・ワンピース―模様の色と形
・くつ―色
「ふくそうは、みどりいろの水玉もようのワンピースと赤いくつです。」などのまとめ方でもよいです。

❻ 同じ音の言葉でも、アクセント（音の高低）によって意味が変わることを確かめましょう。誤答のアクセントに当たる言葉は、❶「雨」、❷「橋」「端（はし）」、❸「白」です。方言によってアクセントが異なる場合もありますが、国語の問題では、共通語のアクセントで考えるようにします。

たんぽぽの　ちえ　［じょうほう］じゅんじょ

14・15ページ　きほんのワーク

❶ ❶きいろ　❷くろ　❸たか・げ　❹は・かぜ　❺け・おお　❻ぎょうめ・かんが

❷ ❶黄色 ❷太 ❸高 ❹新

❸ ❶イ ❷ア ❸ア

❹ イ

☆ **ないようをつかもう！**

（上からじゅんに）1→4→2→3

てびき

❶ ❸「毛」は、ふつう「け」と読みますが、「わた毛」のように上に言葉が付く場合には、「げ」と音がにごることがあります。

❸ ❷「しめり気」の「気」は「け」と読み、「ふくまれているもの」という意味を表します。ほかに「塩気（しおけ）」「水気（みずけ）」などの言葉があります。

❹ 卵焼きの作り方を説明した文章です。卵焼きを作るときの手順を、順に書いています。時間の経過や、どの手順が大切かは説明していないので、ア・ウには当たりません。

16・17ページ れんしゅうのワーク

1 黄色い・きれいな

2 花…しぼんで、（だんだん） 黒っぽい 色 に かわって いきます。
じく…（ぐったりと） じめんに たおれて しまいます。

3 （しずかに） 休ませ・たね・えいよう

4 たね・（どんどん） 太らせる

5 イ

6 わた毛

てびき

1 「その 花」が指している言葉を、「どんな花か」と考えながら、前の部分から探します。解答らんの（ ）が二つあることに注意して、「黄色い」「きれいな」のどちらも落とさないように答えます。

2 「二、三日 たつと、その 花は ……。そうして、たんぽぽの 花の じくは、……。」とあることに着目して、「花」と「じく」のそれぞれに当てはまる部分を答えます。花もじくも、元気のない様子になってしまうのです。「……黒っぽい 色に かわる。」「……じめんに たおれる。」などのように、文の終わりの形を変えて答えてもよいです。

3 2のように、花とじくは元気のない様子になってしまいましたが、たんぽぽ自体がかれてしまったのではありません。かれたような状態にして、花とじくを休ませることで、花とじくに送る分の栄養も、種に集中して送ることができるのです。

4 19行目の「こうして」が、3の、花やじくの状態の説明をまとめていることに着目しましょう。種に集中してたくさんの栄養を送るのは、種を太らせるためなのです。

5 ここでは、しぼんで、黒っぽい色に変わっていた花が、すっかりかれるまでの時間を、「やがて」と表現しています。季節が変わるほどの時間が過ぎているわけではないので、ウはまちがいです。

6 23行目の「その あとに」が、花がすっかりかれたあとを指すことを確かめましょう。「花がさく」→「花がしぼむ」→「花がかれる」→「綿毛ができる」という流れになります。

18・19ページ まとめのテスト

1

1 （白い） わた毛

2 わた毛・風・たね・とおくまで とばす

3 いっぱいに ひらいて、とおくまで とんで いきます。

4 しめり気の 多い 日や、雨ふりの 日。

5 おもく・たね・とばす

2 （右からじゅんに） 2→1→4→3

てびき

1

1 「この わた毛の 一つ一つは、ひろがると、……ふわふわと とばすのです。」の部分は、たんぽぽが綿毛を使ってどのように種をとばすのかについての説明であることに注意します。「この ころ」を、綿毛の一つ一つが広がって、ちょうどらっかさんのようになるころと考えると、この後の文章とつながらなくなります。指示内容の見当をつけたら、指示語の部分に当てはめて、意味が通るかどうか、必ず確かめましょう。

2 「なぜ、こんな ことを するのでしょう。」と、花のじくが、また起き上がって、ぐんぐんのびていくわけを読み手に問いか

けた後で、そのわけを説明しています。わけを説明する言い方の「(それは、)――からです。」に着目しましょう。

3・4「よく　晴れて、風の　ある　日」と、「しめり気の　多い　日や、雨ふりの　日」の、それぞれの「わた毛の　らっかさん」の状態を対比して説明しています。**3**では「どうなるか」、**4**では「どんな日か」と問われている点に注意しましょう。

5　ここでも、わけを説明する言い方の「(それは、)――からです。」を使っています。わけや目的を問われたら、まずは、文の終わりにわけや目的を説明する言い方を使っているところがないか、探しましょう。ほかに、「――のです。」「――ためです。」などの言い方があります。

2
順序を表す言葉に着目しましょう。三番目の文は、「きがえたら」に着目して、着がえについて説明した文の後に続くと、見当をつけます。最後の文は、「……じゅんびは　おわりです。」とあることに着目します。

かんさつ名人に　なろう

20・21ページ　きほんのワーク

1
❶めいじん　❷かたち
❸からだ　❹なが
❺ほう　❻ちか
❼おな

2
❶形　❷体
❸長　❹近
❺同

3
1　イ
2　ウ
3　かれた花・ついている
(じゅんじょなし)
4
・さわってみると、つるつるしていました。
・かおを近づけたら、赤いトマトと同じにおいがしました。

てびき

1　❺「方向」という意味の場合は、「ほう」と読みます。

3　**1**　観察記録文なので、観察した日の日付、曜日、天気を記しています。

2　〰〰の前に、「いちばん大きなみは」とあるので、ウ「みの　大きさ」が正解です。実際に見たことがない人にも、どのくらいの大きさかが分かるように、ビー玉を例に挙げて説明しています。イの「かたさ」も、ビー玉で表すことはできますが、ここでは「いちばん大きなみは」と合わないので、まちがいです。

3　まず、見てすぐ分かる、実の大きさや色のことを書いた後で、実の様子をていねいに見て観察して気がついたことを書いています。「……に気がつきました。」という書き方に着目しましょう。

4　見て観察する以外に、手でさわったり、鼻でにおいをかいだりする観察方法があります。実をさわってみて分かったこと、実のにおいをかいでみて分かったことを書いている文を答えましょう。

いなばの　白うさぎ

22・23ページ　きほんのワーク

1　ア(一)　イ2　ウ4　エ3

2
1　ア
2　わに

3
1　おきのしま・けたのみさき・およげ〈またはおよが〉
2　ア
3　ウ

てびき

1　ア…オオクニヌシの兄さんたちが、うさぎと出会った場面、イ…オオクニヌシの兄さんたちにだまされて、海に入って潮水を浴びた

うさぎが、風に当たっている場面、ウ…うさぎが、がまの穂の上にねころがっている場面、エ…うさぎが、オオクニヌシに話を聞いてもらっている場面です。

❷ 1　オオクニヌシがどんな人物かは、お話の最初の部分「いずもの国に、八十人ものかみさまの……あらそうことをこのみませんでした。」（教科書上146ページ上2行～下3行）に書かれています。兄さんたちとはちがい、争いを好まない優しい性格の人物だったのです。

2　うさぎは、わにをだまして「けたのみさき」にわたろうとしましたが、最後にうっかり「きみたち、だまされたね。」（教科書上148ページ下10行）と言ってしまい、おこったわににかみつかれ、毛をむしりとられてしまったのです。

❸ 1　「よいほうほう」の前の部分に、うさぎのしたいことが書かれています。うさぎは、自分の望みをかなえるための「よいほうほう」を考えたのです。

2　わには、うさぎの提案を素直に受け止め、賛成しているので、アが合います。この時点では、うさぎがわにの背中の上をとぶことはまだ聞かされていないので、イは合いません。

3　うさぎは、わにをだまして、1の「よいほうほう」を実現することにしたのです。

同じ　ぶぶんを　もつ　かん字

24・25ページ　きほんのワーク

❶ ❶いま　❷かいしゃ　❸き・こがたな　❹ちょうない　❺みせ　❻あね　❼いもうと　❽せん　❾きしゃ　❿うみ

❷ ❶町内・店　❷汽車　❸海

❸ ❶村・本・休　❷早・晴・春（それぞれじゅんじょなし）

❹ ❶い／はな　❷てん／ふと　❸くさ／はな　❹あめ／ゆき

❺ ❶今・会社　❷線・絵　❸妹・姉

てびき

❶ ❸「刀」は、ふつう「かたな」と読みますが、「小刀」のように上に言葉が付く場合には、「がたな」と音がにごることがあります。

❸ 漢字の中の位置によって、「木」「日」の形が少し変わることもおさえておきましょう。❶「本」は、「木」の下のほうに「一」の印を付けて、「木の根もと」という意味を表した漢字です。

❹ ❶「言う」と「話す」、❸「草」と「花」、❹「雨」と「雪」のように、同じ部分は漢字の意味とつながりが深いことを確認したうえで、正しく読み分けられるようにします。

❺ 同じ部分をもつ漢字は、混同しやすいので、ちがいをしっかり覚えましょう。また、❷「糸」、❸「女」は、漢字の左側につく部分（＝へん）になると形が少し変わるので、書くときに注意します。

スイミー　かん字の　ひろば1　ほか

26・27ページ　きほんのワーク

❶ ❶ひろ・さかな　❷すいちゅう・いわ　❸げんき・た　❹なまえ・おし　❺ひかり　❻いえ・いけ

❷ ❶魚・名前　❷元気　❸光　❹家

❸ ❶夕日・赤　❷青・車　❸町・学校　❹森・林

❹ イ

☆ないようをつかもう！
（右からじゅんに）（一）→5→2→4→3

てびき

❶ ❷「水中」を「みずなか」と読まないようにしましょう。

❷ ❶「魚」は四つの点の向きに注意します。

❹ メモは、要点を書き留めるものなので、短い言葉で簡潔に書きます。イの「見た もののようすを、文しょうで くわしく 書く。」は、メモをもとにして行う作業です。集めた情報を後できちんと使えるように、ア・ウのことに気をつけてメモをとります。

28・29ページ れんしゅうのワーク

1 (1) ウ
(2) (一ぴき のこらず) のみこんだ

2 ❶こわかった
❷さびしかった
❸(とても) かなしかった

3 ❶にじ色の ゼリー
❷水中ブルドーザー

てびき

1 (1) 「ミサイルみたいに」というたとえの言葉の前後にある、「すごい はやさ」「つっこんで きた」という表現に着目して考えましょう。アの「すこしずつ 近づいて くる」、イの「体を ふくらませて いる」は、これらの表現に合いません。

(2) まぐろがつっこんできた後の様子を書いているのは、「一口で、まぐろは、小さな 赤い 魚たちを、一ぴき のこらず のみこんだ。／にげたのは スイミーだけ。」の部分です。小さな赤い魚たちは、一ぴき残らずまぐろに飲みこまれて、いなくなってしまったのです。

2 きょうだいたち（＝小さな赤い魚たち）をみんな失って、一ぴきだけで、暗い海の底を泳いでいるスイミーの気持ちを想像しましょう。❶「まぐろが、またやってくるかもしれない」、❷「ひとりぼっちでおよいでいる」、❸「きょうだいの魚たちが……いなくなってしまった」という状況と、それぞれ最も強く結び付く気持ちを、「こわかった」「さびしかった」「とても かなしかった」の中から答えます。

3 スイミーが海の中で見た、すばらしいものやおもしろいものの様子を、たとえを使って印象的に表しています。「なににたとえられていますか」と問われていることに注意して、「○○のような △△」、「○○みたいな △△」の「○○」のほうを答えます。

30・31ページ まとめのテスト

1 (小さな 魚の) きょうだいたち

2 (1) ア
(2) 大きな 魚・いっしょ

3 (じゅんじょなし)
・けっして、はなればなれに ならない (こと。)
・(みんな、) もちばを まもる (こと。)

4 目

5 [れい]うれしい

てびき

1 「スイミーのと そっくりの、小さな 魚の きょうだいたちを」とあります。この「スイミーのと」が、「スイミーの小さな魚のきょうだいたちと」の意味であることに注意します。

2 (1) 自分のきょうだいたちに似ている魚たちを見つけたスイミーは、うれしくなって、遊びにさそいます。しかし、小さな赤い魚たちは、大きな魚に食べられることをおそれて、岩かげから出てこられません。そんな魚たちに向かって、スイミーは「いつまでも そこに じっと して いる わけには いかないよ」と言っています。

(2) 一生懸命考えていたスイミーが、とつぜんさけんだのは、いい方法を考えついたからです。さけんだ言葉の内容が、その方法です。大きな魚（＝まぐろ）に立ち向かうには、自分たちも大きな魚のふりをすればよいと考えたのです。

3 「スイミーは 教えた。」の後の部分で、二つのことを挙げています。どちらも、**2**の(2)でとらえた、海でいちばん大きな魚のふりをして泳ぐ方法を実現するために、必要な注意です。

4 赤い魚たちの中で、一ぴきだけ真っ黒なスイミーですが、その色のちがいを目の役割に生かしたことを読み取ります。この場面では、スイミーが真っ黒だったことを直接表す表現は出てきませんが、「ぼくが、目に なろう。」という言葉から、目の役割をすることがとら

えられます。

5 みんなで力を合わせて、一ぴきの魚のように泳げるようになり、とうとう大きな魚を追い出したのです。おそろしい敵がいなくなり、自由に泳げるようになったスイミーたちの気持ちを想像しましょう。「たのしい」「よかった」など、自由に泳げる喜びに合う言葉であれば、正解です。

32・33ページ きほんのワーク
こんな もの、見つけたよ 丸、点、かぎ

❶ ❶く ❷うし ❸かず ❹まる・てん ❺かいわ ❻か

❷ ❶組 ❷後 ❸点 ❹買

❸ 1 ア

2 木のみきをさわると、┐つるつるしていて、┐びっくりしました。

3 さるすべり（の木）だそうです。

〈またはさるすべり（の木）というそうです。〉

❹ ❶山に、はたけがある。

❷山には、たけがある。

❸ てびき

1 「はじめ」のまとまりで、「わたしは、どこで、何を、見つけました。」と、何について知らせたいかをはっきり示しています。イの「くわしい せつめい」は「中」のまとまりに、ウの「まとめの ことば」は「おわり」のまとまりに書きます。

2 点（、）は、文の中の切れ目につけます。どこで意味が切れるか、――の文の意味のまとまりを考えます。「……すると、……していて、……しました。」というまとまりに分けられるので、この意味の切れ目の二か所に点（、）を打ちます。打つ点（、）は二つなので、「木のみきを」の後には打ちません。

3 「――そうです。」は、人から聞いたことを表す言い方です。この言い方を使うと、他の人が話したことをかぎ（「　」）を使わずに表せます。「さるすべりの木だ」という言い方の後に、「そうです。」を付けます。同じ意味を表す「――というそうです。」という言い方を使っても正解です。

4 「は」の前後のどちらで区切るかで、意味がちがってきます。❶と❷では、「は」の読み方がちがうことにも注意しましょう。

34・35ページ きほんのワーク
あったらいいな、こんなもの きせつのことば2 夏がいっぱい

❶ ❶ひ ❷はね ❸くも ❹なつ

❷ ❶引 ❷羽 ❸雲 ❹夏

❸ 1 [1]…どうして [2]…なにが [3]…どれぐらい

2 （右からじゅんに）2→3→1

❹ （じゅんじょなし）かぶと虫・ひまわり・すいか

❸ てびき

1 相手に質問するときに使う言葉の使い分け方を確かめましょう。

[1]…「あったらいいなと思った」わけを質問しているので、「どうして」が合います。

[2]…「できること」を質問しているので、「なにが」が合います。

[3]…重さ・長さ・大きさなどの程度を質問する場合は、「どれぐらい」を使います。

2 男の子の質問の「あったらいいなと思ったの」「できるの」「どんな形」「おもさは」などの言葉に着目しましょう。形とおもさについての質問は、まとめて「形や色、大きさなど（つくり）」に当たります。

❹ 「菜の花・つくし」は春、「もみじ・さつまいも」は秋、「白菜」は冬を感じるものに分けられます。一年中、店で見かける果物や野菜も多いですが、それぞれ旬があることを理解しましょう。「すずめ」は、一年中見られる鳥で、特定の季節は感じられません。「ふくらすずめ（＝寒さに全身の羽をふくらませ

ているすずめ）」など、「すずめ」が付く言葉が季語になる場合もありますが、「すずめ」自体は、季節感のない鳥に当たります。

お気に入りの本をしょうかいしよう ミリーのすてきなぼうし

36・37ページ きほんのワーク

❶ ❶てんちょう ❷こうえん・とお ❸きゅうまん ❹た ❺から ❻あたま ❼とり・き ❽うた

❷ ❶公園 ❷通 ❸九万 ❹頭 ❺鳥

❸ ❶ア ❷イ ❸イ

❹ ❶さっそく ❷とつぜん

☆ないようをつかもう！ （上からじゅんに）2→4→3→1

てびき

❸ ❶「とりどり」は、「それぞれちがっている様子。いろいろ」という意味を表します。❸「けっこう」には、「優（すぐ）れている様子」「満足な様子」という意味もありますが、ここでは、「それ以上は必要ではない様子」という意味です。

❹ ❶「さっそく」は「時間を空けずにすぐ行う様子」、❷「とつぜん」は「考えてもいなかったことが急に起こる様子」を表します。❶は「買ってきたばかり」を、❷は「おどろく」を手がかりに、場面の様子をとらえましょう。

38・39ページ れんしゅうのワーク❶

1 空っぽ
2 ウ
3 ぼうし
4 大きさも形も色・そうぞうしだい・すばらしい
5 ぴったり・（とっても）いいかんじ
6 ア

てびき

1 ミリーが開いて見せたお財布（さい）の中は、「空っぽ」でした。空っぽなのに、「このくらい」「そのくらいですか」と、お金が入っているようなやり取りをしているのです。

2 店長さんがミリーの空っぽのお財布を見て、「はあ――、そのくらいですか――。」とつぶやいた後に、てんじょうを見上げたことから考えます。店長さんの言葉に、間があいていることを表す「――」が使われていることから、店長さんが困って、考えこんでいる様子が読み取れます。後の場面で、ミリーにぼうしを売っていることから、店長さんにはミリーとのやり取りを続ける気があることをとらえましょう。

3 店長さんは、想像力が豊かなミリーにふさわしいぼうしはないかと考えて、思いついたのです。この後で店長さんが、お店の裏の方から持ってきた箱には、「とくべつなぼうし」が入っていました。

4 「大きさも形も色も、……すばらしいぼうしです。」が、店長さんがぼうしについて説明している言葉です。ここから、合う言葉をぬき出します。「おきゃくさま」は、このぼうしをかぶる人を指していることを読み取りましょう。

5 店長さんが説明してくれた「とくべつなぼうし」であることも、ミリーがぼうしを買うことにした理由だと考えられますが、ここでは、さらに買う決め手になった理由を読み取ります。頭にのせたぼうしが「ぴったり」で、「とってもいいかんじ」だったので、ミリーは「じゃあ、これにしますわ。」と言ったのです。

6 ミリーのお財布は空っぽだったので、実際にはらうお金は持っていません。想像のお金だけれど、持っているだけ全部はらいたかったのです。お金をたくさんはらってもいいと思うほど、ミリーがぼうしを気に入ったからだと考えられます。最後まで、実際の買い物のようなやり取りを、想像のうえで続けていることをおさえ、ミリーと店長さんの気持ちを読み取りましょう。

40・41ページ れんしゅうのワーク②

1 ぼうしの形
2 いろんな色・（もっともっと）たくさん
3 （おいしそうな）ケーキ・そうぞう
4 くらくてさびしい水たまり
5 ア
6 ウ

てびき

1 すぐ後に、ミリーが思ったことの続きが書いてあります。「じゃないと、ぼうしの形が見えないもの。」に着目しましょう。想像しないとぼうしの形が見えない、つまり、想像すれば、それがぼうしの形となるということです。

2 「どんなぼうしにしようかな」と、ミリーが想像した内容が、「クジャクのぼうし」になります。お店で見た「いろんな色の羽のぼうし」より、「もっともっと　たくさん羽がついてる」ぼうしを想像したのです。

3 「ケーキのぼうし」になったということは、ミリーがケーキのことを想像したということです。ケーキ屋さんに並んでいるおいしそうなケーキを見たらケーキのことを、花屋さんの前を通り過ぎたら花のことを、公園ではふんすいのことを想像したので、ミリーのぼうしは、そのたびに次々と形を変えました。

4 ぼうしを持っているのは、ミリーだけではありませんでした。みんなが持っているぼうしも、ミリーと同じく、想像したことが形となって現れるぼうしで、それぞれがちがっていたのです。ミリーが、みんなにもぼうしをかぶせたいと思っていたわけではないので、イはまちがいです。また、みんなが実際に「それぞれじぶんのすきなぼうしを、かぶっていた」わけではないので、ウもまちがいです。

5 「おばあさんのぼうしは、くらくてさびしい水たまりでした。」とあります。おばあさんの、暗くてさびしい気持ちを映し出したぼうしが、ミリーに見えたのです。

6 ミリーのぼうしから、鳥や魚がとび出しておばあさんのぼうしにとびうつったことから考えます。ミリーはおばあさんの「くらくてさびしい水たまり」を明るくにぎやかにしてあげたい、つまり、暗くてさびしい気持ちをかかえているであろうおばあさんの心を、楽しく元気にしてあげたいと思ったのです。

42・43ページ まとめのテスト

1 鳥や魚
2 うれしく・いっしょ
3 家・中
4 ウ
5 ア
6 そうぞう・ぼうし

てびき

1 ミリーが、おばあさんと出会ったのは、公園です。「公園では、ふんすいのぼうしです。」とあり、後で、ミリーのぼうしの中から「鳥や魚がとび出して」いることと合わせて考えます。おばあさんの「くらくてさびしい水たまり」のぼうしとは対照的な、「あかるくてにぎやかな」ぼうしだったことをおさえておきましょう。

2 「ミリーはうれしくなって、歌を歌いました。すると、ぼうしもいっしょに歌いました。」とあります。ミリーの気持ちがぼうしに伝わって、ぼうしも同じ気持ちになっている様子が分かります。

3 ――の前の部分で、家にもどったミリーが、「ぼうしが大きくなりすぎて、中に入れません」と、家の中に入れない様子が書かれています。そのため、ミリーは「ちがったぼうしをそうぞうして」みたのです。「ちがったぼうし」が、家の中に入れる大きさのぼうしであることを読み取りましょう。

4 〰〰の後の「だって、ぼうしなんかどこにも――。」は、ママが「ぼうしなんかどこにもない」と思ったことを表しています。ミリーが、かぶっても持ってもいないぼうし、つまり、ママには見えないぼうしの話をいきなりしたので、びっくりしたのです。ぼうしの話をしたこと自体にびっくりしたわけではないので、イはまちがいです。また、ママにはぼうしは見えていないので、アもまちがいです。

5 ママは、「ぼうしなんかどこにもない」と思ったことを言葉にせず、飲みこんでいます。「こう　こたえることにしました」から、ミ

リーの話を否定して、楽しそうな気持ちを台無しにしたくないと思い、答え方を考えて決めたのだと読み取れます。ママが、ミリーのことをふざけていると思ったり、ミリーが新しいぼうしを欲しがったりしている様子は書かれていないので、イ・ウはまちがいです。

6 ミリーは、みんなが、それぞれ、そうぞうのぼうしを持っていることに気がついて、家にもどってきました。「ママだって……」という言葉から、ママにもそんなすてきなぼうしのことを知ってほしいという思いが読み取れます。

44・45ページ　雨のうた／ことばでみちあんない　きほんのワーク

❶ ❶あ　❷わ・にかい

❷ ❶分　❷二回

❸ 1　イ

2　（じゅんじょなし）
やね・つち・かわ・はな

3　❶やね・とんとん
❷つち・ぴちぴち

❹ すぐ・まっすぐ・左がわ・右がわ

てびき

❸ 1　「あめが　うたう」とは、雨が何かに当たり、いろいろな音を立てる様子をたとえています。単に雨が降っている音では「うた」ではないのです。

2　「あめが　うたう」のは、「だれかといっしょ」だというのです。続く部分で、だれと、どんなうたをうたうかを挙げています。「あげているものを　すべて」と指示されているので、「やね・つち・かわ・はな」の四つを落とさずに書きましょう。

3　「うた」の内容については、第二連に書いてあります。「どこで、どんな音を立てるのか（＝だれと、どんなうたをうたうのか）」一つずつおさえましょう。ほかの二つのうたは、次のような様子を表します。
「かわのうた」…雨が川の水面に当たって、つんつん音がする様子。
「はなのうた」…雨が花に降り注いで、しとしと音がする様子。

❹ 初めて待ち合わせする場所を、地図を見ていない相手に分かるように道案内をします。最初に待ち合わせの場所を挙げてから、通る道を順に説明します。道を進むきょり、道を曲がる場所や方向、目印となるもの、目的のものがある方向など、ポイントを落とさないようにしましょう。

46・47ページ　みの回りのものを読もう／書いたら、見直そう　ほか　きほんのワーク

❶ ❶まわ　❷みなお
❸てがみ　❹えんそく
❺とも

❷ ❶手紙・見直　❷遠足

❸ ❶友

❹ ❶水・天気・雨

❹ ❶はしらないで！・大きい文字
❷あぶなさ

❺
　きのう、おじいさん
の家で、絵をかきまし
た。
　おじいさんが、
「絵がじょうずだね。」
とほめてくれて、うれ
しかったです。

てびき

❹ ❶「いちばん目立つようにしている」に着目しましょう。いちばん目立つのは、「はしらないで！」という文字です。❷絵で表しているのは、人がぶつかっているところです。廊下を走ることの危なさが、見てすぐ伝わるように工夫されています。

❺ 最初の文は、「いつ、どこで、なにをどうした。」という組み立てなので、「きのう（＝いつ）」の後に、点（、）を打ちます。会話に

かぎ（「」）と丸（。）を、二つ目の文の終わりに丸を付けます。助詞の「を」が「お」になっているところと、点と丸の使い方が逆になっているところを直します。会話は改行することも忘れないようにしましょう。

どうぶつ園のじゅうい

48・49ページ　きほんのワーク

1 ❶あさ　❷かお・たいせつ　❸あ　❹ひるまえ・あいだ　❺はんぶん　❻まいにち・でんわ　❼にんげん　❽そと・あと

2 ❶顔　❷間　❸昼前　❹電話

3 ❶バナナ　❷ワラビー　❸ペンギン

4 ❶イ　❷ア　❸ア　❹イ　❺ア

ないようをつかもう！　（上からじゅんに）△・○・△

てびき

4 ❷「目当てのものを見つける」という意味の「探す」と区別しましょう。❸「よける」には、「わきへ寄る」「防ぐ。のがれる」という意味もありますが、ここでは、「除外する」という意味です。

50・51ページ　れんしゅうのワーク❶

1 ・元気にくらせる
・びょうきやけが・ちりょう

2 朝・どうぶつ園の中を　見回る

3 元気な・びょうきになった・気づくこと

4 イ・エ

5 イ

てびき

1 ここでは、動物園の獣医（じゅう）の仕事全般（ぱん）について答えます。最初の段落で仕事全般について説明した後、「ある日の　わたしのしごとのことを　書いてみましょう。」と、一日の仕事のくわしい説明に移っていることをおさえましょう。

2 二つ目の段落の初めで、まず、一日のうち、いちばん初めにする仕事は何かを挙げています。朝、動物園の中を見回ることから、仕事が始まるのです。一日のうちのいつのことか、「朝」などの時間を表す言葉に気をつけて読み取りましょう。

3 朝、獣医が、動物園の中を見回る理由について、二つ挙げています。「なぜかというと、元気なときの　どうぶつのようすを……すぐに気づくことが　できるからです。」と、わけを説明する言い方が使われている文が、一つ目の理由に当たるので、この文から合う言葉を探しましょう。その後に「また、……大切なりゆうもあります。」と付け加えています。この文は、二つ目の理由に当たります。

4 二つ目の理由にある、動物たちに「なれてもらう」ために、具体的にどうするのかを読み取ります。動物たちに、毎日、顔を見せたりあいさつをしたりして、自分の顔と声を覚えてもらうのです。

5 「どうぶつたちは、よく知らない人には、いたいところや　つらいところをかくします。」とあります。そこで、よく知っている人だから見せてもだいじょうぶ、と安心してもらうために、4のようにして、顔や声を覚えてもらうのです。単に、獣医とよく知らない人とを見分けるだけではなく、心を許してもらうのが重要なので、アでは不十分です。また、動物たちが動物園にいることに安心できるようにすることが直接の目的ではないので、ウはまちがいです。

52・53ページ　れんしゅうのワーク❷

1 いのししのおなか・赤ちゃん

2 (1) きかい・おなか
(2) えさを食べさせ

3 (お) 昼前

4 ウ

5 ❶（半分に切った）バナナ　❷はちみつ

てびき

1 「しいくいんさんによばれました」のすぐ後の文に、飼育員さんにたのまれた内容が書

いてあります。

2 (1) おなかの中の様子をさぐるためにどうするかは、――の直後に書いてあります。

(2) 実際にどのようにしたかは、「いのししがこわがらないように、……そっと当ててみました。」の文に書いてあります。いのししがこわがって暴れないように工夫する必要があるのです。

3 各段落の初めにある、「見回りがおわるころ」「お昼前」が、「いつ」を表す言葉です。一日の仕事の内容を順を追って書いているので、時間を表す言葉に気をつけて読み進めます。

4 苦い薬だから飲まなかった、とは直接書いていませんが、「にほんざるは、にがいあじが大きらいです。えさの中に くすりを入れて のませようとしても、すぐに気づかれました。」から、苦い味の薬だったので飲まなかったことが読み取れます。

5 薬を食べ物に入れて飲ませる三つの方法のうち、すぐに気づかれてしまったのと、薬のところだけをよけて食べられてしまったのが失敗した方法、薬もいっしょに飲みこんでくれたのが成功した方法ということです。薬をよけて食べられてしまったのは、薬の粉を半分に切ったバナナにはさんだ方法、薬をいっしょに飲みこんでくれたのは、薬の粉をはちみつに混ぜた方法です。

かたかなのひろば ことばあそびをしよう

54・55ページ きほんのワーク

❶ ❶たの ❷かぞ ❸した

❷ ❶楽 ❷数 ❸親

❸ ❶文字 ❷上

❹ ❶マット・ジャンプ ❷バトン・リレー・ゴール

❺ にわとりが／にわに／にわ／いる。

❻ (い) ろ・は (に) ほ・へ (と) (ち) り (ぬ) る (を)

てびき

❶ ❷「かず」と読まないようにしましょう。送りがなが付く場合は、「かぞ(える)」と読むと覚えます。

❹ ❶小さな「ッ」や「ャ」は、ます目の右上寄りに、小さめに書くようにしましょう。❷かたかなでは、長くのばす音を「ー」を使って書きます。

❺ 「にわとりが、庭に二羽いる。」という意味になるように区切ります。「にわとりが、二羽庭にいる。」でも同じ意味を表しますが、ここでは初めの「にわとりが／にわ／」で区切ってしまうと、後が「ににわ／いる。」となり、意味が分からなくなってしまいます。また、「にわ／とりが／にわに／にわ／いる。」(＝二羽、鳥が、庭に二羽いる。)と区切ると、「二羽」が二度出てくるうえ、四回区切ることになるので、まちがいです。

なかまのことばとかん字 かん字のひろば3

56・57ページ きほんのワーク

❶ ❶おや ❷ごぜん・ごご ❸さんすう・せいかつ・おんがく・ずこう ❹たい ❺しょうがっこう・きょうか

❷ ❶父・母 ❷兄・弟 ❸夜 ❹国語

❸ ❶白・小・花・見

❹ (❶・❷、❹・❺、❻・❼は、それぞれじゅんじょなし)
❶父 ❷母 ❸子 ❹兄 ❺弟 ❻姉 ❼妹

❺ ❶音楽・イ ❷一万円・ア ❸赤・オ ❹朝・ウ ❺晴れ・エ

てびき

❹ 「家の人」を表す仲間の言葉です。それを「親」と「子」と、二つのまとまりに分けていることをおさえましょう。「子」を表す仲間の言葉は、「わたし」を中心にして、年上

5 のきょうだいの「兄・姉」、年下のきょうだいの「弟・妹」という仲間分けもできます。
❷単に「数」を表す仲間の言葉ではなく、「お金」を表す仲間の言葉です。❹「一日」を表す仲間の言葉には、「朝・昼・夜」という区切り方のほかに、「午前・正午・午後」という区切り方があることも確かめておきましょう。

どうぶつ園のじゅうい
なかまのことばとかん字

58・59ページ まとめのテスト

1
1 ❶夕方 ❷ボールペン・のみこんで
2 ウ
3 れい早めに手当てができた
4 一日のしごとのおわり（。）
5 （じゅんじょなし）
・きょうあったできごと（。）
・どうぶつを見て気がついたこと（。）
6 びょうきやけが・よりよいちりょう
7 イ

2
（それぞれじゅんじょなし）
❶黒・青 ❷昼・朝
❸姉・父

てびき

1
1 ❶「いつ」を表す言葉は、ア の段落の初めにあります。❷「ペンギンが、ボールペンを のみこんでしまった」が、飼育員さんの電話の内容です。

2 「いのちにかかわる」とは、「死んでしまうかもしれない」ということです。そういう動物の命にかかわる一刻を争う事態に直面した、獣医の気持ちを考えてみましょう。――の直後に「大いそぎでびょういんにはこびました。」と、すぐに行動したことが書かれていることから、アの「なおすほうほうが分からない」や、イの「しばらくようすを見よう」はまちがいです。

3 「早めに手当てができたので、ペンギンは、あすには元気になるでしょう。」と、ひと安心した理由が書いてあります。

4・5 イ の段落の初めの一文が、「いつ」「どんなこと」を日記に書くのかを表していることをとらえましょう。「どんなこと」は二つ挙げているので、それを一つずつ書きます。

6 「日記を書く」＝「毎日、きろくをしておく」ことであることをおさえましょう。毎日の記録は、次に同じようなことが起きた場合に、よりよい治療をするための参考になるのです。

7 ア の段落には、ペンギンがボールペンを飲みこんでしまい、その治療をしたことについて書いてあります。このようなことは、毎日決まって起きるわけではありません。イ の段落にある、「一日のしごとのおわり」「毎日、きろくをしておく」などの記述から、こちらが毎日する仕事について書いてある段落だと分かります。

2
❶「どんな色か」、❸「家の人のだれを表すか」、❷「一日のうちのいつを表すか」のように考えて、仲間の言葉を探しましょう。残りの「あめ＝雨」は天気を表す仲間の言葉、「ひゃく＝百」は数を表す仲間の言葉です。

お手紙

60・61ページ きほんのワーク

❶ ❶じぶん ❷とき ❸じかん ❹かえ ❺なに ❻あ ❼しん ❽しんゆう
❷ ❶自分 ❷時間 ❸帰 ❹何 ❺合 ❻親友
❸ ❶ア ❷イ ❸ア
❹ ❶たずねる ❷のぞく ❸まかせる ❹わたす

ないようをつかもう！
ア3 イ2 ウ5 エ1 オ4

てびき
❹ ❶この場合の「たずねる」は、「質問する」という意味であることに注意しましょう。❸

「まかせる」は、「人にたのんで、その人がしたいようにさせる」という意味です。

62・63ページ れんしゅうのワーク❶

1 げんかんの前
2 かえるくん
3 イ
4 (1) (お) 手紙・まつ〈またはまっている〉
(2) いちど・もらった
5 かなしい

てびき

1 初めに「がまくんは、げんかんの前にすわっていました。」と、がまくんのいる場所が示されています。この「げんかん」で、自分あての手紙を待っている様子から、「がまくんの家のげんかん」だと分かります。

2 がまくんの家に、かえるくんがやって来た場面です。場所と登場人物をしっかりおさえましょう。

3 かえるくんが、続けて「きみ、かなしそうだね。」と言っていることに注意します。何があったのかな？　だいじょうぶかな？　と、がまくんを心配しているのです。

4 お手紙を待つ時間が悲しい時だと、がまくんは、かえるくんに言いました。すると、「そりゃ、どういうわけ。」とかえるくんに理由をきかれ、がまくんは「だって、ぼく、お手紙もらったこと　ないんだもの。」と答えています。かえるくんが「いちどもかい。」ときくと、がまくんは「ああ。いちども。」と答えています。「いちども」手紙を「もらった」ことがないから、がまくんは悲しいのです。

5 最後に「ふたりとも、かなしい気分で」とあります。かえるくんは、がまくんが悲しんでいる理由を知って、自分も悲しくなってしまったのです。

64・65ページ れんしゅうのワーク❷

1 お手紙・くれた〈または書いた・出した〉
2 (1) ア
(2) がま（くん）〈またはがまがえるくん〉・(お) 手紙
3 (お) 手紙・がまくんの家・ゆうびんうけ
4 ・（「）まかせてくれよ。（」）
・（「）すぐやるぜ。（」）
5 ウ

てびき

2 (1) かえるくんは、「しなくちゃいけないこと」の内容をがまくんに明かさずに、家へ帰ろうとしています。大急ぎで家へ帰った様子から、これからすることを心に決めていることが分かります。

(2) 〰〰の後の文章から、かえるくんのしたことを読み取りましょう。かえるくんは大急ぎで家へ帰った後、えんぴつと紙を見つけて、その紙にえんぴつで「何か」を書いてから、紙をふうとうに入れて、ふうとうに「がまがえるくんへ」と書きました。このひと続きの行動から、かえるくんは、がまくんあてのお手紙を書いて出そうとしていることが読み取れます。

3 がまくんへのお手紙を書いた後、かえるくんは家から飛び出して、かたつむりくんにお願いごとをしています。「おねがいだけど」と言ってから、「このお手紙を　がまくんの家へ　もっていって、ゆうびんうけに　入れてきてくれないかい」と、お手紙を届ける役をしてほしいと、たのんでいます。

4 かえるくんのお願いごとを聞いた、かたつむりくんの返事は、「　」（かぎ）で表されています。「まかせてくれよ。」「すぐやるぜ。」が、かたつむりくんの言った言葉です。かえるくんのお願いごとを、快く引き受けています。

5 **4**で見たように、かえるくんのお願いごとを、快く引き受けたかたつむりくんは、張り切って、すぐ行動すると言っているので、ウの気持ちが分かります。

主語（しゅ）と述語（じゅつ）に　気をつけよう

66・67ページ きほんのワーク

❶ ❶なん　❷こんしゅう・とうばん
❸がようし　❹さんかく
❺こうつう　❻かざぐるま

❼あか・ほし

❷ ❶里

❸ ❶イ ❷ア ❸ウ

❹ ❶先生が ぼくの 名前を よぶ。
❷外は とても しずかだ。
❸それは ぼくの 本だ。

❺ ❶れい男の子がなわとびをする。
❷れい（白い）犬がかわいい。

てびき

❸ ア「どうする（どうした）」は動きを表す言葉、イ「どんなだ」は様子を表す言葉、ウ「何だ」は物事の名前を表す言葉に「だ」が付いたものであることを確かめます。❶「元気だ」は、元気な様子を表す言葉なので、「どんなだ」に当たります。❷「わらう」は、（顔の）動きを表す言葉なので、「どうする」に当たります。❸「三年生だ」は、「三年生（何）＋だ」で、「何だ」に当たります。

❹ まず、述語の「どうする（どうした）」「どんなだ」「何だ」に当たる言葉をおさえましょう。次に、それに対する「だれが（は）」「何が（は）」に当たる主語を探しましょう。❶「よぶ」のはだれか、❷「しずか」であるのは何か、❸「本」であるのは何か、をとらえます。

❺ 主語を選んだら、それがどんな動きをしているか、どんな様子であるかを、絵を見て考えましょう。❶は述語に動きを表す言葉を、❷は述語に様子を表す言葉を使います。

〈解答例〉
❶・からすがとぶ。
・女の子が犬をなでる。
・たいようがしずむ。
・犬がしっぽをふる。
・ぼうしがおちる。
❷・花がきれいだ。
・犬が大きい。
・空が赤い。

68・69ページ きほんのワーク
かん字の読み方 きせつのことば3 秋がいっぱい

❶ ❶とうきょう ❷きんぎょ
❸あ ❹ふる・てら
❺にしび ❻よ（よる）・あ
❼げざん ❽と
❾みち ❿だい
⓫ふね ⓬こめ

❷ ❶道 ❷野原
❸船 ❹秋

❸ ❶（じゅんに）じょう・かみ・あ・のぼ
❷（じゅんに）くだ・しも・さ・お

❹ ❶やま・ざん ❷ぎょ・さかな
❸した・お

❺ ❶すすき
❷（じゅんじょなし）くり・かき
❸すずむし

てびき

❺ ❶「すすき」は、秋に白いほをつけて、山や野原に群がって生える、高さ一～二メートルの草です。❷「くり」も「かき」も、秋を代表する果物です。❸「すずむし」のおすは、秋に羽をすり合わせて鳴きます。「チューリップ」は春に花をさかせる草花、「さくらんぼ」は夏が旬の果物、「ほたる」は夏に成虫になり、夜の水辺で腹の先の部分を青白く光らせる、こん虫です。

70・71ページ まとめのテスト
お手紙 かん字の読み方

1 1 がまくん・お手紙・出した〈または書いた〉
2 ぼく…かえる（くん）
きみ…がま（がえる）（くん）
3 ウ
4 （とても ）しあわせ
5 四日
6 親友

2 ❶い・はい ❷は・い

てびき

1 1 かえるくんは、「だって、ぼくが、きみに お手紙出したんだもの。」と言っています。かえるくんは、自分の家に帰り、がまくんにお手紙を書いて、それをかたつ

むりくんに届けてくれるようにたのんだ、まさにその人なので、がまくんにまちがいなくお手紙が来る自信があり、「きっと来るよ。」と言い切っています。

2 かえるくんががまくんにあてて書いた手紙であることから考えます。

3 がまくんは、「ああ。」の後で、「とてもいいお手紙だ。」と続けています。かえるくんの手紙の内容は、二人は親友であり、そのことをかえるくんはうれしく思っているという、友情にあふれるものだったので、がまくんは感動しているのです。

4 「ふたりとも、とても　しあわせな気もちで、そこにすわっていました。」とあります。手紙が来ることが分かっているので、「とても　しあわせな気もち」で待っていられたのです。

5 手紙を運んでいたのは、かたつむりくんです。そのかたつむりくんが、がまくんの家に着いたのは、四日たってからのことです。「すぐやるぜ。」と張り切っていたかたつむりくんですが、ずいぶん時間がかかってしまいました。

6 かえるくんの手紙にも書かれているように、かえるくんとがまくんは、たがいを信じ合っている、とても仲の良い友達なのです。

そうだんにのってください

72・73ページ　きほんのワーク

❶ ❶つく　❷り

❷ ❶作　❷理

❸ 1 にし
2 ウ
3 ❶わだ　❷すずき
4 ア

❸ てびき

1 話し合いの最初に、にしさんが「町たんけんでパンやさんに行きますが、何をきいたらいいでしょうか」と言って、みんなに向かって「そうだんにのってください。」と伝えています。

2 わださんに「どうしてですか」と質問をされて、たむらさんは「どうしてかというと」と話し始めています。この言い方は、自分の考えの理由を述べるときに使われます。また、文末の「思っていたからです」の「〜から」も、理由を表す言い方です。

3 ❶わださんはたむらさんの「朝何時からはたらいているかを　きくのがいい」という考えを聞いて、「それは、どうしてですか。」と質問をしています。さらに、「きくのは、はたらきはじめる時間だけでよいでしょうか。」ときいています。❷すずきさんは、「たむらさんとわださんの話につけ足します。」と最初に言ってから、自分の考えを伝えています。

4 話し合いで、うまく話をつなげるためには、まず人の話をよく聞くことが大切です。人の考えと自分の考えが同じかちがうか比べてみて、自分の考えを言います。イは「人にきかれたときだけ」、ウは「何回もくりかえして」が、不適切です。

紙コップ花火の作り方
おもちゃの作り方をせつめいしよう　ほか

74・75ページ　きほんのワーク

❶ ❶ほそ・ちょうほうけい　❷うち　❸こく・しんぶん　❹すく

❷ ❶少　❷谷　❸細

❸ ❶はく　❷はやい

❹ ❶ア　❷イ

❺ ❶つける　❷はさむ　❸空ける

☆ないようをうかもう！　（上からじゅんに）2→1→4→3

てびき

❷ ❶「少し」（すこし）と「小さい」（ちいさい）は、漢字の意味と形に似たところがあるので、書きまちがえないように注意しましょう。

❸ ❶「ぬぐ」の反対の意味の言葉は、身に着ける物によって異なります。例えば、「服をぬぐ」の反対は「服をきる」で、「ぼうしを

ぬぐ」の反対は「ぼうしをかぶる」です。「くつ下をぬぐ」の場合、反対は「くつ下をはく」となります。

❹ ❷「谷おり」とは、折った線が内側（谷の底）になるようにする折り方です。折った線が内側にかくれて、紙全体が谷のような形に見えます。

❺ 紙を使った❶～❸の動作を具体的に思いうかべましょう。❶は「のりで」、❷は「二まいの紙で」、❸は「さして、あなを」に着目すると、どの言葉が動作に合うかが分かります。

76・77ページ　れんしゅうのワーク

1
1 イ
2 ウ
3 山おり・じゅん
4 細い長方形

2
1 イ
2 （上からじゅんに）1→3→2
3 できあがりです

1 てびき

1 イ「まず」は、「最初に」「初めに」など同じ意味で、物事の一つ目の説明をするときに使われる言葉です。ウ「つぎに」は二つ目以降、前の説明に続く事がらを説明するとき、ア「さいごに」は、いちばん終わりの説明をするときに使われる言葉です。

2 ①の写真と文章を照らし合わせて、写真の黒い点線が何を表しているのかを確かめます。文章には「紙をよこむきにおいて、色えんぴつで、いろいろな線やもようをかきましょう。」とありますが、①の写真の紙は「よこむき」に置かれていて、「いろいろな線やもよう」もかかれています。一つ目のまとまりの最後に「かきおわったら、紙を半分に切り分けましょう。」とあるので、①の写真の真ん中にある黒い点線は、この「半分に切り分け」るときの目印の位置だと分かります。

3 すぐ後の「このとき」は、「紙を手前からおるとき」という意味で、紙の折り方の説明が続いています。「谷おり、山おりのじゅんに、くりかえしておりましょう」とあるので、「谷おり」→「山おり」→「谷おり」→「山おり」……と順に折っていくことが分かります。

4 二つ目のまとまりの最後に、「さいごまでおると、細い長方形になります。」と、折り終わった完成形が示されています。

2

1 最初のまとまりの初めに「まず」とあるので、同じような意味を表すア「さいしょに」は当てはまりません。また、次のまとまりにも説明が続いているので、ウ「おわりに」も合いません。

2 それぞれの絵が、文章のどの部分に対応しているかとらえましょう。アは一つ目のまとまり、イは四つ目のまとまり、ウは二つ目のまとまりの内容を表しています。

3 「紙コップに、カラーペンできれいなもようをつけます。」だけでは、作り方の説明が終わったかどうかが分かりません。おもちゃができあがりであることを示して、作り方の説明を終えます。

78・79ページ　まとめのテスト

1
1 [1]…まず　[2]…つぎに　[3]…さいごに
2 一センチメートル
3 細い長方形
4 イ
5 はしの一まいだけを　とめる。

2
❶みごとな　❷やさしい

1 てびき

1 〈作り方〉の部分は、五つのまとまりからできています。[1]は一つ目のまとまりで、いちばん初めの作業の説明なので、「まず」が入ります。[2]は二つ目のまとまりで、説明の二番目なので、「つぎに」が入ります。三番目のまとまりは、「それから」と、説明の付け足しをしています。四つ目のまとまりは、最後の作業説明なので、[3]には「さいごに」が入ります。五つ目のまとまりは、「これで」と全体のまとめをしています。選択肢（たくし）の「または」は、

二つ以上の事がらを提示するときに使う言葉です。

2 すぐ前に「谷おり、山おりのじゅんに、くりかえしておりましょう」とあり、その前に「半分に切った紙を、一センチメートルのはばで、手前からおります。」という説明があります。教科書44ページの写真②で確かめてみましょう。

3 すぐ前に「さいごまでおると、細い長方形になります。」とあります。一センチメートルのはばで、谷おり、山おりをくりかえして全部折ると、「細い長方形」になり、この「細い長方形」の紙を、長さが半分になるように折るのです。

4 写真④のような形の紙を「二つ」作り、この「二つ」でわりばしを「はさむように」します。教科書44ページの写真⑤で確かめましょう。

5 すぐ後に「はしの一まいだけを　とめるようにしましょう。」と付け足しの説明があります。教科書45ページの写真⑦の黒い点線の部分に花火の部分のはしの一枚だけをとめて、固定するということです。

2
❶「みごとな」は、「すばらしい様子」「りっぱな様子」を表す言葉です。❷「思いやりのある」は、相手の身になって親切に考える様子を表しています。

せかい一の話
かん字のひろば4

80・81ページ きほんのワーク

❶ ❶百円玉 ❷五・犬 ❸一本

❷ 1 (でっかいでっかい) でかえび
2 せかいめぐり
3 アー イ4 ウ2 エ5 オ3

❸ 1 むかあしむかし
2 わし・バホラ
3 ウ
4 たび

❷ てびき
1 八甲田山(はっこうださん)のてっぺんにすむ「大わし」は、東の海の方で、自分よりずっと大きい「でかえび」に出会いました。

3 「でかえび」は、東の海へと泳いでいき、夜、自分がねていた場所は、海がめの鼻の穴であったことにおどろきます。そして、その海がめがのっている島は、赤んぼうくじらの背中であること、赤んぼうくじらよりも親のくじらはずっと大きいことを知って、さらにおどろきます。

❸ 2 すぐ前に「バホラと一ぺん　はばたけば」とあります。わしがあまりに大きく、羽も長くて大きいために、羽を広げて上下に動かすと、「大風」が「ふいた」ようになるのです。

3 「でっかいわし」の言っている言葉に注意します。「でっかいことなら、おいらが一番」と自分の体の大きさが世界一なので、「みんなにいばって」やりたいと思っています。

4 「でっかいわし」は、「これからたびに出かけていって」と言っています。

みきのたからもの

82・83ページ きほんのワーク

❶ ❶さく ❷とお ❸くび ❹いっしょう
❺な ❻こころ

❷ ❶作 ❷遠 ❸首 ❹一生
❺鳴 ❻心

❸ ❶マヨネーズ ❷ポケット

❹ ❶ア ❷イ

❺ ❶どきどき ❷ひらひら
❸ぐんぐんと

☆ないようをつかもう！
ア(一) イ3 ウ5 エ4 オ2

❹ てびき
❶「きんちょうする」は、慣れないことなどに対して、心が張りつめて、体が固くなることです。

❺ ❶「どきどき」は、不安やおどろきなどで、心臓の動きが速くなる様子を表します。❷「ひらひら」は、うすくて軽いものがゆれ動く様

子を表します。❸「ぐんぐんと」は、ものが勢いよく、ある場所や方向に向かって動く様子を表します。ここでは、空に吸いこまれるように上の方に勢いよく上がっていく様子です。

84・85ページ れんしゅうのワーク❶

1 イ
2 マヨネーズ・おもそう
3 星・ナニヌネノン
4 ウ
5 カード・星

てびき

1 みきが公園の中に入っていくときに思ったことは、「さがしている人がいるかもしれない」ということです。カードを落としてさがしている人を見かけたら、自分が拾ったカードをわたしてあげようと思ったのです。

2 みきは公園に入ってから、「何なのかよく分からないもの」を見つけました。「おそるおそる近よると」の後に、その形、大きさ、重さについての説明があります。

3 みきの後ろで声がして、ふり返ってみると、「いつのまにか、見なれない生きものが立っていました」とあります。この「生きもの」は、「遠い星から来ました。わたしは、ナニヌネノン。」と自己しょうかいをしています。

4 ナニヌネノンの自己しょうかいを受けて、みきも「わたし、みき。」と名乗っています。この前後の表現に注目して、このときのみきの気持ちをとらえます。すぐ前に「みきは、おどろいて　目を丸くしました。」、すぐ後に「少しきんちょうしながら」とあります。「見なれない生きもの」に「遠い星」から来たと言われて、みきは落ち着かない気持ちになっていると考えられます。

5 ナニヌネノンは自己しょうかいをした後、「カード」がないと「のりものがうごかない」、だから「とてもこまっていた」と言っています。また、「たすかりました。」のすぐ後で、「わたしは、これから、自分の星に帰ります。」と言っています。これらから、「カード」で「のりもの」を動かして、「自分の星」に帰ることができるようになったという状況(きょう)が分かります。

86・87ページ れんしゅうのワーク❷

1 (1) のりもの・リボン
(2) イ
2 (だれかに、)見おくって・うれしい
3 ポロロン・青い
4 ア

てびき

1 (2) ナニヌネノンは、みきに「どうしてですか。」と、リボンを結び付ける理由をたずねています。「首をかしげました」は、疑問を感じているときの動作です。

2 ナニヌネノンは、感謝する理由を「だれかに、見おくってもらうなんて、はじめてです。だから、うれしいです。」と説明しています。

3 「小さな石」について、ナニヌネノンは「ポロロン星の石です。」と言っています。また、石を受け取ったみきは、「きれいな青い石」だと思っています。

4 みきは、「きれいな青い」「ビー玉ぐらいの大きさ」の石に「目をかがやかせて」います。ナニヌネノンが石をくれたことだけではなく、「きっとまた会えますように、というねがいを　こめて」いることにも、みきは「ありがとう。」と言っています。「目をかがやかす」は、そういった期待や喜びを、みき自身が感じている様子を表しています。

88・89ページ まとめのテスト

1 うちゅう・あんない
2 うちゅうひこうし
3 さびしい
4 ウ
5 リボンは、だんだん見えなくなりました。
6 れい ポロロン星に行く
〈または 会いに行く〉

てびき

1 みきの質問にナニヌネノンは、「ええと、そうですね。」と少し考えてから、答えてい

ます。みきが宇宙に行くことができたら、あげた石が案内するはずだと言っています。

2 ナニヌネノンの答えを聞いて、みきは、まずは自分が宇宙に行く方法を考えなければ、と思っています。そして「あ、分かった。うちゅうひこうしになればいいよね。」と、具体的な方法を思いつきます。

3 次の文の「きゅうに、さびしい気もちになりました。」から、みきの気持ちがはっきり分かります。

4 ナニヌネノンは、みきの「うちゅうひこうしになればいいよね。」という言葉を受けて、「いつか、きっと、また会いましょう。」と言っています。みきが「うちゅうひこうし」になり、宇宙に来てくれることを、期待している様子が読み取れます。

5 乗り物についているリボンを、みきは「見うしなわないように、一生けんめい見つめ」ています。リボンが「だんだん見えなく」なるのは、乗り物が宇宙へ向かって、ますます高く飛んでいったからです。

6 みきは、ナニヌネノンから「もらった小さな石を、ぎゅっとにぎったまま」見送っています。この動作から、絶対に宇宙飛行士になって、宇宙に行くんだ、という強い気持ちが分かります。「(ナニヌネノンに)会いに行く」などでも正解です。

お話のさくしゃになろう　きせつのことば4　冬がいっぱい

90・91ページ　きほんのワーク

❶ ❶ふゆ

❷ ❶冬

❸ ❶すいせん　❷はくちょう　❸みかん

❹
1 を・は・へ
2 イ
3 ちゅうた・ぼうし
4 れい ちゅうたとにゃあこは、いちばんのなかよしになりました。

てびき

❸「ひまわり」は夏にさく花、「ひばり」は春を感じさせる鳥、「ぶどう」は秋に実がなり、食べられる果物です。

❹ **1** お話を書くときには、「だれ(何)が(は)」「何を」「どこへ」「どうした」などをはっきりさせましょう。

2 「何をしているの?」と、にゃあこがちゅうたにきいたので、「質問した」という意味の「たずねました」が当てはまります。

3 にゃあこは、自分がとってきた「ぼうし」を、いっしょにいる「ちゅうた」にわたしています。「だれに」「何を」も大事な要素なので、お話を書くときには、書き忘れないように注意しましょう。

4 【お話のれい】では、ちゅうたが、にゃあこに助けてもらう場面がえがかれています。ここから、二人が仲良しになる、今度はちゅうたがにゃあこを助けてあげるなど、いろいろな展開が考えられます。お話の「おわり」なので、二人が最後にどうなったかが分かるように書きましょう。

ねこのこ／おとのはなびら　はんたいことば

92・93ページ　きほんのワーク

❶
1 イ
2 ❶エ　❷ア　❸ウ　❹イ
3 れい かわいい

❷
1 ピアノ
2 ウ
3 ポロン　ピアノが　なるたびに
4 はなびら・かだん

てびき

❶ **1** 詩を音読したときの感じをとらえるために、各行の終わりの言葉に注目してみましょう。この詩の前半は、「ゆうゆう」「ごろごろ」「ころころ」「もしゃもしゃ」という様子や音を表す言葉のひびきが、それぞれに楽しい感じになっています。後半の「ちりん」「しゅん」「つん」「にゃん」も、様子や音を表す言葉ですが、全て「ん」で終

2 わっているので、耳に残る軽くてここちよいひびきを作り出しています。
❶「ごろごろ」は、のどを鳴らす音、またはねころがる様子を表す言葉です。「あまえて」の後にあるので、子ねこがのどを鳴らしてあまえている様子を表しています。また、飼い主の前でごろごろとねころび、あまえている様子ともとれます。❷「ちりちりん」は、すずが鳴る音です。「かくれてもちりん」で、子ねこがかくれても、首に付いているすずが鳴る音で、いる場所が分かるという、ほほえましく、かわいらしい様子を表しています。❸「しゅん」は、がっかりして元気をなくしている様子を表しています。「しかられて　しゅん」から、いたずらをした子ねこがしかられて、しょげて悲しんでいるという、まるで人間のように感情豊かな様子が思いうかびます。❹「つん」は、無愛想にすましている様子を表しています。「よばれて　つん」から、飼い主に呼ばれてもそっぽを向いている子ねこの様子が分かります。わざと知らんぷりをしているのです。

3 2でも確かめたように、それぞれの行からは、生き生きと過ごす子ねこの愛らしい様子が伝わってきます。「愛らしい」「元気な」「活発な」「おもしろい」「愛くるしい」「あどけない」「あまえんぼうの」などと答えても正解とします。

❷

2 ピアノの「ポロン」という音を声に出してみると、優しいひびきがあります。「つくるかしら」という言い方も、やわらかい優しい感じがします。

4 ピアノの音に色がついたら、「ポロン」とピアノが鳴るたびに、その音が色のついた花びらになると作者は想像しています。そして、たくさんの音が鳴ると、色とりどりの花びらが部屋や庭にあふれて、「おとのかだん」を作るかもしれない、とも想像を広げています。「ポロン」という音を楽しみ、想像をふくらませている様子が分かります。

かたかなで書くことば　ことばを楽しもう

94・95ページ　**きほんのワーク**

❶ ❶あまど　❷な
❸がいこく　❹つうこう
❺むぎちゃ　❻くに・とち
❼いちば　❽か

❷ ❶雨戸　❷麦茶
❸土地　❹市場

❸ （それぞれじゅんじょなし）
❶ワンワン・ニャーオ
❷ガタンゴトン・ビュービュー
❸メダル・コップ
❹エジソン・インド

❹ （それぞれじゅんじょなし）
❶オムレツ・ケチャップ
❷アイスクリーム・チョコレート

❺ ❶すんだ　❷やけた
❸やいた　❹ましたわ

てびき

❸ ❶「ワンワン」は犬の鳴き声、「ニャーオ」はねこの鳴き声です。❷「ガタンゴトン」は列車などの重い物が動く音、「ビュービュー」はとても強い風がふく音を表します。❸「メダル」「コップ」は、外国から来た言葉です。❹「エジソン」は外国の人の名前、「インド」は外国の国の名前です。

❹ ❶「オムレツ」「ケチャップ」、❷「アイスクリーム」「チョコレート」は、外国から来た言葉です。

❺ ❶は「が」が言葉の真ん中の文字になります。「が」から上にもどり、「す↓ん↓だ」と入ります。❷は「ぶ」が真ん中です。「ぶ」から上にもどり、「や↓け↓た」と入ります。❸は「き」が真ん中です。「き」から上にもどり「や↓い↓た」と入ります。❹は「け」が真ん中です。「け」から上にもどり、「ま↓し↓た↓わ」と入ります。

ロボット
ようすをあらわすことば

96・97ページ きほんのワーク

1 ❶こた ❷ある

2 ❶答 ❷歩 ❸工場

3 ❶ぐっすり
❷もくもく
❸どっさり
❹ぶるぶる

4 ❶イ ❷ア ❸イ

5 ❶くれる ❷できる
❸みる

★ないようをつかもう！
（上からじゅんに）2→1→3

てびき

3 ❶「ぐっすり」は、よくねむっている様子、❷「もくもく」は、けむりなどが重なり合うように次から次へとわき立つ様子、❸「どっさり」は、手応えが感じられるほどたくさんある様子、❹「ぶるぶる」は、小刻みにふるえる様子を表します。

5 ❶「くれる」は、他の人が自分のために、親切に何かをしてくれる、というときに使われます。❸「みる」には、試（ため）しにする、という意味があります。

98・99ページ れんしゅうのワーク

1 たすけて・ロボット

2 イ・エ

3 (1) どうろ・（人の）家
(2) まつことになる

4 あんない〈または道あんない〉・ロボット・しつもん

てびき

1 いちばん初めの文で「ロボットは、人をたすけてくれる、かしこいきかいです。」と、この文章の話題を示しています。

2 「人のかわりにそうじをするロボット」や、「ペットのかわりになるロボット」を例に挙げて、「今まで作られてきたロボット」について説明しています。ア「水ぞくかん」とウ「にもつ」に関するロボットは、「新しく考えられているロボット」なので、「今まで作られてきたロボット」には当たりません。

3 (1) このロボットは、「ひとりでどうろをはしって、人の家まで、にもつをはこびます。」とあるように、ひとりで配達をこなします。

(2) このロボットがない場合のことは、16行目に、「とどける人が足りなかったら、何日もまつことになるかもしれません」と書かれています。

4 「水ぞくかん」には、「あんないをしてくれるロボット」がいて、「人のしつもんを聞いて、答えたり、道あんないをしたり」する、と説明があります。続けて、「水ぞくかん」で「水そうまで、どう行けばいいか分からない」ときの例を挙げています。その際には、ロボットに「しつもん」をすれば、水そうまでの行き方を教えてくれる、という内容を読み取りましょう。

100・101ページ まとめのテスト

1 にもつ・とどけて

2 ア・ウ

3 足りない〈または足りなかった〉

4 ❶しつもん ❷（道）あんない

5 空をとんで、あぶないばしょのようすを見に行ってくれるロボット（。）

6 けが・空・どうが

てびき

1 □1の初めの文に「新しく考えられているロボットの一つに」とあり、続けて、どんなロボットかという説明があります。

2 □1の二文目で、にもつをとどけるロボットのできることを挙げています。

3 □1の最後の文に着目しましょう。にもつをとどける人が「足りないとき」でも、このロボットがあれば、人は「にもつをうけとることができます」と書かれています。

4 □2で説明されているロボットが、人間に何をしてくれるかは、「人のしつもんを聞いて、答えたり、道あんないをしたりします」でま

とめられています。この部分を、二つに分けて答えましょう。

5 [1]・[2]で説明されているロボットに付け加える形で、[3]の初めで、「ほかに、空をとんで、あぶないばしょのようすを見に行ってくれるロボットもあります。」と説明しています。

6 [3]の後半「でも、歩いてしらべに行くと」で始まる文に着目すると、人が建物や川の様子を歩いて調べに行くと、「けがをしてしまう」おそれがあることが分かります。つまり、人のけがを防ぐために、ロボットが空を飛び、人の代わりに建物や川まで行くのです。ロボットは、ただ様子を見るだけではなく、「体についているカメラで、空からしゃしんやどうが」をとります。この写真や動画を見ることで、人は地震や洪水の様子が分かるのです。

見たこと、かんじたこと　カンジーはかせの大はつめい

102・103ページ　きほんのワーク

① ❶てんさい　❷がったい　❸もん　❹ゆみや

② ❶天才　❷門　❸弓矢

③ 1 バラの花
2 きれいな
3 たからもの（にするよ。）

④ ❶分　❷音

⑤ ❶青　❷山

⑥ ❶水　❷青　❸曜　❹会

てびき

③ 1 「〜みたいな」を使って、まつぼっくりを「バラの花」にたとえています。

3 「まつぼっくり」を「たからものにするよ」と表していることから、「まつぼっくり」を「たからもの」として、だいじにするというくぼさんの気持ちが読み取れます。

④ ❶も❷も、二つの漢字を上下に組み合わせます。それぞれの部分に組み合わせる場合、元の漢字とは大きさや形が少し変わるので、注意しましょう。❶は、「八」の下に「刀」が収まるので、「刀」は少し小さめになります。❷は「日」の上の「立」が少し平らに広がります。

⑤ ❶は、二つの漢字を左右に組み合わせます。❷は、「日」も「青」も少し縦長になります。二つの漢字を上下に組み合わせます。「山」も「石」も、少し平らに広がります。

⑥ ❶は「水の中」、❷は「青い空」と訓で読むと意味がすぐ分かります。残った「会」と「曜」で、❸・❹の言葉になるものを探します。❸「曜日」は、「月曜日」など、一週間それぞれの日の呼び方です。❹「会社」は、利益を得るためにお金を出し合って作った団体のことです。

すてきなところをつたえよう

104・105ページ　きほんのワーク

① ❶けいさん　❷しつ

② ❶計算　❷室

③ 1 イ・ウ
2 ろう下で一年生がころんだとき、たいきさんは、すぐに声をかけて、ほけん室につれていってあげていました。
3 ウ
4 （お）手紙・すてき

てびき

③ 1 【おおかわさんの手紙】では、最初に「たいきさんのすてきなところは、いつもやさしいところです。」と、はっきり「たいきさんのすてきなところ」が示されているので、イが合います。また、最後に「これからも、やさしいたいきさんでいてくださいね。」と、たいきさんに対して呼びかけるような言葉で書いているので、ウも合います。

2 「できごと」とは、「いつ、だれが、どうした」という内容です。【おおかわさんの手紙】では、「すてきなところは、……です」「……と思いました。」と、「思ったこと」が書かれています。「たいきさんは」という言葉を手がかりに、おおかわさんが見た、たいきさんに関する「できごと」が書かれ

ている文を探しましょう。

3 「……です」「あげていました」「思いました」「いてください」という表現は、ふだん話す言葉よりも丁寧（ていねい）な言葉です。

4 【はやしさんの へんじ】では、最初に「おお手紙をありがとうございます。」と、おおかわさんに対して、手紙をくれたことへのお礼を書いています。続けて、「はなさんは、いつも元気な声であいさつしているところがすてきです。」と、おおかわさんの「すてきなところ」を書いています。

スーホの白い馬

106・107ページ　きほんのワーク

1
❶うま
❷そうげん（くさはら）・しょうねん
❸きた・うし
❹とう　❺く
❻きょうだい
❼ば　❽はし
❾う　❿けらい
⓫よわ　⓬ね（おと）

2 ❶牛　❷弱

3 ❶ア　❷イ

4 ❶風　❷たき　❸雪

ないようをつかもう！
ア（一）　イ4　ウ3
エ6　オ2　カ5

てびき
4 ❶「風」がふくように、子馬が速く走る様子を表しています。❷「たき」が下に勢いよく落ちていくように、白馬（しろうま）の体からあせが次々に流れる様子を表しています。❸「雪」のように、「子馬」の体が真っ白できれいである様子を表しています。

108・109ページ　れんしゅうのワーク❶

1 モンゴル・ひつじかい・（年とった）おばあさん

2 ア・イ

3 れい くらくなるのに、スーホが帰ってこない（じゅんじょなし）

4 おばあさん・近くにすむひつじかいたち

5 （生まれたばかりの、）小さな白い馬（。）
〈または子馬〉

6 ❶たおれて、もがいていた
❷もちぬしらしい人
❸おかあさん馬（❷・❸はじゅんじょなし）
❹（夜になって、）おおかみに食われてしまう

てびき
1 文章の一文目にスーホが「どんな少年」か、二文目に「どのようにくらして」いたか、が書かれています。

2 「スーホは、おとなにまけないくらい、よくはたらきました。」の後の「毎朝、早くおきると、……出ていきました。」の部分に「はたらきもの」である具体的な様子があり、この内容はア、イと合います。その後の、暗くなっても帰ってこないスーホを心配しているおばあさんの様子から、いつもは暗くなる前に帰ってきていると読み取れるので、ウは合いません。エの「歌を歌う」は、スーホが仕事として行っていたのではないので、合いません。

3 すぐ前に「あたりは、ぐんぐん くらくなってくるのに、スーホが帰ってきません」とあります。

4 文章の五つ目のまとまりに、「しんぱいした「おばあさん」に続いて、「近くにすむひつじかいたち」も心配してさわいでいる様子があります。

5 「何でしたか」に対する答えは、文章中の「何か白いもの」では、十分ではありません。その後に、「それは、生まれたばかりの、小さな白い馬でした」と正体が明らかにされています。この部分から「何」の答えをさがします。

6 最後のまとまりに「スーホは、にこにこしながら、みんなにわけを話しました。」とあり、これに続けてスーホの会話文があります。会話文の最後に「それで、つれてきたんだよ。」とあるので、この前の部分に子馬を連れてきた理由が述べられています。この部分から解答に合う言葉を見つけて、書きましょう。

110・111ページ れんしゅうのワーク②

1 雪のように白く、きりっと引きしまって
2 （わかい）白馬・おおかみ・ひつじ
3 ア・エ
4 兄弟
5 白馬・けい馬・町

てびき

1 「だれでも、思わず見とれるほど」と子馬の姿の美しさを示し、その美しさの様子を、すぐ前でくわしく表しています。

2 スーホが目を覚ましたのは、「けたたましい馬の鳴き声と、ひつじのさわぎ」が聞こえたからです。スーホが外にとび出すと、「大きなおおかみが、ひつじにとびかかろうとして」いて、「白馬が、おおかみの前に立ちふさがって、ひっしにふせいで」いました。この部分から、「だれ（何）が」「だれ（何）から」「だれ（何）を」守っていたのかをとらえましょう。

3 スーホが白馬にかけた言葉から読み取ります。「よくやってくれたね、白馬。本当にありがとう。」は、エのお礼の気持ちに当たります。「これから先、どんなときでも、ぼくはおまえといっしょだよ。」は、アの「ずっと大切にする」気持ちに当たります。

4 3のスーホの会話文のすぐ前に「兄弟に言うように」とあります。スーホと白馬が、ただの飼い主と馬という関係ではなく、兄弟のようなとても強いきずなで結ばれていることを読み取りましょう。

5 仲間の羊飼いたちは、スーホに「ぜひ、白馬にのって、けい馬に出てごらん。」とすすめています。羊飼いたちの言葉の後に、「スーホは、白馬にまたがり、……町へむかいました」とあるので、白馬とけい馬の大会に出場するため、町へ出かけたことが分かります。

112・113ページ れんしゅうのワーク③

1 つかまらない・（「）弓でいころしてしまえ（。」）
2 白馬
3 れい はねおきて、かけていった。
4 （その体には、）矢が何本もつきささり、あせが、たきのようにながれおちて
5 れい 大すきなスーホのところ
6 ア・ウ

てびき

1 とのさまが、「大声でどなりちらし」ている会話文に注目しましょう。「早く、あいつをつかまえろ。」と、白馬をつかまえることを命令し、「つかまらないなら、弓でいころしてしまえ。」と言うほど、とのさまはおこっていたのです。

2 音を聞いたスーホが「だれだ。」とききましたが、返事はありませんでした。そこで外へ様子を見に出ていったおばあさんが、「白馬だよ。」とさけび声を上げています。このことから、音を立てたのは、白馬だと分かります。

3 おばあさんのさけび声のすぐ後に、「スーホははねおきて、かけていきました。」とあります。早く白馬の姿を確かめようと、大急ぎで出ていったスーホの様子を読み取りましょう。

4 スーホが見た白馬の姿は、「体には、矢が何本もつきささり、あせが、たきのようにながれおちています」と表されています。

5 4のような様子でも、走って帰ってきた白馬の気持ちは、そのすぐ後の「ひどいきずをうけながら、走って、走って、走りつづけて、大すきなスーホのところへ帰ってきたのです」から読み取れます。

6 文章中の「はを食いしばりながら」は、スーホが矢をぬくために力を入れていたのではなく、こみ上げてくる気持ちをがまんしていたからです。白馬が死にそうなほどひどい傷を受けていることへの悲しみやくやしさ、白馬を傷つけた人間たちへの強いいかりをこらえて、とにかく今は矢をぬいてやろうとしているスーホの気持ちを読み取りましょう。「白馬、ぼくの白馬、しなないでおくれ。」という言葉から、白馬の命が何とか助かってほしいと、祈っている様子も読み取れます。

114・115ページ まとめのテスト

1 かなしさとくやしさで、スーホは、いくばんもねむれませんでした。

2 (1) ほねやかわや、すじや毛・がっき
(2) れい いつまでもスーホのそばにいたい

3 むちゅう

4 イ

5 ウ

てびき

1 「白馬は、しんでしまいました」のすぐ後の文に注目します。「かなしさとくやしさ」は、スーホの「気もち」、「いくばんもねむれませんでした」は、スーホの「ようす」を表しています。

2 (1) スーホの夢に出てきた白馬の言葉に、「わたしの　ほねやかわや、すじや毛をつかって、がっきを作ってください」とあります。これが、白馬からスーホへのたのみごとです。

(2) 白馬の言葉の「そうすれば、わたしは、いつまでもあなたのそばにいられますから。」に、白馬の気持ちがこめられています。スーホとずっといっしょにいたいという白馬自身の願いであると同時に、深く悲しむスーホをなぐさめるためでもあると考えられます。「スーホをなぐさめたい」「スーホをまもりたい」などの答えでもよいです。スーホを思いやる白馬の気持ちもとらえましょう。

3 夢からさめた後のスーホの様子は、「白馬が教えてくれたとおりに、ほねやかわや、すじや毛を、むちゅうで組み立てていきました」とあります。「むちゅう」は、楽器を作ることだけに集中し、一生懸命になっているスーホの様子を表しています。

4 文章中に馬頭琴を「ひくたびに、……を思い出しました」「すぐわきに白馬がいるような気がしました」とあります。白馬との思い出や、いつもそばにいてくれるような気持ちを大切にして、スーホが「どこへ行くときも、この馬頭琴をもって」いったことが分かります。

5 ――の直前の「そんなとき」は、前にある「それをひくたびに、スーホは、……自分のすぐわきに白馬がいるような気がしました。」を指しています。2・4でとらえたように、スーホと白馬はとても強いきずなで結ばれていて、両者の気持ちの強さや美しさが、馬頭琴の音色のひびきとなって表れ、人々の心を感動させるのです。

116・117ページ きほんのワーク

かん字の広場5　一年生でならったかん字　楽しかったよ、二年生　ほか

❶ ❶つよ

❷ ❶強

❸ ❶右・左　❷女・子

❸竹馬　❹下・休　❺青空

❹

1 ❶ウ　❷イ・エ　❸ア

2 イ

3 ウ

4 はっぴょう・れい おわり

てびき

❹ 1 【カード】の内容が【はっぴょうのれい】のどの部分と対応しているかを確認しながら考えましょう。ア「声をかけ合おう。」と言ったのは、【はっぴょうのれい】では「友だちのしんいちさん」と話しているので、❸「友だちが言ったこと」です。イ・エの【カード】の内容は、【はっぴょうのれい】では「かけ声は……だいじだと思いました。」、「みんなで……がんばれて、本当によかったです。」と話しているので、❷「自分が思ったこと。」に当たります。

2 「一、二。一、二。」はみんなに向けてのかけ声であり、「声をかけ合おう。」は、いっしょにがんばろうという気持ちでみんなに言っている言葉なので、イの「大きな声で、元気よく。」が当てはまります。

3 聞いている人の方を見ながら、語りかけるように、心をこめて話すことが大切です。

4 まとめの言葉として決まっている言い方なので、覚えておくとよいでしょう。これに対して、「これから、ぼく(わたし)の発表を始めます。」が、初めの言葉です。

おちば

118〜120ページ まとめのテスト

1

1 にわ・おちば

2 (1) イ

(2) れい （かえるくん、）とてもよろこぶだろうなあ。

3 森をかけて・（ふかい）草原をかけていった

4 おちばかき・れい おどろくだろうなあ

2

1 (1) はっぱ〈または おちば〉・ちらかった

(2) ア

2 イ

てびき

1

1 ――線部の直後の「にわのしばふのおちばを、かきあつめてあげよう。」が、かえるくんががまくんの家に行く目的です。

2 (1) がまくんは、くまでをとり出した後に「ぼく、かえるくんちへ行こう。おちばをかきあつめてやるんだ。」と言っています。がまくんは、くまでを持って行き、かえるくんの家の庭で使おうとしています。

(2) がまくんは、自分がかえるくんの家の落ち葉をかき集めようと決めた後、「かえるくん、とてもよろこぶだろうなあ。」と想像しています。

3 かえるくんとがまくんは、相手の家に行くときに、別々の道を通って行ったので、とちゅうで会わなかったのです。「……ので、……と会いませんでした。」と同じ形の文が二つ並んでいることに注目しましょう。

4 「ようし。」は、がまくんがいないことを確かめたときの言葉です。この文章の初めのほうで、かえるくんは、がまくんの家の庭の落ち葉をかき集めてあげようと決めた後、「がまくん、おどろくだろうなあ。」と言っています。がまくんをおどろかせたい、喜ばせたい、という気持ちで行動しています。二つ目の空らんは、「よろこぶだろうなあ」などでも正解です。

2

1 (1) 風は「じめんをふきまくり」、かえるくんとがまんくんがそれぞれ「作ったはっぱの山」を「ちりぢりに」してしまいました。二つ目の空らんは、「ちりぢり」では意味が通じないので、がまくんの言葉の中の「ちらかった」を答えます。

(2) かえるくんは、「がまくん、びっくりしているだろうなあ」と言っています。がまくんも、「かえるくん、びっくりしているだろうなあ」と言っています。二人とも、相手の家の庭は、自分がきれいにした状態だと思っているので、ア「ふたりとも知らない。」が正解です。

2 二人とも、「あしたは」自分のところをきれいにすると言っています。自分よりも、まずは親友のところをきれいにして喜ばせようとがんばったことが分かります。そして、「おふとんに入ったとき」「しあわせでした」とあるように、親友を喜ばせることを自分の「しあわせ」と感じています。

実力はんていテスト 答えと てびき

夏休みのテスト①

★

1 シャンプー・いいきもち
2 ちか（ちゃん）
3 ウ
4 ぜったいねちゃだめ（だ）
5 イ

てびき

★ 1 「もうすっかりねむくなる」の前の部分から、理由を読み取りましょう。

2 ちかちゃんは、鏡を見て、「これ……あたし？ うそっ！」と、心の中でさけびました。鏡に映った、自分の顔を見たのです。

3 「いきがとまる」は、おどろいている様子を表す言葉です。「だってなに、このかみ型。」から、ちかちゃんは自分のかみ型が変だと思っていると分かります。かみ型があまりに変だったので、おどろいたのです。

4 おねえちゃんは、ちかちゃんに、「前がみをきるときだけは、ぜったいねちゃだめだからね。」と言っていました。それを今思い出してもおそいのです。

5 3から分かるように、ちかちゃんは新しいかみ型を変だと思っています。「おねえちゃんのことばが、頭の中でわんわんひびいた。」から、ちかちゃんがショックを受けていることが分かります。おねえちゃんの言うとおりにしなかったせいで、変なかみ型になってしまい、取り返しのつかないことをしたと思っているのです。

夏休みのテスト②

1 ❶かいしゃ ❷にっき ❸おな・き ❹きいろ・はね ❺うし・とお

2 ❶行 ❷切 ❸広・池

3 ❹数・多 ❺歌・教 ❻絵本・読

4 ❶魚・黒 ❷春・曜 ❸園・図

5
おばさんは、
「これ、おまけよ。」
と言って、みかんを一
つくれました。

6 さちこさんは、しっていますか。
れいこれは、夏にさく花だそうです。

てびき

1 ❹「きいろ」と読まないようにしましょう。❺「とう（る）」と書かないように、長音のかなづかいに注意します。

2 ❷「切」の右側の部分を、「力」と書かないように注意します。「七つの刀を切る」と覚えましょう。❹「数」と❺「教」は、形が似ているのでまちがえないようにましょう。

3 ❷「日」は、つく位置によって形や大きさが変わります。
❸「口」は、「冂」を先に書き、中の部分を書いた後、下の「一」を書きます。

4 会話文は、かぎ（「」）をつけるだけではなく、改行することも忘れないようにしましょう。

5 点（、）を打つ場所によって、「は」の読み方がちがうことに注意しましょう。「さちこさん、……」と点を打つと、「走っているか、さちこさんにたずねる。」という意味になります。

6 「これは、夏にさく花」だということが、人から聞いた内容に当たります。「……花だ」と、ふつうの言い方で言い切った後に、「そうです。」を付けます。

実力(じつりょく)はんていテスト 答えと てびき

冬休みのテスト①

☆ 1 春・秋
2 す・ヒナ
3 インドシナ・マレー〈「インドシナ」「マレー」はじゅんじょなし〉・オーストラリア
4 きせつ・行ったり来たり〈またはは行き来・旅〉
5 ①（ア）夏鳥（ウ） ②（ア）冬鳥（ウ）
6 イ

てびき

☆ 1 最初の文に注目します。ツバメについて「日本では、春から秋まで全国で見ることのできる鳥」としょうかいしています。

2 ツバメの暮らしが書かれている二段落目の前半の内容に注目します。「日本ですをつくり、たまごをうんで、ヒナをそだて」とあります。ツバメにとって、日本は子育ての場所であることが分かります。

3 二段落目の後半の内容に注目します。日本で子育てをしたツバメは、「秋には、インドシナ半島やマレー半島、オーストラリアの北部などに行って冬をすごす」とあります。日本より暖かい南の地で冬を越すのです。

4 前を見ると、「わたりをする鳥」を「わたり鳥」とよぶと書かれています。さらに前の部分から「わたり」とは何かを読み取ると、「きせつによって、日本とほかの国との間を行ったり来たりすること」と説明されています。

5 四段落目に注目します。春に来て秋に南に行く、つまり、日本で夏を過ごす鳥を「夏鳥」、冬を過ごす鳥を「冬鳥」とよびます。この「夏鳥」「冬鳥」は、「わたり鳥」の種類です。

6 「旅鳥」については、最後の段落で説明されています。旅のとちゅうで「日本によって行く」わたり鳥のことです。日本で暮らすわけではないので、「旅人」のような鳥だといえます。

冬休みのテスト②

1 ❶した ❷がようし ❸ふゆ・あいだ ❹すこ・くび ❺えんそく・かえ
2 ❶何 ❷半分 ❸米・作 ❹外・明 ❺朝・鳴 ❻東京・寺
3 ❶算数・図工 ❷午前・午後 （それぞれじゅんじょなし）
4 ❶のる ❷おもしろい ❸小学校だ
5 ❶少ない ❷小さい
6 楽しい

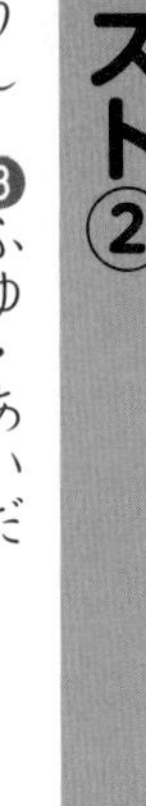

てびき

1 ❷「がよおし」と書かないように、長音のかなづかいに注意します。❹下に続く言葉（＝送りがな）に注意して、「すこーし」と「すくーない」を読み分けましょう。

2 ❶「何」は、「ノ亻仁仃佝何何」の順に書きます。❷「半」は、五画目の縦画を上につき出します。❺「鳴」の「口」を忘れないようにしましょう。

3 仲間の言葉と漢字は、合わせて覚えましょう。❶教科の仲間の言葉は、時間割りを思い出して考えます。❷昼の十二時（＝正午）の前を「午前」、後を「午後」といいます。

4 ❶「だれが（は）―どうする」、❷「何が（は）―どんなだ」、❸「何が（は）―何だ」の形の文です。文末に着目して、主語に対して、「どうする」「どんなだ」「何だ」を表している言葉を探します。

5 ❶「少ない」は、ここでは数や量がわずかであるさま、❷「小さい」は、ここでは広さや大きさがわずかであるさまの意味です。このちがいに注意して、使い方を混同しないようにしましょう。

6 「うれしい」は、満足して楽しいという気持ちを表します。「うらやましい」は、音のひびきは似ていますが、意味は異なります。人の様子を見て、自分もそうなりたいと思う気持ちを表します。

実力はんていテスト　答えと てびき

学年まつのテスト①

1 年上

2 ゆうだいくんが、いばるから。

3 クッキーをやく・いかない

4 (1) (年のはなれた) おねえさん・高校生

(2) (とても) やさしくて楽しい人

5 ウ

てびき

1 「ゆうだいくんは、れいなちゃんより一つ年上の三年生の男の子です。」とあります。

2 この後に、「ゆうだいくんが、いばるからです。」とあります。

3 この後で、ママは、「きょうはおうちにみさちゃんがいるのよ？クッキーをやくんですって。」と言っています。それを知らないれいなちゃんが「いかないよ。」と言うので、ママは「ざんねん」と言ったのです。

4 (1) 「ゆうだいくんには、年のはなれたおねえさんがいます。」「高校生のみさちゃん」とあります。

(2) れいなちゃんが「みさちゃんとあそべるならいく。」と言ったのは、「みさちゃんは、とてもやさしくて楽しい人」だからです。

5 「にこにこ」した顔は、うれしい気持ちや楽しい気持ちを表しています。れいなちゃんは、これからゆうだいくんの家に行って、みさちゃんと遊べるのがうれしくて、「にこにこ顔」になったのです。

学年まつのテスト②

1 ❶おとうと ❷ゆみや ❸あき・き ❹つよ・かぜ ❺がいこく・とち

2 ❶馬 ❷毛 ❸北・歩 ❹門・走 ❺計算・考 ❻市場・売

3 (じゅんじょなし)
ドレス・ガラス・シンデレラ・ヒヒン・パカパカ
(それぞれじゅんじょなし)

4 ❶しとしと・ざんざん ❷うとうと・すやすや ❸もりもり・ぱくぱく

5 ❶明 ❷思

てびき

1 ❶「おとおと」と書かないように、長音のかなづかいに注意します。❸「来」の訓読みは「く(る)」ですが、「来る」「来ない」「来た」と、下に続く言葉で読み方が変わることに注意しましょう。

2 ❸「歩く」と❹「走る」を混同しないようにします。「止まって少し歩く」「土 卜 人が走る」のように覚えて区別しましょう。❹「門」は、左右にとびらのついた門の形からできた漢字です。

3 「ドレス・ガラス」は、外国から来た言葉です。「シンデレラ」は、外国の人の名前です。他に、外国の国や土地の名前もかたかなで書きます。「ヒヒン」は動物の鳴き声を表す言葉、「パカパカ」は、ここでは馬のひづめが立てる音を表す言葉です。

4 ❶「しとしと」は雨が静かに降る様子、「ざんざん」は雨が勢いよく降る様子を表します。❷「うとうと」は浅くねむっている様子、「すやすや」は静かによくねむっている様子を表します。❸「もりもり」も「ぱくぱく」も、勢いよく食べる様子を表します。

5 ❶は左右、❷は上下に合体させると、漢字ができます。元の漢字と大きさや形が少し変わることに注意して組み合わせましょう。左右の場合は少し縦長になり、上下の場合は少し平らに広がります。

実力はんていテスト 答えと てびき

かん字リレー①

1 黄色
2 楽・才
3 理科
4 歌声
5 丸・角
6 社会
7 合図
8 公園
9 黒・毛
10 内
11 店・戸
12 太・線
13 海・船
14 万
15 考
16 市場
17 強・風
18 谷
19 外国
20 顔
21 東京・行
22 回
23 春・夏
24 工作
25 古・寺
26 広・池
27 教室
28 鳥・羽
29 弱
30 秋・冬
31 地方
32 元・兄弟
33 思
34 同・数
35 高・台
36 家・帰
37 計算
38 心
39 西・走
40 昼・食
41 新
42 時間
43 雪・多
44 長
45 細・道

かん字リレー②

46 父・電話
47 牛・親
48 母
49 明・光
50 麦茶
51 星・夜
52 里
53 午後・晴
54 前・言
55 野原
56 友
57 雲・形
58 半・切
59 鳴
60 読
61 肉・魚・買
62 南・北
63 語・絵
64 門・通
65 直
66 答・聞
67 活
68 汽・止
69 記・書
70 岩
71 自分
72 馬・首
73 遠・何
74 姉・妹
75 引
76 来週・曜
77 弓矢・刀
78 近・交番
79 画用紙
80 毎朝・歩
81 今
82 少
83 組
84 点
85 知
86 当
87 頭・体
88 米・売

3 2 1 0 9 8 7 6 5 4
＊ ＊ D C B A

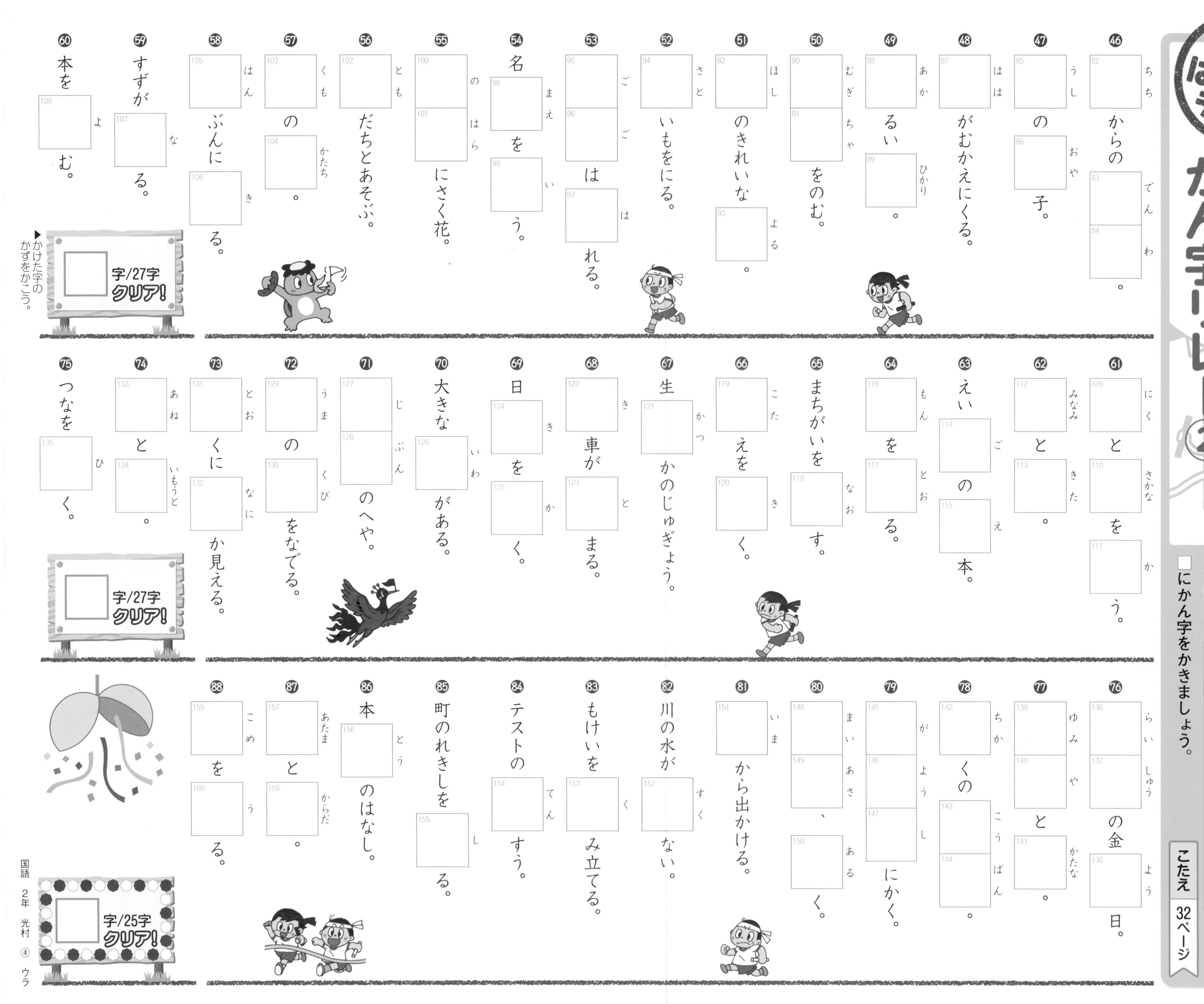

実力（じつりょく）はんていテスト
2年生のかん字 160字をかこう！
かん字リレー②
□にかん字をかきましょう。
じかん30ぷん
なまえ
かけたかず ぜんぶで ／160字
こたえ 32ページ
おわったらシールをはろう
●べんきょうした日 月 日
46 □□（ちち）からの□□（でんわ）。
47 □（うし）の□（おや）子。
48 □（はは）がむかえにくる。
49 □（あか）るい□（ひかり）。
50 □□（むぎちゃ）をのむ。
51 □（ほし）のきれいな□（よる）。
52 □（さと）いもをにる。
53 □□（ごご）は□（は）れる。
54 名□（まえ）を□（い）う。
55 □□（のはら）にさく花。
56 □（とも）だちとあそぶ。
57 □（くも）の□（かたち）。
58 □（はん）ぶんに□（き）る。
59 すずが□（な）る。
60 本を□（よ）む。
字/27字 クリア！
▶かけた字のかずをかこう。
61 □（にく）と□（さかな）を□（か）う。
62 □（みなみ）と□（きた）。
63 えい□（ご）の□（え）本。
64 □（もん）を□（とお）る。
65 まちがいを□（なお）す。
66 □（こた）えを□（き）く。
67 生□（かつ）かのじゅぎょう。
68 □（き）車が□（と）まる。
69 日□（き）を□（か）く。
70 大きな□（いわ）がある。
71 □□（じぶん）のへや。
72 □（うま）の□（くび）をなでる。
73 □（とお）くに□（なに）か見える。
74 □（あね）と□（いもうと）。
75 つなを□（ひ）く。
字/27字 クリア！
76 □□（らいしゅう）の金□（よう）日。
77 □□（ゆみや）と□（かたな）。
78 □（ちか）くの□□（こうばん）。
79 □□□（がようし）にかく。
80 □□（まいあさ）、□（ある）く。
81 □（いま）から出かける。
82 川の水が□（すく）ない。
83 もけいを□（く）み立てる。
84 テストの□（てん）すう。
85 町のれきしを□（し）る。
86 本□（とう）のはなし。
87 □（あたま）と□（からだ）。
88 □（こめ）を□（う）る。
字/25字 クリア！
国語 2年 光村 ④ ウラ

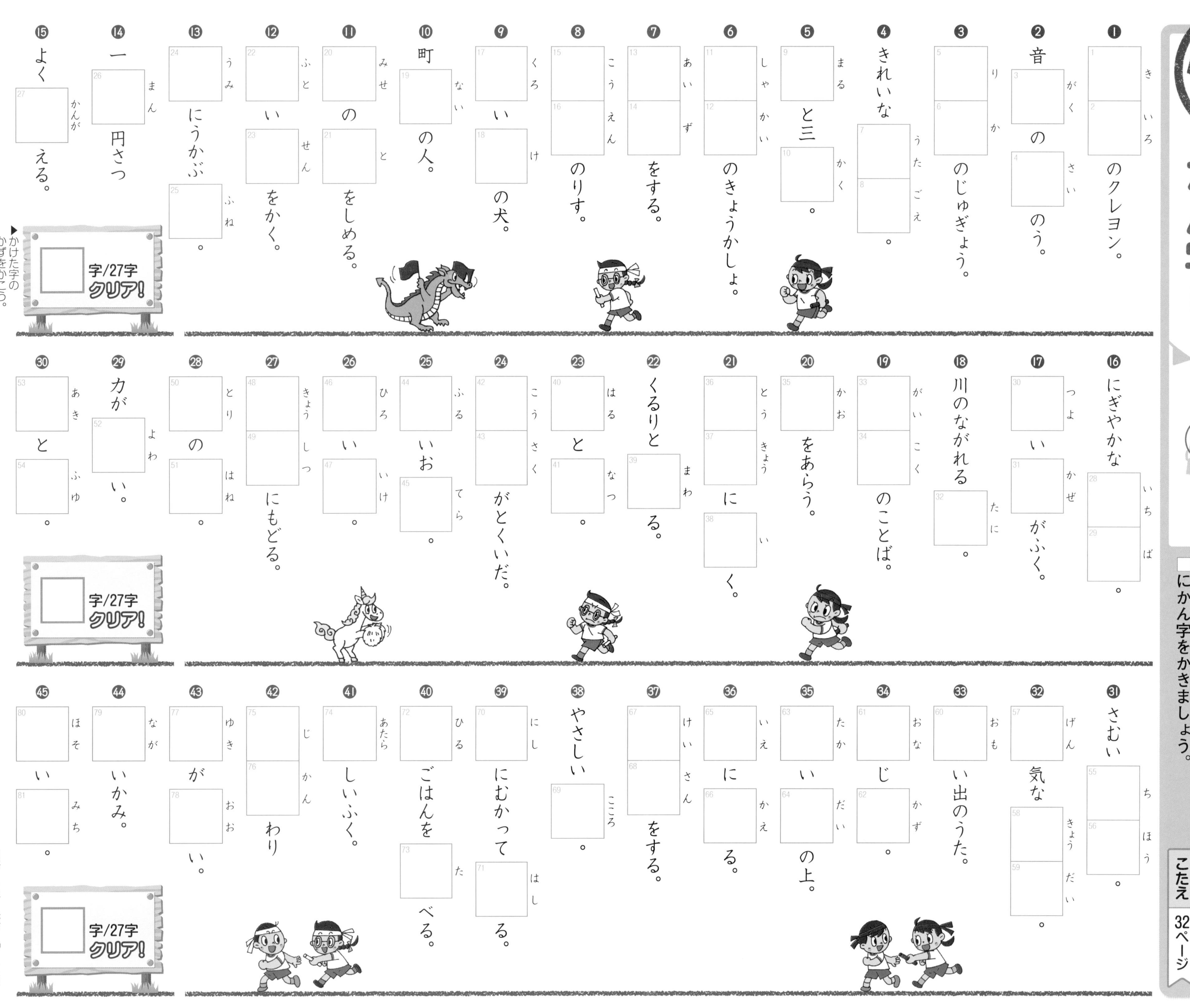

実力（じつりょく）はんていテスト

2年生のかん字160字をかこう!

かん字リレー①

じかん30ぷん

なまえ

□にかん字をかきましょう。

こたえ 32ページ

1. □□（きいろ）のクレヨン。
2. 音□（がく）の□（さい）のう。
3. □□（りか）のじゅぎょう。
4. きれいな□□（うたごえ）。
5. □（まる）と三□（かく）。
6. □□（しゃかい）のきょうかしょ。
7. □□（あいず）をする。
8. □□（こうえん）のりす。
9. □（くろ）い□（け）の犬。
10. 町□（ない）の人。
11. □（みせ）の□（と）をしめる。
12. □（ふと）い□（せん）をかく。
13. □（うみ）にうかぶ□（ふね）。
14. 一□（まん）円さつ。
15. よく□（かんが）える。

かけた字のかずをかこう。 □字/27字 クリア!

16. にぎやかな□□（いちば）。
17. □（つよ）い□（かぜ）がふく。
18. 川のながれる□（たに）。
19. □□（がいこく）のことば。
20. □（かお）をあらう。
21. □□（とうきょう）に□（い）く。
22. くるりと□（まわ）る。
23. □（はる）と□（なつ）。
24. □□（こうさく）がとくいだ。
25. □（ふる）いお□（てら）。
26. □（ひろ）い□（いけ）。
27. □□（きょうしつ）にもどる。
28. □（とり）の□（はね）。
29. 力が□（よわ）い。
30. □（あき）と□（ふゆ）。

□字/27字 クリア!

31. さむい□□（ちほう）。
32. □（げん）気な□□（きょうだい）。
33. □（おも）い出のうた。
34. □（おな）じ□（かず）。
35. □（たか）い□（だい）の上。
36. □（いえ）に□（かえ）る。
37. □□（けいさん）をする。
38. やさしい□（こころ）。
39. □（にし）にむかって□（はし）る。
40. □（ひる）ごはんを□（た）べる。
41. □（あたら）しいふく。
42. □□（じかん）わり
43. □（ゆき）が□（おお）い。
44. □（なが）いかみ。
45. □（ほそ）い□（みち）。

□字/27字 クリア!

●べんきょうした日　月　日

おわったらシールをはろう

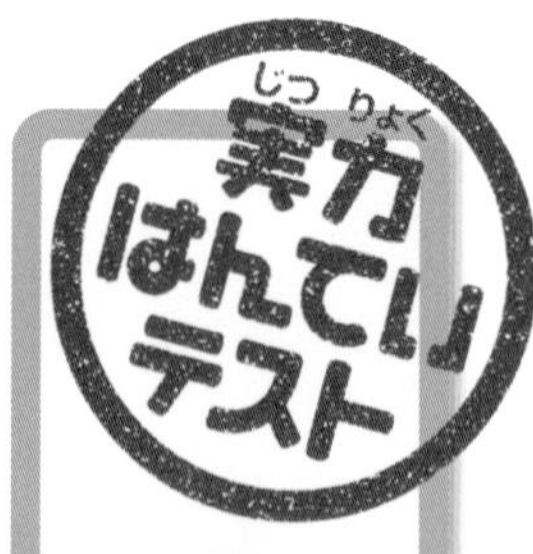

学年まつのテスト①

時間30ぷん

名前

とく点　／100点

教科書　上19～140ページ、下13～136ページ

答え　31ページ

おわったらシールをはろう

●べんきょうした日　月　日

☆ 文しょうを読んで、答えましょう。

〔れいなちゃんは、ママがしごとで出かける間、どこかにあそびに行くことになりました。〕

「ゆうだいくんのおうちに、あそびにいってらっしゃい。」

ゆうだいくんは、れいなちゃんより一つ年上の三年生の男の子です。ママどうしがなかよしなので、赤ちゃんのころはよくあそんでいました。でも、このごろは、ゆうだいくんとあそびたいとおもいません。ゆうだいくんが、いばるからです。

「男の子とあそんでも楽しくないもん。いかないよ。」

れいなちゃんが言うと、ママはおおげさに言いました。

「あら、ざんねん。きょうはおうちにみさちゃんがいるのよ？　クッキーをやくんですって。」

ゆうだいくんには、年のはなれたおねえさんがいます。高校生のみさちゃんは、とてもやさしくて楽しい人です。

「みさちゃんとあそべるならいく。ぜったいいく！」

れいなちゃんは、テーブルの上のおべんとうをリュックに入れて、出かけるじゅんびをしました。

「これももっていきなさい。」

ママがわたしてくれたのは、れいなちゃんのエプロンでした。れいなちゃんはいつのまにか、にこにこ顔になっていました。

〈梨屋アリエ「ふしぎなクッキーガール」による〉

1 「ゆうだいくん」は、どんな男の子ですか。〔10点〕

れいなちゃんより一つ（　　　）の三年生の男の子。

2 「このごろは、ゆうだいくんとあそびたいとおもいません」とありますが、それはなぜですか。〔20点〕

（　　　）

3 「あら、ざんねん。」とママが言ったのは、なぜですか。〔一つ10〔20点〕〕

きょうはゆうだいくんのうちにみさちゃんがいて、（　　　）のに、れいなちゃんが（　　　）と言うから。

4 「みさちゃんとあそべるならいく。」について答えましょう。

(1) みさちゃんは、どんな人ですか。〔一つ10〔20点〕〕

ゆうだいくんの（　　　）で、今は（　　　）である。

(2) れいなちゃんがこう言ったのは、なぜですか。〔20点〕

みさちゃんは、（　　　）だから。

5 「にこにこ顔になっていました」とありますが、このとき、れいなちゃんはどんな気もちでしたか。（一つに○をつけましょう。）〔10点〕

ア（　）ゆうだいくんのうちに行きたくない。

イ（　）ゆうだいくんとなかなおりをしたい。

ウ（　）みさちゃんとあそべるのがうれしい。

学年まつのテスト②

時間30ぷん

教科書 上19～140ページ、下13～136ページ

答え 31ページ

名前

とく点 /100点

おわったらシールをはろう

●べんきょうした日　月　日

1 ——のかん字の読みがなを書きましょう。 一つ3〔24点〕

❶ 弟とテレビを見る。

❷ 弓矢をつかう。

❸ 秋がやって来た。（た）

❹ 強い風がふく。（い）

❺ 外国の土地の名前。

2 □にかん字を書きましょう。 一つ3〔30点〕

❶ □（うま）をそだてる。

❷ わた□（げ）がとぶ。

❸ □（きた）へむかって□（ある）く。

❹ 家の□（もん）まで□（はし）る。

❺ □□（けいさん）もんだいを□（かんが）える。

❻ □□（いちば）でやさいを□（う）る。

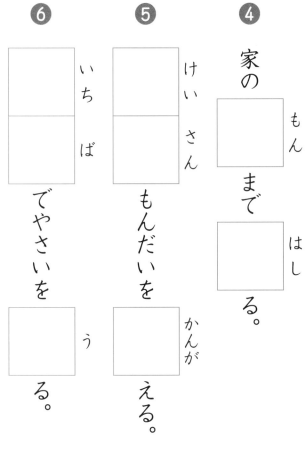

3 つぎの文しょうから、かたかなで書くことばを五つさがして、かたかなで書きましょう。 一つ4〔20点〕

どれすをきて、がらすのくつをはいたしんでれらが、まほうのばしゃにのりました。

うまはひひんとなくと、ぱかぱかとあしおとをたてました。

4 つぎのようすをあらわすことばを、□から二つずつえらんで書きましょう。 一つ3〔18点〕

❶ 「雨がふる」ようす

❷ 「ねむる」ようす

❸ 「食べる」ようす

もりもり　うとうと　しとしと
すやすや　ざんざん　ぱくぱく

5 つぎの二つのかん字を合体させて、一つのかん字を作ります。できるかん字を□に書きましょう。 一つ4〔8点〕

❶ 日　月 → □

❷ 心　田 → □

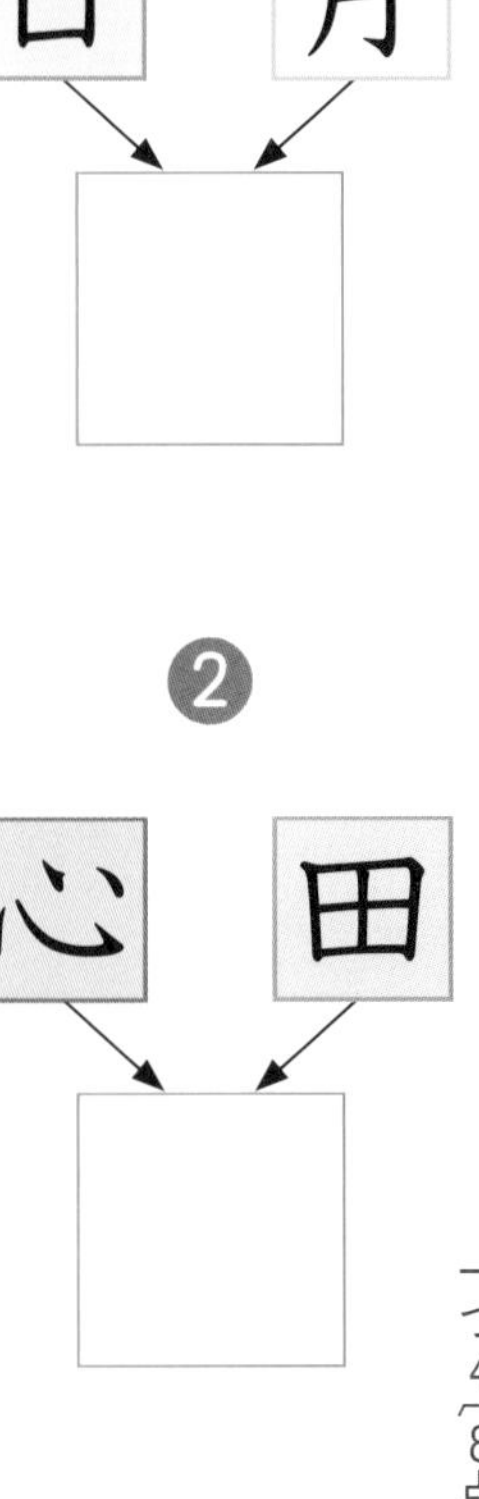

●べんきょうした日　月　日

教科書 上114〜140ページ、下13〜81ページ　答え 30ページ

冬休みのテスト②

名前

とく点　/100点

おわったらシールをはろう

1 ——のかん字の読みがなを書きましょう。　一つ3〔24点〕

① ちいきに親しむ。（　しむ）

② 画用紙を切る。（　）

③ 冬の間は休む。（　）（　）

④ 少し首をふる。（　し）（　）

⑤ 遠足から帰る。（　）（　る）

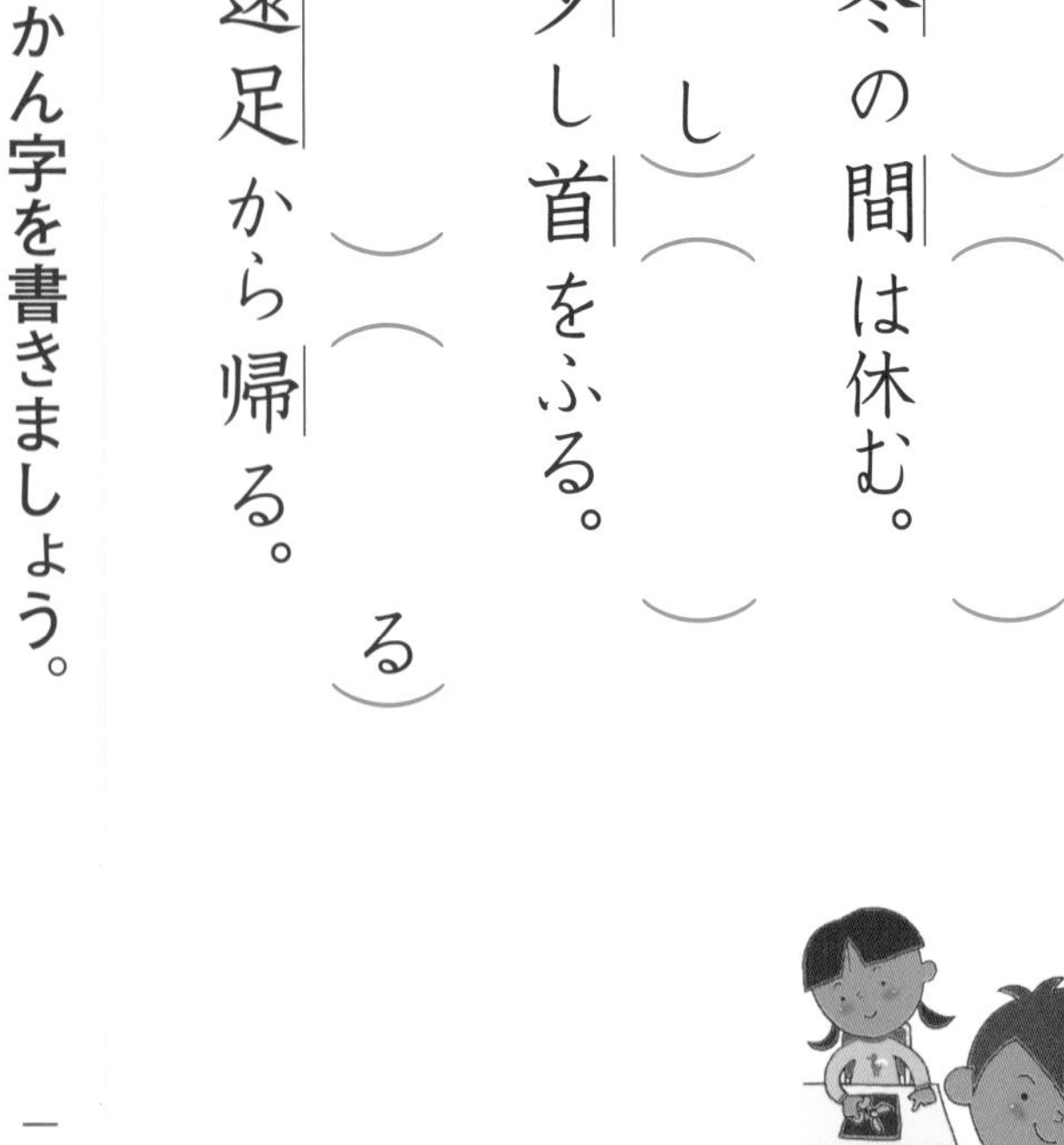

2 □にかん字を書きましょう。　一つ3〔30点〕

① □(なに)か考える。

② □□(はんぶん)にする。

③ □(こめ)を□(つく)る。

④ まどの□(そと)が□(あか)るい。

⑤ □(あさ)、にわとりが□(な)く。

⑥ □□(とうきょう)にあるお□(てら)。

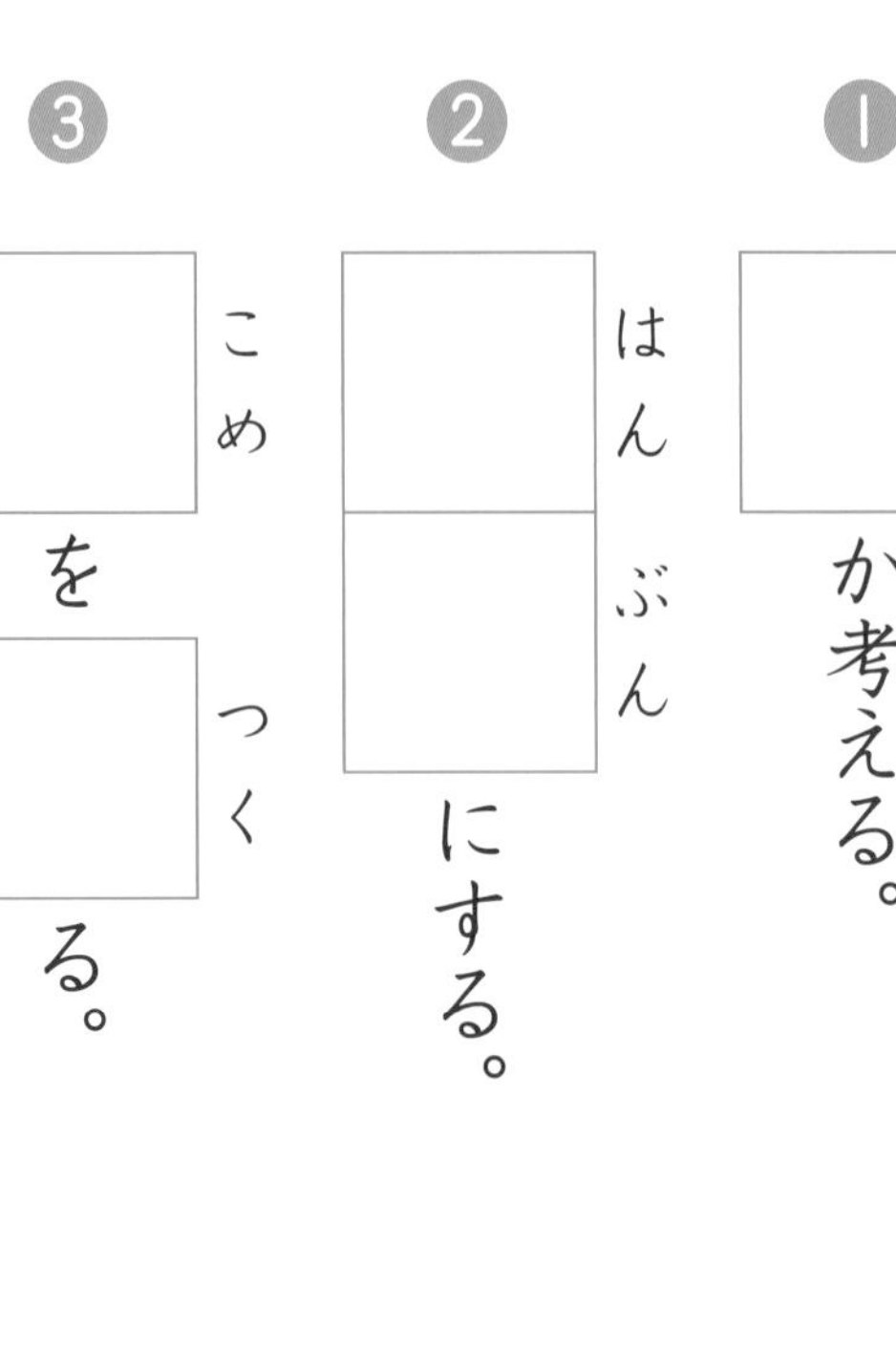

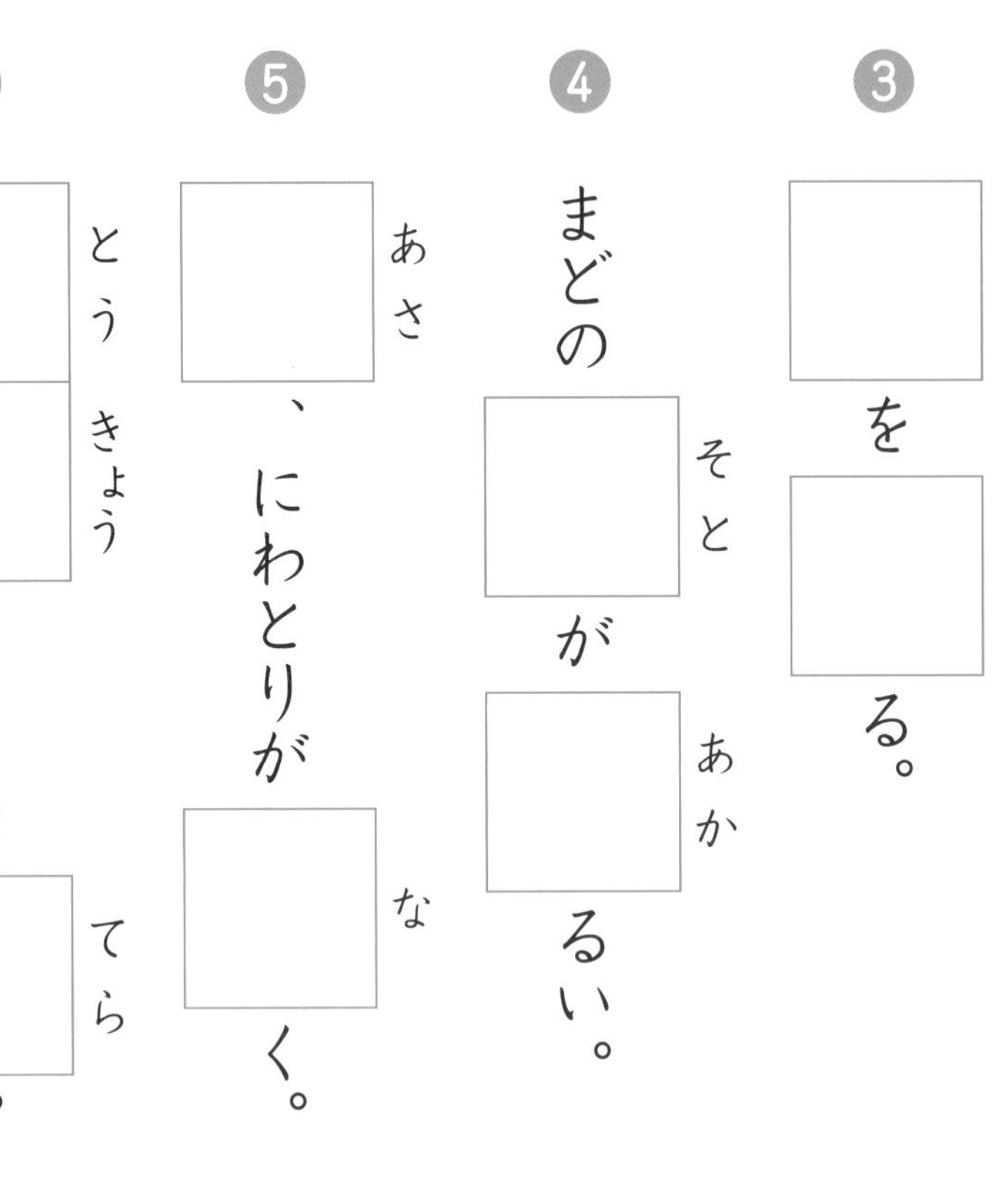

3 つぎのなかまのことばを、□から二つずつえらんで、かん字に直して書きましょう。　一つ4〔16点〕

① 教科（　）（　）

② 一日（　）（　）

ごぜん　さんすう　ごご　ずこう

4 つぎの文の——は、主語(しゅご)です。述語(じゅつご)をさがして書きましょう。　一つ6〔18点〕

① わたしは　えきまで　バスに　のる。（　）

② 友だちの　話は　とても　おもしろい。（　）

③ あの　たてものが　新しい　小学校だ。（　）

5 ——のことばとはんたいのいみのことばを、□からえらんで書きましょう。　一つ4〔8点〕

① 人数が多い。（　）

② 手が大きい。（　）

小さい　少ない　せまい

6 ——のことばとにたいみのことばを、□からえらんで書きましょう。〔4点〕

うれしい時間をすごす。（　）

はずかしい　楽しい　うらやましい

実力はんていテスト

冬休みのテスト①

時間30ぷん

教科書 上114～140ページ、下13～81ページ

答え 30ページ

名前

とく点　/100点

おわったらシールをはろう

☆文しょうを読んで、答えましょう。

ツバメは、日本では、春から秋まで全国で見ることのできる鳥です。しかし、冬になると、ほとんど見られなくなってしまいます。

これは、ツバメが、春から夏、日本ですをつくり、たまごをうんで、ヒナをそだてたあと、秋には、インドシナ半島やマレー半島、オーストラリアの北部などに行って冬をすごすためです。

このように、きせつによって、日本とほかの国との間を行ったり来たりすることを「わたり」といいます。そして、わたりをする鳥を「わたり鳥」とよびます。

ツバメのように、春に来て、秋になると南に行く鳥は、わたり鳥のなかでも、「夏鳥」といわれます。冬の間だけ日本にいる鳥は「冬鳥」です。

また、春と秋、南の国と北の国との間を行き来しているとちゅうに、日本によって行くわたり鳥もいます。こうしたわたり鳥は「旅鳥」とよばれます。

〈公益財団法人　日本野鳥の会「ツバメのなかまたち」による〉

1 ツバメを日本で見ることができるのは、いつですか。　一つ5〔10点〕

［　　］から［　　］まで。

2 ツバメは、日本でどんなことをしますか。　一つ10〔20点〕

（　　）をつくって、たまごをうみ、（　　）をそだてること。

3 ツバメが冬をすごす場所としてあげられているのは、どこですか。　一つ5〔15点〕

- （　　）半島
- （　　）半島
- （　　）の北部

4 「わたり鳥」とは、どんな鳥ですか。　一つ10〔20点〕

（　　）によって、日本とほかの国との間を（　　）する鳥。

5 つぎの①・②のような鳥を、何といいますか。　一つ10〔20点〕

① 春に日本に来て、秋に南に行くわたり鳥。（　　）

② 冬の間だけ日本にいるわたり鳥。（　　）

6 「旅鳥」とは、どんな鳥ですか。（一つに○をつけましょう。）〔15点〕

ア（　）一年中、旅ばかりしている鳥。

イ（　）旅のとちゅうで日本によって行く鳥。

ウ（　）日本いがいの国と国を行き来している鳥。

夏休みのテスト①

じかん30ぷん

教科書 上19～113ページ　答え 29ページ

名前

とく点　　/100点

おわったらシールをはろう

☆文しょうをよんで、答えましょう。

〈ちかちゃんは、美容院に行った。〉

「いすをたおします。」

なんだろう？

と思っているあいだに、ちかちゃんはあおむけにねかされて、かみにお湯をかけられていた。ちかちゃんはねたままシャンプーをしてもらうなんて、考えてみたこともなかった。

いいきもちで、いいきもちで……、もうすっかりねむくなる。

そして、カットのいすにすわったとたん、ほんとにねちゃった。

「平田さま、できあがりました。」

って、かたをゆすられるまで、ちかちゃんはぐうぐうねていた。

ちかちゃんはあわててすわりなおした。そして前を見たら、かがみの中にだれかがいた。

だあれ？　これ……あたし？　うそっ！

ちかちゃんは、いきがとまった。

だってなに、このかみ型。

前がみが、とってもみじかい。まゆ毛とおでこがまるきりまるだし。

「いい？　ちか。前がみをきるときだけは、ぜったいねちゃだめだからね。」

おねえちゃんのことばが、頭の中でわんわんひびいた。

〈薫くみこ「ちかちゃんのはじめてだらけ」による〉

1 「もうすっかりねむくなる」とありますが、それはなぜですか。　一つ10〔20点〕

ねたまま（　　　　）をしてもらうのが、（　　　　）だったから。

2 「かがみの中にだれかがいた」とありますが、かがみにうつっていたのは、だれですか。〔20点〕

（　　　　）

3 「ちかちゃんは、いきがとまった。」とありますが、ちかちゃんはどんな気もちでしたか。〔20点〕

（一つに○をつけましょう。）

ア（　）かみ型を見て、おこっている。

イ（　）かみ型を見て、よろこんでいる。

ウ（　）かみ型を見て、おどろいている。

4 「おねえちゃんのことば」とありますが、おねえちゃんはどんなことを言ったのですか。〔20点〕

前がみをきるときは、

（　　　　）

ということ。

5 ちかちゃんは、新しいかみ型をどう思っていますか。〔20点〕

ア（　）前とかわらなくて、つまらない。

イ（　）へんなかみ型で、いやだ。

ウ（　）すてきなかみ型で、うれしい。

夏休みのテスト②

じかん30ぷん

教科書 ㊤19〜113ページ　答え 29ページ

名前　とく点　/100点

おわったらシールをはろう

●べんきょうした日　月　日

1 ――のかん字のよみがなを書きましょう。　一つ3〔24点〕

①会社（　）ではたらく。

②きのうの日記（　）。

③同（じ）じ話を聞（く）く。

④黄色（い）い羽（　）の鳥。

⑤先生の後（ろ）ろを通（る）る。

2 □にかん字を書きましょう。　一つ3〔30点〕

①花やさんに□（い）く。

②ひもが□（き）れる。

③□（ひろ）い□（いけ）がある。

④店の□（かず）が□（おお）い。

⑤妹に□（うた）を□（おし）える。

⑥□□（えほん）を□（よ）む。

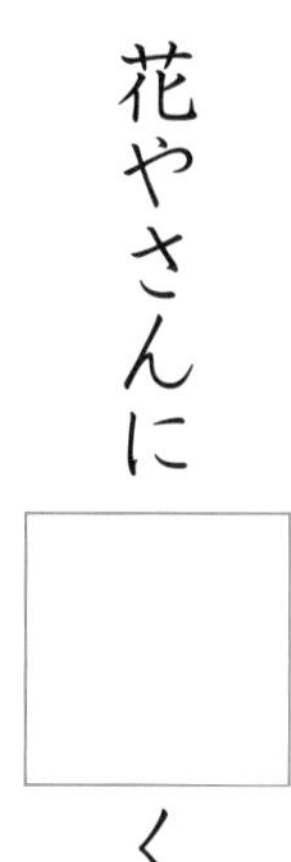

3 □のぶぶんをもつかん字を書きましょう。　一つ3〔18点〕

①灬……□（さかな）・□（くろ）い

②日……□（はる）・□（よう）日

③口……公□（えん）・□（と）書館（かん）

4 つぎの文に、丸（。）を二つ、かぎ（「　」）を一組つけて、ます目に書きましょう。　ぜんぶできて〔12点〕

おばさんは、これ、おまけよと言って、みかんを一つくれました

5 つぎの文が、【　】のいみになるように、点（、）を一つうって　書きなおしましょう。　〔8点〕

さちこさんはしっていますか。

【知っているか、さちこさんにたずねる。】

（　　　　）

6 つぎの文を、「――そうです。」をつかって、人から聞いたことをあらわす言い方に　書きなおしましょう。　〔8点〕

これは、夏にさく花です。

（　　　　）